동아시아 질서 변화와
한반도 미래

동아시아 질서 변화와 한반도 미래

초판 1쇄 발행 2015년 9월 10일
초판 2쇄 발행 2015년 12월 21일

엮은이 | 경남대 극동문제연구소 편
펴낸이 | 윤관백
펴낸곳 | 도서출판 선인
등록 | 제5-77호(1998.11.4)
주소 | 서울시 마포구 마포대로4다길 4(마포동 324-1) 곳마루 B/D 1층
전화 | 02)718-6252/6257
팩스 | 02)718-6253
E-mail | sunin72@chol.com
Homepage | www.suninbook.com
정가 15,000원
ISBN 978-89-5933-922-8 93300

동아시아 질서 변화와 한반도 미래

경남대 극동문제연구소 편

 도서출판 선인

일제 치하에서 해방된 이후 지난 70년 동안 한반도에는 많은 변화가 있었습니다. 광복과 함께 찾아온 분단의 시작과 6.25전쟁, 냉전 기간 동서 진영이 대립하는 최일선에서 남북한의 체제 경쟁, 7.4 공동성명, 한국의 산업화와 민주화, 한반도 비핵화 공동선언과 남북기본합의서 체결, 탈냉전과 김일성의 사망, 북한의 총체적 경제난, 2차례의 남북정상회담과 6.15공동선언 및 10.4선언, 북한의 3차례 핵실험과 지속적인 미사일 발사, 김정일 사망과 김정은 체제의 등장 등과 같이 남북한 사이에는 많은 사건들이 있었습니다.

우리 모두가 한반도의 평화와 안정, 궁극적으로 통일을 염원하지만 분단 70년이 지나는 현재까지도 남북관계는 통일의 토대가 될 정도의 상황이 조성되지 못하고 있습니다. 한 때 남북한 간 교류·협력이 일정한 수준에서 이루어지기도 했지만, 한반도의 평화가 안정적으로 정착되기 위해서는 많은 난제들을 해결해야 하는 환경에 있는 것입니다. 특히, 최근 북한은 김정은 정권의 안정화에 우선적으로 집중하며 대남정책 및 대외정책 개선에는 매우 소극적인 태도를 보이고 있습니다. 남북관계의 정체 국면이 길어지면서 한반도 정세에 대한 강대국의 개입을 우려하는 목소리도 커지고 있습니다.

주지하는 것처럼, 우리의 미래는 북한의 변화와 직결되어 있습니다. 스스로 변화하기 어려운 북한의 여건을 감안할 때, 우리가 주도적으로 북한의 변화를 끌어내야 하는 것입니다. 이를 위해 국제질서와 동아시아 정세의 변화를 총체적으로 분석·평가하면서 우리의 미래를 위한 국가전략을 마련해야 합니다. 이는 지금까지의 남북관계에서 교훈을 찾고 다가오는 정세 변화를 객관적으로 예측해야만 가능합니다. 주변정세 변화에 제대로 대처하지 못하고는 남북관계를 풀어갈 수 없습니다. 또 남북관계를 능동적으로 풀어가지 않으면 주변국들의 이해관계에 휩쓸려 갈 것입니다.

경남대 극동문제연구소가 남북관계와 북한 문제에 정통한 전직 고위 관료와 국제정치 및 북한을 전공한 젊은 연구자들이 총의를 모아 우리의 바람직한 미래를 만들어가기 위한 방향을 제시하였습니다. 이 책은 엄혹한 주변 정세의 변화에 올바르게 대처하고 한반도 정세를 미래 지향적으로 일궈나가기 위해서는 무엇보다 남북관계 개선 및 발전을 우리가 주도해야 한다고 강조합니다. 현재와 미래의 역사를 만들어 가야할 주역들은 유념해야 할 내용입니다. 연구진에게 격려와 감사의 인사를 전하며, 앞으로도 한반도 문제 해결을 위한 연구에 더욱 정진해주기를 당부합니다.

2015. 9
경남대 석좌교수(전 통일부 장관)
강 인 덕

| 추천의 글 |

2015년은 한반도가 해방과 함께 분단된 지 70년이 되는 해입니다. 광복은 절반에 그쳤습니다. 또한 냉전체제가 붕괴된 지 25년이 지났고, 역사적인 첫 남북정상 회담이 있은 지 15년이 지났으며 동시에 북핵 문제 해결의 구도를 제시한 「9.19 공동성명」이 타결된 지 10년이 되는 해이기도 합니다. 이처럼 한반도 문제 해결과 관련된 많은 이정표들이 만들어졌었지만, 오늘날 한국이 처해있는 대내외 환경과 남북관계는 우리가 갈구하는 완전한 광복과는 거리가 멀어지고 있습니다.

미국은 탈냉전 초기 유일한 초강대국으로 일방주의적 외교정책을 구사하기도 했지만, 현재의 국제질서는 미국이 좌지우지할 수 없는 상황으로 전개되고 있습니다. 중국이 국제 질서의 주요 행위자로 등장하여, 'G2'라는 표현처럼 미국과 '신형대국관계'를 구축해야 한다고 목소리를 높이기에 이르고 있습니다. 여기에다 일본은 「평화헌법」을 수정하여 전쟁할 수 있는 보통국가를 지향하고 있고, 러시아도 옛 소련의 영광을 재현하겠다고 나서고 있습니다.

이처럼 동아시아 정세는 지각변동의 조짐을 보이고 있습니다. 그러나 이러한 주변국들의 움직임 속에서 한반도의 미래에 대한 실천적 구상은 실종되고 있습니다. 심지어 강대국 정치에 의해 한반도의 운명이 결정되는 구한말의 역사가 반복되는 것은 아닌지 우려가 제기되고 있습니다.

그러나 지금 한국은 100년 전의 조선이 결코 아닙니다. 세계 10위권의 경제력과 군사력을 갖고 있습니다. 그럼에도 한국은 국력에 부합하는 역량을 국제사회에서 발휘하지 못하고 있습니다. 가장 큰 배경은 한반도 분단과 남북 간 적대적 대결상황입니다. 한국이 경성국력을 바탕으로 한반도의 평화와 안정, 나아가 통일을 주도하기 위해서는 주변국들보다 훨씬 치열하게 정치 외교적 역량을 발휘해야 합니다.

외교 현장 일선을 비롯한 공직에서 40년 가까이 일하면서, 우리나라와 한반도의 미래에 대해 끊임없이 고민하면서 대안을 모색해 왔습니다. 지금은 북한·통일 분야 전문 교육·연구기관인 북한대학원대학교의 총장으로서 이러한 고민과 해법 모색을 이어가고 있습니다. 이 책은 이러한 문제에 대한 나름의 해결방안을 제시하고 있습니다. 이 책을 통해 우리의 미래에 대한 사고의 지평을 넓힐 수 있기를 기대합니다.

2015. 9
북한대학원대학교 총장(전 외교통상부 장관)
송 민 순

| 서 문 |

　우리가 거의 매일 언론매체 등을 통해 접하고 있는 것처럼, 중국은 급속한 경제성장을 발판으로 국제사회에서 영향력을 확대하고 있습니다. 이에 대응해 '아시아 회귀 전략'에 치중하고 있는 미국은 한국과 중국 등 주변국의 우려에도 불구하고 일본의 보통국가화를 강력하게 지원하고 있습니다. 러시아 역시 크림반도 합병으로 인해 일부 서방국가들의 제재를 받는 가운데 북한과 경제협력을 추진하는 등 동아시아 지역에 대한 관심을 지속적으로 표출하고 있습니다. 이처럼 동아시아, 특히 동북아는 강대국의 이해관계가 엇갈리는 큰 변화 속에서 질서가 재편되고 있습니다. 이러한 변화의 한 가운데에 한반도가 위치해 있습니다. 미국을 중심으로 한 해양세력과 중국을 중심으로 한 대륙세력이 한반도를 중심으로 합종연횡(合縱連衡)하는 상황은 앞으로도 상당기간 이어질 것으로 보입니다.

　이러한 상황에서 북한은 김정은 체제의 안정적 정착을 위해 권력 공고화에 집중하면서 대외환경 변화에 대처하고 있습니다. 김정은 체제는 '경제 및 핵무력 건설 병진노선'을 국가전략으로 제시하며 주민생활 향상을 위한 경제발전과 핵능력 강화라는 두 마리 토끼를 모두 잡겠다고 강조하고 있습니다. 북한이 경제적 측면에서 성과를 거두기 위해서는 보다 과감한 개혁·개방정책을 적극 추진해야 하지만, 북한을 둘러싼 대내외 여건은 여의치 않습니다. 북핵 문제 해결에서 진전이 이뤄져야 북한의 대외환경 개선이 가능하지만, 북한의 핵능력 고도화는 북한의 대외환경 개선과 한반도의 평화 및 안보에 가장 큰 장애로 작용하며 악순환하고 있습니다. 앞으로 북한이 실질적인 '핵무기 보유국'이 되면 한국 및 주변국과의 관계를 새롭게 설정하려고 할 개연성이 큽니다. 우리는 주변국과 북한의 변화에 어떻게 대처하면서 미래를 만들어가야 할까요?

　이 책은 광복·분단 70년을 맞아 '강대국들 간 대립·경쟁의 변화 속에서 바람직한 우리의 미래를 어떻게 준비해야 하는가'하는 목적에서 기획된 것입니다. 이를 위해 우리가 처한 여건이 어떠한지를 보다 넓은 관점에서 객관적으로 분석하고, 앞으로 우리의 국력에 부합하는 외교안보정책 및 대북정책을 수립·이행하는 데 있어서 합리적·실용적 대안을 모색하고자 하였습니다. 이 책의 집필에 참여한 연구진들은 열띤 토론과 의견교환, 공동연구를 통해 선진국 대열에 진입한 한국이 갖고 있는 역량에 걸맞는 남북관계 및 외교관계를 지향하면서 한반도의 주인으로서 보다 적극적이고 능동적으로 미래를 만들어가야 한다는 데 공감하였습니다. 그리고 앞으로 다가올 미래에 대비하기 위해 현실성 있는 대안을 모색하고자 노력했습니다.

이 책에서는 먼저 지금까지 미국, 중국, 일본, 러시아 등 세계 4강과의 관계 속에서 한국과 한반도의 위상 및 역할이 어떻게 변화했는지를 살펴봤습니다. 70년 전 한반도는 일제 치하에서 벗어나 광복을 맞았지만, 미국과 소련이 주도하는 과점적 국제질서에 남북한이 각각 편입되면서 자율성을 거의 갖지 못했습니다. 한국은 냉전체제가 붕괴한 뒤 길지 않은 기간 한반도 정세 변화, 특히 남북관계에서 주도권을 발휘하였습니다. 그렇지만 중국이 미국과 어깨를 나란히 하는 이른바 'G2' 시대가 개막되면서 한반도는 다시 미국과 중국의 국익이 충돌하는 지점으로 부상하고 있습니다. 이러한 상황이 한 동안 지속될 것이라는 전망은 한반도의 미래가 편안하지만은 않을 것이라는 예상을 가능하게 합니다.

이어서 복잡다단한 국제 및 동북아 정세의 변화가 한반도와 한국에 던지는 과제가 무엇이며, 또 이러한 과제들이 갖는 함의가 무엇인지를 고찰했습니다. 미국이 고고도 미사일 방어체제(THAAD: Terminal High Altitude Area Defense)를 한국에 배치하려 하자 중국이 강력하게 반발하는 한편, 한일 및 중일 간 역사 문제와 관련해 미국이 국익을 앞세우며 일본의 입장을 지지하는 현상 등은 대외정책의 딜레마에 빠져있는 우리의 어려움을 보여주는 사례라고 할 수 있습니다. 국제질서의 주요 행위자인 미국과 중국은 모두 자국의 국익에 부합하는 한반도의 미래를 원하는 상황에서 미중 간 갈등의 지속은 남북한 간 적대적 대립관계를 더욱 심화시킬 수 있습니다.

이러한 어려움에서 벗어날 수 있는 방안은 우리가 선제적으로 주도권을 발휘해 남북관계를 개선 · 발전시키는 것입니다. 왜냐하면 남북관계 개선 및 발전을 통해 우리는 한반도의 안정 및 평화뿐 아니라 외교 · 안보 측면에서 우리의 자율성을 확대함으로써 미중 간 갈등이 증폭되는 것을 억제하거나 완화시켜 동아시아 지역의 평화에 기여할 수 있을 것이기 때문입니다. 남북관계 개선 · 발전이 없이 상호대립과 불신 심화가 증대되면 주변 강대국들에게 남북문제에 개입할 수 있는 공간을 열어주는 결과가 될 것입니다.

또한 이 책에서는 남북관계 개선 · 발전, 궁극적으로 통일한국으로 향하는 과정에서 발생할 수 있는 주변국들의 편익과 우려를 구체적으로 분석하면서, 한반도 통일에 대한 주변국의 우려를 불식할 수 있는 대응방안을 제시하였습니다. 미 · 중 · 일 · 러 등 주변국은 한반도가 통일될 경우 발생할 수 있는 동북아의 적대적 세력균형 강화, 통일한국의 핵무장, 배타적 민족주의의 발현, 경제적 이익의 침해 등에 대한 우려를 갖고 있습니다. 우리는 통일한국이 미국과 중국 사이에서 조화외교를 추구하면서 친화적 세력균형을 조성하고, 미 · 중 · 일 · 러와 협력하면서 지역 차원의 다자 협력을 활성화함으로써 한반도 통일에 대한 주변국의 우려가 현실화될 개연성이 크지 않음을 설득해야 합니다.

특히, 이 책은 북한 문제를 해결하는 과정에서 우리가 한반도 정세를 주도할 수 있으며, 이를 통해 보다 바람직한 동북아의 질서를 구축할 수 있다는 점을 감안해 우리가 지향해야 할 한반도의 미래를 구상하였습니다. 북한이 안고 있는 여러 가지 문제 중에서 북핵 문제와 북한의 개혁 · 개방 문제를 심도 있게 제기하였습니다. 북한이 핵을 포기하기 어렵고, 개혁 · 개방에 나서기 어려운 원인은 여러 가지가 있겠지만, 무엇보다 북한이 갖고 있는 체제 안전에 대한 우려 문제입니다. 따라서 우리는 북한과 정치 · 군사적 문제에 대한 협의를 보다 적극적으로 추진해 북한의 체제 안전 우려 문제를 논의하는 과정에서 북핵 문제 해결에 기여하는 한편 북한을 개혁 · 개방으로 유도할 수 있도록 해야 할 것입니다. 그동안 우리 스스로를 제한했던 지정학적 접근에서 탈피해 지전략적 관점에서 남북한의 공동 안보 및 번영을 목표로 삼아 통일 · 외교 · 안보정책을 추진하여야 합니다. 이를 통해 우리는 한반도의 분단을 극복하고, 동북아가 세계의 중심에 자리하는 데 핵심적 역할을 할 수 있을 것입니다.

이 책의 기획 및 집필에 참여한 연구진에게 감사의 말씀을 전합니다. 특히, 집필뿐 아니라 기획 및 토론과 협의, 종합 등 연구 전반을 이끌어주신 이관세 경남대 석좌교수(전 통일부차관)님께 감사드립니다. 연구자들이 진지하게 토론에 참여하고 고민을 같이 해준데 대해 감사하게 생각합니다. 박홍서 박사는 동아시아 안보질서 변화와 한반도 문제의 역사적 관계 및 북한문제에 대한 주변 강대국들의 전략까지 폭넓게 정리해 주셨습니다. 김상기 박사는 최근 동아시아 질서 재편 과정에서 나타나고 있는 주변국의 국익을 앞세운 변화와 문제점에 따른 과제와 함께 대처방향을 제시하고 남북관계 개선 · 발전의 중요성을 국제관계와 연결하여 잘 정리해 주셨습니다. 박재적 박사는 남북한 통일 과정에서 동북아 주요국들의 이해관계(편익·우려)에 대해 현실성 있게 분석하고, 이를 극복할 수 있는 대안 제시와 함께 바람직한 통일한국의 행로와 지향점에 대해 합리적인 대안을 제시해 주셨습니다. 이관세·김동협·장철운 박사는 앞에서 국제관계와 남북관계의 상관성을 분석한 바탕에서 '북한문제를 어떻게 해결해 갈 것인가?'의 문제에 대해 큰 틀에서 방향을 제시하였습니다. 또한 우리가 만들어가야 할 한반도의 미래를 생각하면서 한반도가 안고 있는 대내외 관계 속에서 여러 측면을 고려한 대안들을 제시하였습니다. 집필자들은 국제관계의 변화와 남북문제를 객관적으로 조명하고, 이에 대한 대안을 제시한 점에 이 책의 의미가 있다고 생각합니다. 다시 한 번, 집필진 여러분들께 감사의 말씀을 드립니다.

경남대 극동문제연구소는 1972년 설립된 이래 '실사구시(實事求是)'를 원칙으로 삼으며 북한 문제에 천착해 한반도의 평화와 통일에 대한 연구를 선도하며 관련 담론을 주도해 왔습니다. 이러한 차원의 일환으로 구상된 이 책이 광복과 분단 70년을 맞아 한반도의 바람직한 미래를 구상하고, 이를 현실로 만들어가는 데 작게나마 기여할 수 있기를 바랍니다. 한국의 통일·외교·안보정책을 입안·집행하는 관계자뿐 아니라 관련 분야를 연구하는 전문가, 한반도의 미래에 관심을 갖는 일반인들에게 이 책이 많은 도움이 되기를 기대합니다.

감사합니다.

2015. 9
경남대 극동문제연구소 소장
윤 대 규

| 차 례 |

제 I 장 21세기 동아시아 안보 질서와 한반도 평화

제 II 장 동아시아의 전략환경 변화와 한국의 과제

제 IV 장 북한 문제 해결을 위한 쟁점과 과제

제 V 장 한반도 미래 구상

제 I 장

21세기 동아시아 안보 질서와 한반도 평화

제 I 장
21세기 동아시아 안보 질서와 한반도 평화

제1절. 서 론

　개혁·개방기 이후 중국의 급속한 부상은 향후 동아시아 질서의 향배를 가늠하는 핵심적 동인(動因)이 되고 있다. 차상위 강대국으로 부상하는 중국의 위상은 현재 미국 주도의 동아시아 질서에 어떠한 형태로든 변화시키는 중요한 요인인 것이다. 국제정치학계에서는 중국의 부상에 따라 발생가능한 동아시아 지역질서의 변화에 대해 상반된 의견이 제기되고 있다.

　향후 동아시아 질서를 보다 갈등적으로 전망하는 시각은 21세기 동아시아 국제관계와 19세기 유럽 국제관계의 유사성에 주목한다. 즉, 경직된 동맹 구조, 영토, 역사 문제, 그리고 민족주의 감정의 팽배는 19세기 유럽과 같이 현 동아시아 국제관계를 보다 갈등적으로 만들고 있다는 것이다.[1] 반면, 동아시아 질서를 보다 협력적으로 전망하는 시각 역시 존재한다. 중국은 미국 주도의 자본주의 체제 속에서 이익을 얻고 있기 때문에 그것을 타파할 합리적 동인이 없다거나, 전통시기 중국 주도의 동아시

---

1) Aron Friedberg, "Will Europe's Past Be Asia's Future?," Survival, 42-3 (Jaunuary 2000), pp. 147~160; Jonathan Tirone and Patrick Donahue, "Kissinger Says Asia Is Like 19th-Century Europe on Use of Force," Bloomberg, February 2, 2014.

아질서가 안정적이었다는 사실이 현재에도 일정한 함의를 가진다는 주장 등이 그것이다.[2]

본 장은 현 시기 동아시아 국제질서가 경직된 '세력균형(balance of power)'의 논리에 따라 전개된 19세기 유럽 상황과 다르다고 주장한다. 즉, 미국과 중국이 '상호확증파괴(mutual assured destruction)' 능력을 보유함으로써 상호간 전쟁가능성이 대폭 감소되었으며, 아울러 역내 자본주의 체제의 심화는 상호간 세력균형을 추구하려는 동아시아 국가들의 강박성을 완화시켰다는 것이다. 그 결과, 동아시아 국가들은 19세기 유럽과 같이 경직된 세력균형 정책보다는 경제영역 등에서 상호간의 이익을 합치시키려는 '이익균형(balance of interests)' 행태를 보인다는 것이다.

물론, 본 장은 동아시아 국가간 관계에서 세력균형의 논리가 '소멸'되었다고 주장하지 않는다. 21세기 동아시아 국제질서는 여전히 중앙권위체가 부재한 '무정부상태(anarchy)'이며, 따라서 개별 국가들은 상호간 '배반' 가능성을 여전히 우려하지 않을 수 없기 때문이다. 이러한 맥락에서 21세기 동아시아 국제관계를 주요 국가들간의 '과점적 경쟁'으로 설명할 것이다.

제2절에서 21세기 국제정치의 변화 및 관성을 설명하며, 그 맥락에서 과점적 경쟁 형태를 보이는 동아시아 국제관계를 설명할 것이다. 제3절에서는 분석의 초점을 한반도 문제로 맞추어 국제정치의 변화와 관성이 한반도(북한) 문제에 어떻게 투사되고 있는지를 설명할 것이다. 마지막 제4절에서는 '인간안보(human security)' 개념을 통해 동아시아 안보질서가 한반도 주민의 권익과 어떻게 연결되는지 분석하고 정책적 제언을 시도한다.

---

2) David C. Kang, "Hierarchy, Balancing, and Empirical Puzzles in Asian International Relations," International Security, 28-3 (Winter 2003/4), pp. 165~180; Mingjiang Li, "Rising from Within: China's Search for a Multilateral World and Its Implications for Sino-US Relations," in Mingjiang Li, ed., China Joins Global Governance (New York: Lexington Books, 2012) pp. 35~56.

제2절. 21세기 동아시아 국제관계의 복잡성 증대

1. 비전통 안보문제의 출현과 강대국간 과점(寡占)체제의 강화

21세기 국제정치에서 '비전통 안보(non-traditional security)' 개념의 출현은 강대국간 세력균형이라는 전통적 국제관계의 변화를 암시한다. 비전통 안보 문제는 사회주의권 붕괴 이후 자유주의 및 자본주의 체제의 확산으로 인해 국가 간 전쟁가능성이 감소한 반면 전체 개별국가들의 이익을 침해할 수 있는 국제문제가 출현하면서 대두되었다. 예를 들어, 내전, 테러, 대량살상무기, 학살, 기후, 전염병(에볼라, AIDS 등), 마약, 난민 등은 대표적인 비전통 안보문제라 할 수 있다. 강대국들에 의해 주도되는 국제사회는 이들 문제를 야기하거나 연관된 개별국가들을 소위 '실패국가'로 규정하고 집단적 대응을 모색한다. 실패 국가에 의해 조장되는 비전통 안보문제는 강대국간의 안정적인 상호관계를 훼손할 수 있기 때문에 차단해야 한다는 것이다.[3]

2005년 유엔 세계정상회담에서 채택된 '보호할 책임(R2P: Responsibility to Protect)' 규범은 비전통 안보 문제를 관리하기 위해 주권에 대한 제한이 필요하다고 주장하였다. 보호할 책임 규범은 개별 국가들이 학살, 전쟁범죄, 인종청소, 그리고 반인륜 범죄로부터 자국의 국민을 보호하지 못한다면, 국제사회는 유엔헌장 및 안보리를 통해 "적절하고 단호한 방식(timely and decisive manner)"으로 개입할 수 있다고 규정한다.[4]

물론 비전통 안보 개념의 등장에도 불구하고 세력균형과 같은 전통적 안보 문제가 소멸된 것은 아니다. 국제정치는 여전히 폭력을 독점하는 '세계정부'가 부재한 무정부상태이며, 따라서 개별국가들은 생존을 위해 상

---

3) 이신화, "비전통안보와 동북아지역협력," 『정치학회보』, 42-2 (2008), 413~417쪽.
4) UN General Assembly, Implementing the responsibility to protect, Report of the Secretary-General (12 January 2009), p. 1〈http://globalr2p.org/pdf/SGR2PEng.pdf〉.

호간 세력배분에 민감하게 반응할 수밖에 없기 때문이다.[5] 2014년 러시아의 우크라이나 침공과 이에 대한 서방의 제재조치는 이를 뒷받침한다. 그럼에도 핵무기의 도입과 자본주의 체제의 전지구적 확산에 따라 전쟁에 의존해 국가이익을 확보하려는 시도는 비효율적으로 변하였다. 핵무기의 확산은 우발적 사고나 오인 등으로 인한 핵전쟁 가능성만 적절히 통제된다면 국가간 세력균형을 단순화시킴으로써 국제질서를 오히려 안정화시키고 있는 것이다.[6]

결국 이러한 상황 변화는 강대국간 관계의 '과점적(oligopolistic)' 성격을 강화시켰다. 핵무기 등장 이전에도 국제정치의 강대국간 과점 구조는 존재하였다. 예를 들어, 나폴레옹 전쟁후 성립된 유럽 5개 강국에 의한 '유럽협조체제'라든지, 1차 대전 후 워싱턴회의를 통해 수립된 미·영·일 협조체제는 모두 강대국간 과점체제라 할 수 있다.[7] 그러나 강대국간 협조체제들은 과점구조가 내재적으로 가질 수밖에 없는 구성원의 배반 가능성이라는 취약성으로 인해 결국 전쟁으로 붕괴되었다.

1945년 2월 수립된 미소 얄타체제는 유사한 과점체제였음에도 불구하고 핵무기의 등장이라는 상황변화로 인해 이전의 과점구조와 상이하였다. 상호확증파괴 논리가 작동하는 상황에서 더 이상 "전쟁은 정치의 연속"이라는 클라우제비츠의 경구가 성립될 수 없었던 것이다. 따라서 미소 양국은 각각의 세력권을 관리하는데 치중하거나, 보다 공세적으로는 '대리전'을 감행하면서 상호간 직접적인 군사충돌은 극도로 회피하였다. 6.25

---

5) 국제정치의 구성원리 및 세력배분에 대한 국가들의 민감성에 대해서는 Kenneth N. Waltz, Theory of International Politics (Long Grove: Waveland Press, 2010), pp. 88~101 참조.

6) 핵무기 확산에 따라 국제정치가 보다 안정적으로 변화될 것이란 주장은 Scott Douglas Sagan and Kenneth N. Waltz, The Spread of Nuclear Weapons: An Enduring Debate (New York: W. W. Norton & Company, 2012), pp. 3~40 참조.

7) 국제정치는 강대국들간의 과점(카르텔) 구조를 띠는 경향이 있으며, 구성원의 불균등 발전으로 카르텔은 붕괴될 수밖에 없다는 설명은 Robert Gilpin, War and Change in World Politics (Cambridge: Cambridge University Press, 1981), pp. 92~93. 이삼성은 중화질서 붕괴 이후 전개된 동아시아 질서를 강대국간 카르텔 체제로 설명한다. 이삼성, 『동아시아의 전쟁과 평화2』 (서울: 한길사, 2009).

전쟁시 소련의 개입 회피나 트루먼(Harry Truman) 행정부의 맥아더(Douglas MacArthur) 해임 등은 이러한 미소 과점체제의 특성을 보여준다. 미소간 군사충돌 가능성이 대두되었던 쿠바 미사일 위기시에도 미소 양국은 정상간 핫라인을 통해 상호간 군사충돌을 극도로 회피하려는 합리적 행태를 보였다.[8]

2. 중국의 부상과 미중관계의 재편

무정부상태에서 국가간 세력배분이 국제정치를 설명하는 중요한 설명 변수라면, 미중관계는 21세기 국제정치를 좌우하는 핵심적 요인이라 할 수 있다. 소련 붕괴 후 유일 초강대국으로 자리매김한 미국과 차상위 강대국으로 급속히 부상하고 있는 중국의 상호관계는 국제정치의 향배를 가늠하는데 있어 최우선의 고려 대상일 수밖에 없다. 이러한 맥락에서 소위 '구동존이(求同存異)' 논리는 현재 미중관계를 뒷받침하고 있는 상호 규범이라 할 수 있다. 1970년대 미중 정상화를 뒷받침하는 논리이기도 한 구동존이 논리는 미중 양국이 상호간 전쟁 등으로 인한 공멸가능성을 차단하고 국제정치에 대한 공동 관리를 통해 각자의 이익을 극대화하자는 것이다. 미중간 과점체제를 논리적으로 정당화하고 있는 것이다.

사실, 중국이 부상하는데 결정적 요인으로 작용한 개혁·개방 정책은 미중관계 정상화와 밀접한 상관관계가 있다. 1978년 중국공산당 11기 3중전회에서 선언된 개혁·개방정책은 중국이 그동안의 폐쇄경제를 종결하고 미국 주도의 세계자본주의 체제로 편승해 들어간다는 것을 의미하였다. 마오저뚱(毛澤东) 시기 국가발전 전략이 주로 농촌 노동력의 착취에 기반하는 자력갱생 전략이었다면, 개혁·개방은 해외자본을 수용해 효율적 경제발전을 도모하려는 정책이었다. 즉, 효율성을 극대화한다는 측면

---

8) 그래엄 앨리슨, 필립 젤리코 씀, 김태현 옮김, 『결정의 엣센스: 쿠바 미사일 사태와 세계핵전쟁의 위기』(서울: 모음북스, 2005), 422~446쪽.

에서 개혁·개방 정책은 '중국판 신자유주의' 발전 전략이라 할 수 있는 것이다.[9]

미중관계 정상화는 양국이 상호접근을 통해 각각의 이익을 효율적으로 확보하려는 이익균형의 결과라 할 수 있다. 미국은 베트남전 패착(敗着)으로 인한 경제적 부담이 증폭되자 대외적 힘의 투사를 축소시켜 헤게모니를 효율적으로 유지·관리하려 하였다. 1969년 발표된 닉슨독트린은 이러한 전략적 의도의 산물이기도 하였다. 미국의 대중국 접근은 이와 같이 동아시아로부터의 세력축소를 보완해 줄 전략적 파트너 찾기의 일환이라고 할 수 있다.[10]

반면, 중국은 소련의 위협에 대응한다는 군사안보적 고려에서 미국과의 관계 개선을 적극적으로 모색하였다. 중소관계는 흐루시초프(Nikita Khrushchov)의 대서방 '평화공존' 정책 선언 이후 경색되기 시작해 1959년 소련 핵기술 과학자의 전면 철수, 1960년대 지속적인 이념논쟁으로 급속도로 악화되었다. 급기야 중소 양국은 1969년 헤이룽장(黑龍江)성 진보도(珍宝島)에서 군사적 충돌까지 불사하였다. 이러한 상황 속에서 중국은 대미 접근을 통해 소련을 견제하려 하였던 것이다.[11]

따라서 소련이라는 '공통의 적'이 소멸된 탈냉전기 미중관계는 불안정해질 수밖에 없었다. 중국의 지정학적 가치가 하락하면서 미국내 보수파들은 '중국위협론'을 제기하고 중국을 미국주도의 현 국제질서에 도전하려는 수정주의 세력으로 인식하기 시작하였다. 특히, 1989년 천안문 사건은 미국내 대중국 여론을 악화시킴으로써 미 행정부의 대중정책을 제약하는 요인이 되기도 하였다. 미국 내 중국 위협론자들은 중국의 급속한 경제

---

9) David Harvey, A Brief History of Neoliberalism (Oxford: Oxford University Press, 2007), pp. 120~151. 마오시기 농촌착취적 발전 전략은 원톄쥔 씀, 김진공 옮김, 『백년의 급진』 (서울: 돌베개, 2013) 참조.

10) Gilpin, War and Change in World Politics, pp. 191~193.

11) Henry Kissinger, On China (New York: The Penguin Press, 2011), pp. 202~235.

· 군사력 강화, 공산당 일당독재의 권위주의 정치체제 등을 비판하며 대중국 봉쇄정책(containment)을 주장하였다. 이들은 '세력전이(power transition)' 혹은 '공세적 현실주의(offensive realism)' 이론 등을 통해 자신들의 주장을 논리적으로 정당화하기도 하였다.[12]

그러나 1993년 집권한 클린턴(Bill Clinton) 행정부가 대중국 '포용(engagement)' 정책을 공식화한 이후 미국의 대중정책은 현재까지 갈등보다는 협력에 초점이 맞추어져 왔다. 클린턴은 대선 캠페인 과정에서 천안문 사건에 대한 부시(George H. W. Bush) 행정부의 소극적 대응을 비판하면서 집권시 중국의 인권문제를 이슈화할 것임을 밝히기도 하였다. 실제로 집권 초반 클린턴 행정부는 중국의 인권문제와 최혜국 대우 갱신 문제를 연계할 것이라고 경고하기도 하였다. 그럼에도 클린턴 행정부는 1994년 5월 인권-최혜국 대우 연계전략을 포기하면서 대중국 포용정책을 공식화하였다. 클린턴 행정부는 중국과의 협력이 미국의 '주요한 이익'인 경제적 이익, 대량살상무기 확산, 자유무역, 환경, 그리고 국제범죄 해결 등에 있어서 매우 핵심적이라는 논리를 내세웠다.[13]

중국으로서도 최고 국가목표인 경제발전을 위해서는 안정적인 대미관계가 필수적일 수밖에 없다. 중국은 1994~95년 대만해협 위기 시 자국의 공세적 행태가 중국위협론을 확산시킨다는 사실과 아울러 미국과의 현격한 전력차이를 실감한 이후 안정적인 대미관계 유지를 핵심적인 외교목표로 상정하였다.[14] 그 결과 중국은 미중정상회담을 통해 1998년 미국과 '전략적 동반자 관계(战略伙伴关系: strategic partnership)'를 수립

---

12) 중국위협론의 이론적 분석은 박홍서, "중국의 부상과 국제관계이론: '중국위협'에 관한 이론적 시각," 김태호 편, 『중국외교연구의 새로운 영역』 (서울: 나남, 2008), 1장 참조.

13) David M. Lampton, Same Bed Different Dreams: Managing U.S.-China Relations 1989-2000 (Berkeley: University of California Press, 2001), pp. 39~45; "Clinton Defends China Trip, Engagement Policy," CNN, June 11, 1998〈http://edition.cnn.com/ALLPOLITICS/1998/06/11/clinton.china/〉.

14) 미중협조체제의 출현에 관해서는 박홍서, "탈냉전기 중미간 '협조체제'의 출현?: 9.19 공동성명 후 북핵문제에 대한 중미간 협력," 『국제정치논총』, 47-3 (2007), 77~97쪽 참조.

하고, 2003년 '화평굴기(和平崛起: peaceful rise)' 개념을 통해 미국 주도의 국제질서에 도전하지 않을 것임을 표명하였다. 이에 대해 미국은 2005년 중국과의 관계를 '이익상관자(stake-holder)' 관계로 규정하면서 화답하기도 하였다.[15]

시진핑(習近平) 정권 역시 대미관계를 '신형대국관계(新型大国关系: the New Type of Great Power Relations)'로 규정하면서 상호간 공통이익을 극대화하려는 의도를 보이고 있다. 경제영역에서도 미중관계는 '차이메리카(Chinamerica)' 개념이 드러내듯 매우 밀접하게 연결되어 있다. 즉, 미국이 중국의 막대한 대미 무역흑자를 용인하고 중국은 벌어들인 외화를 다시 미국에 투자해 대미시장을 활성화시키고 있는 것이다.[16]

3. 역내 세력균형의 관성과 상호 협력

미중간 협력 역시 상호간에 전통적 의미의 세력균형 논리가 소멸되었다는 것을 의미하지는 않는다. 유럽과 비교해 제도적 통합이 부재한 동아시아라는 맥락에서 더더욱 그렇다. 미국이 '아시아로의 회귀(Pivot to Asia)' 및 '재균형(Rebalancing)' 전략을 통해 중국의 부상을 견제하려 한다면, 중국은 미얀마, 북한과의 전통적 우방관계를 견지하고 반접근(anti-access) 전략을 통해 대미 견제에 나서고 있는 것이다.

특히, 한반도 문제와 양안문제는 세력균형적 논리가 여전히 강하게 투영되고 있는 문제라 할 수 있다. 미국은 미중수교 이후에도 대만관계법(Taiwan Relations Act)이나 미일간 방위협력 지침 개정(1997, 2015)을 근거로 대만문제에 개입해 왔다. 이에 대해 중국은 미일 동맹 강화를 대중국 봉쇄전략으로 인식하면서 '반분열국가법'을 기반으로 대만

---

15) Robert B. Zoellick, "Whither China: From Membership to Responsibility?" Remarks before National Committee on U.S: China Relations. September 21, 2005.
16) 니얼 퍼거슨 씀, 김선영 옮김, 『금융의 지배』(서울: 민음사, 2012), 282~336쪽.

독립이나 외부세력의 대만문제 개입을 원천적으로 봉쇄하려 하고 있다.[17]

6.25전쟁으로 인한 정전체제가 여전히 종결되지 못한 한반도 문제 역시 경직된 세력균형 논리가 여전히 강하게 투영되고 있다. 남북한의 대내적 정치변동 상황에 따라 남북관계는 불안정 상태를 벗어나지 못하고 있다. 2000년과 2007년 두 차례의 정상회담에도 불구하고 서해 북방한계선을 둘러싼 무력충돌과 연평도 포격사건 등은 남북관계가 여전히 정전상태임을 극명히 드러낸다. 아울러, 한반도를 둘러싼 강대국간 관계에 있어서도 갈등구조는 지속되고 있다. 미국은 북한 위협을 억지한다는 목적 하에 한미동맹을 강화하고 있으며, 중국은 이를 자국에 대한 견제의도로 인식하면서 반발하고 있다.[18]

한반도와 양안문제 이외에도 동아시아 내 영토분쟁은 역내의 경직된 세력균형적 상황을 드러낸다. 한일 간 독도문제, 러일 간 북방 4도 문제, 중일 간 센카쿠 열도문제, 남중국해 문제 등에서 동아시아 국가들은 비타협적 태도를 고수하고 있는 것이다. 더욱이, 미국은 동아시아 영토분쟁을 통해 자국의 안보이익을 극대화하려는 전략적 행태를 보이고 있다. 2015년 5월 개최된 동아시아안보회의에서 미국은 남중국해에 대한 중국의 강경한 태도를 우려하면서 동남아 국가들과의 연대를 강화하려는 의도를 드러내었다. 중국은 이러한 미국의 행태를 중국-동남아 국가간 관계를 '이간' 시키려는 행태라고 비난하고 있는 실정이다.[19]

한편, 이러한 동아시아 국가간 갈등과 동시에 상호간 협력 역시 심화되고 있다는 사실은 주목할 만하다. 동아시아 국가들은 경제적 상호의존 관계를 심화시키면서, 아울러 지역안정을 훼손할 수 있는 군사안보적 이슈

---

17) 미일동맹 강화에 대한 중국의 인식은 Bonnie S. Glaser and Brittney Farrar, "Through Beijing's Eyes: How China Sees the U.S.-Japan Alliance," The National Interest, May 12, 2015 참조.

18) 미중 양국이 남북한관계를 이용해 상호간 세력균형을 이루려는 행태에 대해서는 박홍서, "중국의 부상과 탈냉전기 중미 양국의 대한반도 동맹전략: 동맹전이 이론의 시각에서," 『한국정치학회보』, 42-1 (2008), 299~313쪽 참조.

19) "离间计 : 美防长抹黑中国吓唬东盟," 『环球时报』, 2015年5月30日.

에도 관심을 기울이고 있는 것이다.

동아시아 국가간 상호의존 심화는 한중간 경제관계에서 극명하게 나타난다. 1992년 수교 이후 중국은 2004년 미국을 제치고 한국의 최대 무역상대국이 되었으며, 한국은 홍콩을 제외하고 미국과 일본에 이어 중국의 3번째 무역상대국이 되었다. 2015년 6월 체결된 한중 FTA와 아울러 중국 주도의 아시아 인프라 투자은행(AIIB: Asia Infrastructure Investment Bank)에 대한 한국의 적극적 참여는 한중간 경제적 상호의존의 심화를 시사한다. 특히, 한국은 중국이 추진하고 있는 위안화 국제화의 금융허브 역할을 희망하고 있기도 하다.[20] 중국-대만 간 무역관계도 2010년 체결된 「양안경제협력기본협정(ECFA: Economic Cooperation Framework Agreement: 海峡两岸经济合作框架协议)」을 기반으로 이후 무역량이 2배 이상 증가하고, 상호간 인적교류도 큰 폭으로 증가하고 있다. 아울러, 동아시아 내 다자간 협력 레짐 역시 창설되고 있다. 대표적으로 1998년 창설된 동남아시아 국가연합(ASEAN: Association of Southeast Asian Nations)+3이 존재한다. 또한, 2000년 5월 동 회의에서 제의된 치앙마이 이니셔티브(Chiang Mai Initiative)를 통해 동아시아 국가들은 상호간 통화스와프(currency swaps)에 합의하고 참여국의 외환위기시 집단적 지원을 명문화하였다.

한편, 군사안보 영역에서도 동아시아 국가들은 비록 초보적 수준이긴 하나 협력 레짐을 수립하려는 의지를 보이고 있다. 대표적으로 아세안 지역포럼(ARF: Asian Regional Forum)이 1994년 창설되어 이후 역내 안보문제에 대한 다자간 협의를 진행해 오고 있다. 또한, 영국 국제전략문제연구소(IISS: International Institute for Strategic Studies)가 주관하는 동아시아 안보회의(Asia Security Summit)에

---

20) "최경환 '위안화 직거래, 허브화 기틀될 것'."『연합인포맥스』, 2014년 12월 1일.

도 동아시아 국가들은 적극적으로 참여하고 있다. 아울러 동아시아 공동 안보에 대한 이니셔티브가 주창되고 있기도 하다. 대표적으로 한국이 제 의한 '동북아 시대 구상' 및 '동북아 평화협력 구상'이 있으며, 일본이 제 의한 '동아시아 공동체' 등이 존재한다. 그러나 동아시아 국가가 주도하는 안보 협력 레짐은 역내 동맹체제(한미, 미일)를 유지하고 있는 미국의 전 략적 이익과 합치되지 않는다는 한계를 갖는다. 동아시아 공동체를 주창 한 일본의 하토야마 정권이 결국 미국과의 갈등 관계 속에서 단명하였다 는 사실은 이를 뒷받침한다.[21]

제3절. 한반도 문제와 동아시아 국제관계

1. 한반도에 대한 주변 강대국의 전략: 봉건 · 근현대 시기

전통시기 '중국적 세계질서(Chinese World Order)'의 구성원이었던 한반도는 1895년 청일전쟁으로 서구 근대질서에 편입되었다. 1648년 베스트팔렌 조약에서 정립된 주권규범을 기초로 이후 서구 국제관계는 국 가간 '평등성'을 보편 원칙으로 수용하였다. 반면, 중국적 세계질서는 유 교규범에 근거해 천자(天子)가 통치하는 중국과 주변국가간의 '위계성'을 규정하였다.[22] 즉, 주변국이 중국을 상국(上國)으로 인정하고 조공의 예 를 갖추는 한 중국은 '외교와 내치는 자주'라는 소위 속국자주 원칙을 통해 주변국의 자율성을 보장하였다. 아울러 주변국이 대내외적인 위난에 직면 할 경우 중국은 종주국으로서 구원해야할 책임 역시 가졌다. 임진왜란시 기 명군의 대조선 파병은 그 대표적인 사례라 할 수 있다.

---

21) The Washington Post, December 29, 2009.
22) 중국적 세계질서에 관해서는 John. K. Fairbank, ed., The Chinese World Order (Cambridge: Harvard University Press, 1968) 참조. 이삼성에 따르면, 근대 서구 국제질서의 국가간 관계가 주권을 가지면서도 실질적으로는 위계적 관계(비공식적 위계질서)의 특성을 보인다. 반면 중국적 세계질서는 국 가 간 위계성을 보편 원리로 규정한 '공식적 위계질서'이다. 이삼성,『동아시아의 전쟁과 평화 1』(서울: 한 길사, 2009), 163~168쪽.

현실주의적 관점에서 중국적 세계질서는 '패권안정(hegemonic stability)' 이론의 전형적 사례라 할 수 있다. 주변국으로서는 중국과의 세력격차가 막대한 상황에서 세력균형론이 주장하듯이 기타 국가들과의 동맹을 통해 중국을 견제해야할 합리적 동인이 미약하였다. 주변국은 그 대신 중국의 세력권에 편승함으로써 정권의 정당성 및 대외적 안보를 보장받고, 아울러 경제적으로도 조공무역을 통해 이득을 확보하는 것이 합리적이었다. 중국으로서도 주변국이 중국의 세력권에 편승하는 이상, 정치적 자율권을 부여함으로써 헤게모니 유지비용을 적절히 관리할 수 있었다. 주변국의 안보위기상황에서만 '적극적 방어(active defense)' 전략에 기초해 개입하는 것이 보다 합리적이었던 것이다.[23]

중국적 세계질서는 1840년 아편전쟁 이후 균열되기 시작해 1895년 청일전쟁으로 마지막 남은 조공국이었던 조선의 '자주독립'이 규정됨으로서 붕괴되었다. 이후 한반도는 강대국들간 세력균형 정책의 대상으로 전락하였다. 청일전쟁 직후 러시아가 '삼국간섭'을 통해서 일본의 대한반도 영향력 확대를 무력화시키자 일본은 러시아의 남하를 우려하는 영국과 동맹을 맺고 러시아를 패퇴시켰다(러일전쟁). 아울러 미국과는 1905년 가쓰라-태프트 밀약을 맺고 한반도 식민지화에 대한 미국의 동의를 확보하였다.

1차 대전 후 신흥 패권국으로 부상한 미국은 1921년 워싱턴 회담을 개최하고 동아시아에서 일본과의 과점 체제를 공고히 하였다.[24] 그러나 1929년 경제공황으로 인해 미일간 협조체제는 균열되기 시작하였다. 대공황 이후 경제 활로를 모색하던 일본은 1932년 만주국을 수립하고 만주 지역으로의 세력팽창을 시도함으로써, 전통적으로 중국에 대한 문호개방

---

23) 박홍서, "내재화된 위선? '중국적 세계질서'의 현실주의적 재해석," 『국제정치논총』, 50-4 (2010), 7~27쪽.
24) 미일간 카르텔 체제에 관해서는 이삼성, 『동아시아의 전쟁과 평화 2』 (서울: 한길사, 2009), 385~508쪽 참조.

정책을 추구하던 미국의 이익에 도전하였다. 미국은 이에 대응해 소련과의 공조를 통해 일본에 대한 견제에 나서기 시작하였다. 소련의 대일 전쟁 참전을 합의한 1945년 2월 미소간 얄타회담은 그 결과라 할 수 있다.

2차 대전 종결 이후 한반도는 소련이 붕괴되는 1991년까지 미소 얄타 체제의 한 가운데에 놓이게 되었다. 1945년 8월 일본의 패퇴 직후 미소 양국은 38도선을 경계로 남북한을 분할 점령한 이후 상호간의 직접적 충돌을 회피한다는 대원칙 아래서 각각의 하위 파트너인 남북한을 관리하는 협조체제를 유지하였다. 특히, 1947년 소련의 핵실험 성공으로 미소 양국 모두 핵보유 국가가 된 상황에서 양국간 무력충돌 을 야기할 수도 있는 한반도 문제는 안정적으로 관리될 필요가 있었다.

미소 양국이 6.25전쟁기 상호간 충돌을 극도로 회피하려 했다는 사실은 이를 뒷받침한다. 소련은 한반도 파병을 결정한 유엔 안보리 결의에 거부권을 행사하지 않았으며, 트루먼 행정부 역시 중국으로의 확전을 주장하는 맥아더를 해임시켰다. 이를 통해 소련은 북한의 남침계획에 자국이 연루되어있다는 사실을 은폐하려 하였으며, 미국은 중국으로의 확전이 미소간 3차 대전을 초래할 수 있다는 우려를 하였던 것이다.[25] 6.25전쟁 이후에도 미소 양국은 '냉전' 구도를 이용해 각각의 세력권을 결속시키려는 전략적 행태를 보였다. 미국은 6.25전쟁 이후 한국, 일본, 대만 등을 대소련 전진기지로 활용하고, 소련은 '아시아의 티토'가 될지 모른다고 의심하던 중국을 공산진영으로 묶어두는데 성공하였다.[26]

미소 양국은 한반도의 핵문제 관리에 있어서도 상호간 과점체제를 안정적으로 유지한다는 대원칙에서 벗어나지 않았다. 미국과 소련은 각각 남북한에 (민수용) 핵기술을 이전하였음에도 불구하고 그것을 기초

---

25) 박명림, 『한국전쟁의 발발과 기원1』 (서울: 나남출판, 1996), 198~199쪽; 데이비드 헬버스탬 씀, 정윤미·이은진 옮김, 『콜디스트 윈터』 (서울: 살림, 2009), 913~914쪽.

26) Thomas J. Christensen, Useful Adversaries: Grand Strategy, Domestic Mobilization, and Sino-American Conflict, 1947-1958 (Princeton: Princeton University Press, 1996), pp. 103~113.

로 남북한이 핵무기를 개발할 가능성은 철저히 차단하려 하였다. 1959년 북한에 원자력 연구소 설립을 지원했던 소련은 1970년대 동서 데탕트 시기 북한이 요구하는 핵기술 이전을 거부하고, 고르바초프(Mikhail Gorbachev)가 집권한 1985년에는 미국과의 협조를 통해 북한의 「핵무기비확산조약(NPT: Treaty on the Non-Proliferation of Nuclear Weapons)」 가입을 성사시켰다.[27] 미국 역시 1970년대 소련과의 데탕트 및 중국과의 화해정책을 전개하면서 박정희 정권의 독자적인 핵개발을 저지하였다. '인권외교'를 강조하였던 카터(Jimmy Carter) 행정부가 핵개발 포기의 대가로 남한의 신군부 세력을 승인한 것은 미국의 이중적 행태를 드러낸다.[28] 중국 역시 1970년대 미국과의 화해가 본격화되자 이전에 약속했던 북한으로의 핵기술 이전을 거부하고 핵기술자들을 북한으로부터 철수시키는 현실적인 행태를 보였다.[29]

2. 탈냉전기 북한 핵문제의 심화

1991년 12월 소련의 해체로 인해 미소 과점체제 속에서 안정적으로 관리되던 국제문제들이 표출됨으로써 국제질서의 불안정성이 증폭되었다. 유고연방의 해체로 인한 내전과 이라크 후세인(Saddam Hussein) 정권의 쿠웨이트 침공에 이은 걸프전쟁은 미소 과점체제의 해체가 가져온 문제들이었다. 소련의 붕괴는 동아시아 지역 질서도 불안정하게 만드는 동인이 되었다. 미중관계는 대소련 견제라는 공통 목표가 소멸되는 상황에서 천안문 사건 등으로 인해 급격히 경색되었던 것이다.

천안문사건으로 미국 및 서방국가들의 대중국 제재가 현실화되자, 중국

---

27) Don Oberdorfer and Robert Carlin, The Two Koreas: A Contemporary History (New York: Basic Books, 2014), p. 198.
28) Park Tae Gyun, An Ally and Empire: Two Myths of South Korea-United States Relations, 1945-1980 (Seongnam: Academy of Korean Studies Press, 2006), pp. 328~331.
29) Balázs Szalontai and Sergey Radchenko, "North Korea's Efforts to Acquire Nuclear Technology and Nuclear Weapons: Evidence from Russian and Hungarian Archives," Cold War International History Project, Working Paper #53 (August 2006), pp. 51~52, 196~197.

은 고립을 타개하고 지속적인 경제발전을 추동하기 위해 한국과의 관계정 상화를 모색하였다. 한국으로서도 소련의 해체로 동서간 진영논리가 소멸 된 상황 속에서 대중국 접근을 통해 정치 · 경제적 이익을 확보하려 하였 다. 이러한 배경 속에서 1990년 9월 한소수교에 이어 1992년 8월 한중 수교가 이뤄졌던 것이다.

동서 진영 논리의 해체로 인해 그 종속변인(從屬變因)이었던 남북한관 계는 새로운 전기를 맞게 되었다. 남북한은 1991년 12월 '비핵화 공동선 언'과 '남북 기본합의서'를 체결하였다. 특히, 북한은 유화적인 대남한 정 책을 통해 대미 관계정상화를 모색하였다. 북한의 대미관계 개선에 대한 의지는 6.25전쟁 이후 직면해왔던 안보위협을 근원적으로 해결할 수 있 다는 측면에서 강력하였다. 더욱이, 남한이 북한의 최대 우방국인 중국과 관계정상화를 하는 상황에서 북한의 대미 관계정상화는 합리적인 선택일 수밖에 없었다.

그러나 이러한 북한의 희망은 북한 핵문제가 불거지면서 현실화되지 못하였다. 1993년 초 미국과 국제원자력기구(IAEA: International Atomic Energy Agency)는 영변 핵시설에 대한 북한의 신고내용이 실제와 다르다는 점을 이슈화시키고 추가사찰을 요구하였다. 북한이 이를 거부하자, 한미 양국의 팀스피리트 훈련 재개 결정, 그리고 3월 12일 북 한의 NPT 탈퇴 선언이 이어지면서 1차 북핵위기가 발생하였다. 북핵위 기는 이듬해인 1994년 10월 21일 북미 간 「제네바 기본합의」로 종결되 었으나, 북미관계 정상화가 예정대로 이뤄지지 못함으로써 북핵문제는 실 질적인 해결책을 찾지 못하였다. 북한은 대미관계 정상화가 실패하고, 아 울러 대내적 경제난이 겹치는 상황 속에서 핵개발을 유용한 체제유지 수 단으로 간주하기 시작하였다.

이후 미중 양국은 북핵문제로 인한 양국간 군사충돌 가능성을 차단한다는 대전제 하에서 북핵문제를 통해 각각의 이익을 극대화하려는 전략적 행태를 보여왔다. 미중 양국은 무엇보다 한반도 안정에 대한 강력한 공감대를 형성하고 있다. 미중 양국이 각각 남북한과 동맹관계를 이루고 있는 상황에서 한반도 분쟁은 곧 미중간 군사적 충돌을 야기할 수밖에 없기 때문이다. 미중 양국이 연평도 사건 당시 적극적으로 개입해 확전을 방지하고, 2011년 1월 정상회담에서 한반도 비핵화 및 안정에 확고한 합의를 도출해 낸 사실은 이를 뒷받침한다.[30]

이와 동시에 미중 양국은 북핵문제를 이용해 상대방을 견제하려는 행태 역시 보이고 있다. 미국이 한미·미일 동맹을 강화해 중국의 부상을 견제하려 한다면, 중국은 미국이 희망하는 북한에 대한 실질적 압력행사 대신에 북중관계의 안정적 유지를 도모하고 있는 것이다. 물론, 중국은 2003년부터 6자회담의 의장국으로서 북핵문제 해결에 '적극적'인 의지를 드러내고 있기도 하다. 그러나 중국의 행태는 6자회담을 통해 북핵문제를 실질적으로 해결한다는 차원이 아니라 미중관계와 북중관계 사이의 딜레마를 안정적으로 '관리'하려는 전략적 선택이라 할 수 있다.[31]

주목할 만한 사실은 한반도를 둘러싼 미중간 과점 체제는 북한이 강압외교를 구사할 수 있게 만드는 구조적 요인이 되고 있다는 사실이다. 북한이 강압외교를 반복하더라도 미중 양국이 설정한 레드라인(대남 전면전 등)을 넘기지 않는다면 미국의 군사적 대북조치 가능성은 낮다. 미국으로서는 북한의 동맹국인 중국의 반발을 무시할 수 없기 때문이다. 북한은 동시에 중국에게 위기 국면의 완화를 대가로 정치경제적 지원을 확보할 수도 있다. 북한의 1, 2, 3차 핵실험에 따른 한반도 위기가 결국에는 북중간의 고위급 외교로 해소되어 왔다는 사실은 이를 뒷받침한다.[32]

30) Ho-jin Lee, "After the U.S.-China Summit: The Onus on the Two Koreas," Brookings, January 24, 2011〈http://www.brookings.edu/research/papers/2011/01/24-korea-lee〉.
31) 박홍서, "북핵위기시 중국의 대북동맹딜레마 관리 연구: 대미관계 변화를 주요동인으로," 『국제정치논총』, 46-1 (2006), 103~122쪽.
32) 박홍서, "게임이론을 통해 본 중국의 대한반도 전략: 천안함, 연평도 사건을 중심으로," 『중국연구』, 52

3. 북한 문제에 대한 미·중·일·러의 전략

북한(한반도) 문제를 둘러싼 강대국간 관계는 그로 인한 상호간 군사 충돌 방지라는 대전제 속에서 자국의 정치경제적 실리를 극대화하려는 '과점적 경쟁' 상황이라 할 수 있다.

첫째, 미국의 대북한 전략은 글로벌 거버넌스와 세력균형이라는 양면적 차원에서 운용되고 있다. 글로벌 거버넌스의 맥락에서 미국은 북한이라는 '실패국가'의 반복적인 도발 행위가 동아시아 질서를 훼손하지 못하도록 관리하고 있다. 미국은 한국 및 일본뿐만 아니라 과점적 경쟁 당사국인 중국과도 긴밀한 의사소통을 통해 북핵문제의 악화를 차단하려고 하고 있다.[33] 아울러, 북한에 대해서는 북미 공동 코뮈니케 및 페리 프로세스 등에서 보여지는 바와 같이 포용정책을 통해 변화를 도모 한다거나, 북한이 스스로 변화할 때까지 기다린다는 '전략적 인내(strategic patience)' 전략을 구사하고 있다. 또한, 핵시설에 대한 '외과적 폭격(surgical strike)'이라는 군사적 대응 역시 배제하지 않고 있다.

미국의 대북정책은 전통적 세력균형의 맥락에서도 운용되고 있다. 미국은 북핵문제를 명분으로 자국 주도의 한·미, 미·일 동맹체제를 관리하고 동시에 중국을 견제하려 하고 있다. 일본의 미사일방어체제로의 편입, 집단자위권 채택, 그리고 고고도 요격 미사일(THAAD: Terminal High Altitude Area Defense)의 한국 내 배치 계획 등은 표면적으로는 북한위협에 대응하기 위한 미국의 전략적 기획이기도 하다. 그러나 이러한 대응책들이 북한을 넘어 중국의 군사안보적 능력을 제약한다는 사실은 북한문제의 배후에 미중간 세력균형 논리가 흐르고 있음을 시사한다.[34]

(2011), 359~366쪽.
33) 박홍서, "탈냉전기 중미간 '협조체제'의 출현?" 87~88쪽.
34) 구교형, "추궈훙 주한 중국대사 '사드 한·중관계 악영향'," 『경향신문』, 2014년 11월 26일

둘째, 중국의 대북한 전략은 '딜레마 관리하기'로 요약할 수 있다. 즉, 중국은 북한의 강압외교에 의해 지역안정이 훼손되는 상황을 방지하고 동시에 북한의 붕괴도 방지해야 하는 딜레마에 직면하고 있는 것이다. 딜레마에는 해결책이 없으며 단지 관리만 할 수 있다고 한다면, 중국의 대북정책 역시 이러한 상반된 정책 목표들 사이의 적절한 균형을 '관리'하는 형태가 될 수밖에 없다. 중국이 6자회담에 적극적인 의지를 드러내는 것은 그것이 북핵문제의 근본적 해결에 유용해서라기보다는 현 딜레마 상황을 관리하는데 효과적이기 때문이다.

물론, 북한의 반복된 강압외교로 인해 중국 일각에서 '북한포기론'이 제기되고 있는 것이 사실이다.[35] 그러나 중국의 북한에 대한 '피로감'을 중국의 북한포기와 동일시할 수는 없다. 중국이 북한을 포기할 수 없는 이유는 단순히 양국 간의 역사적 '혈맹관계'나 '형제당 관계'라는 행위자 수준의 것이 아니라 미중 경쟁이라는 구조적 원인으로부터 파생되기 때문이다. 즉, 미국이 중국의 부상을 견제하는 상황에서 중국은 북한이라는 지정학적 자산을 결코 포기할 수 없는 것이다.

중국 내에서는 북한문제에 대해 북한의 지정학적 가치(전략적 자산론)를 강조하는 '전통파(traditionalists)'와 북한문제로 인한 중국 국가이익의 침해(전략적 부담론자)를 주장하는 '전략파(strategists)'가 대립하고 있다. 대외적으로는 전략파들의 의견이 비중있게 다뤄지고 있는 것이 사실이나 이것은 그들의 정향이 주로 외교부와 같은 서방 친화적이라는 사실에 기인한다. 반대로 실제 대북정책 결정에 핵심적 역할을 수행하는 군부 및 공산당 지도부는 전통파라 할 수 있다. 이들은 '순망치한(脣亡齒寒)'의 논리를 확고히 견지하며 북한문제를 미중 간 세력경쟁의 맥락에서 파악하고 있다.[36]

---

35) Deng Yuwen, "China should abandon North Korea," Financial Times, February 27, 2013.
36) Leszek Buszynski, Negotiating with North Korea: The Six Party Talks and the Nuclear Issue (New York: Routledge, 2013), pp. 27~28.

셋째, 일본의 대북전략은 미국의 대북전략으로부터의 구심력과 원심력이라는 상반된 맥락에서 운용되어왔다. 즉, 일본의 대북정책은 미일동맹이라는 프레임과 그로부터 보다 자율적인 북일 양자관계라는 상반된 차원에서 수행되어오고 있다. 이러한 두 가지 정책방향은 상황에 따라 긴장관계를 형성하고 있기도 하다.[37]

1990년 9월 자민당 가네마루 신(金丸信)이 이끄는 대표단의 방북으로 일본의 대북 관계 교섭이 개시되었으나, 북핵문제의 악화로 인해 북일 교섭은 더 이상 진전되지 못하였다. 아울러 북일 교섭에 대한 미국의 부정적 인식 역시 일본의 대북관계 개선을 제약하였다. 이후 일본은 2002년 9월 고이즈미(小泉純一郎)의 방북과 '평양선언'(이후 12차례 본회담)으로 또다시 자율적인 대북정책을 시도하였으나, 동년 10월 농축 우라늄 문제를 둘러싸고 북미간 갈등이 심화되고 이어 북한의 NPT 탈퇴로 북핵위기가 발발하는 상황에서 실질적인 대북관계 개선에 실패하였다.

아베(安倍晋三) 정권의 대북전략은 양면적으로 분석될 수 있다. 2014년 5월 일본은 북한과의 '스톡홀름 합의'를 통해 일본인 납치자 문제 해결과 대북제재 조치 해제를 연동시키면서 대북관계 개선에 의지를 드러내었다. 아베 집권 후 미일동맹 강화 속에서 평화헌법을 재해석하고 '집단적 자위권'을 확대하려는 행태와 비교해 볼 때 이러한 대북 전략은 일견 모순적이라 할 수도 있다. 그러나 아베 정권의 대북정책은 경색된 한일 및 중일 관계를 대북관계 개선으로 돌파하고, 납치자 문제를 해결함으로써 국내적으로 호의적 여론을 확보하려는 의도로 해석될 수 있다.[38] 미국으로서도 아베 정권이 미일동맹의 공고한 조력자 역할을 수행하는 한 북일관계 개선은 오히려 중국의 대북 영향력을 잠식할 수 있다는 측면에서 긍정

---

37) Yun Duk-Min, "Japan's Dual-Approach Policy toward North Korea: Past, Present, and Future," Social Science Research Council (July 12, 2005).

38) J. Berkshire Miller, "Abe's North Korean Advances: Why Japan Has the United States and South Korea Worried?" Foreign Affairs (August 10, 2014)⟨https://www.foreignaffairs.com/articles/japan/2014-08-10/abes-north-korean-advances⟩.

적인 측면이 있다.

마지막으로 러시아의 대북전략은 '기회주의적 현상유지'라고 요약할 수 있다. 즉, 러시아의 대북전략은 ①미국 주도의 대북 압박정책 및 현상변경 반대 ②상황변화에 따른 대북관계 조절, ③중국과의 전략적 대북 공조를 그 핵심 내용으로 하고 있다.

소련의 붕괴로 인해 냉전기 소련이 가졌던 막대한 대북 영향력은 약화될 수밖에 없었다. 소련 해체 후 대내적 국가 통합 및 경제발전이 시급한 러시아로서는 북한문제에 큰 관심을 기울일 수 없었다. 그러나 푸틴(Vladimir Putin) 체제 이후 정치적 통합과 원유 수출을 기반으로 한 경제성장으로 인해 러시아는 한반도에 대한 전통적 이해관계를 환기하기 시작하였다. 이러한 상황 속에서 러시아는 6자회담 참여를 통해 한반도 문제 관리에 있어 자국이 소외되는 상황을 차단해 왔다.

더욱이 러시아는 2014년 우크라이나 사태로 인해 대미 관계가 경색되자 중국과의 공조 및 북한과의 관계 개선을 통해 한반도 문제에 보다 적극적으로 개입해 자국의 전략적 입지를 확보하려 하고 있다.[39] 러시아는 미일간 방위협력 지침 개정에 대응해 중국과의 전략적 연대를 강화하고, 아울러 2015년 5월 개최된 시진핑-푸틴간 정상회담에서 보여지 듯 한반도 안정에 대한 자국의 입장을 재강조하고 있는 것이다. 대북 양자관계에 있어서도 2014년 유리 트루트네프(Yuri Trutnev) 부총리와 알렉산드르 갈루슈카(Alexander Galushka) 극동개발부 장관이 방북해 경제협력을 강화한다거나, 북한의 대러시아 채무를 탕감하는 조치를 내리는 등 적극적인 관계 개선 의지를 드러내고 있다.

물론, 러시아의 대북 관계 개선 전략은 북한에 대한 전면적 지지를 의미하는 것은 아니다. 북한의 강압외교는 동아시아 지역의 불확실성을 증

---

39) Eric Talmadge, "Putin looks east to bolster ties with North Korea," Associated Press (June 4, 2014).

대해 러시아를 포함한 강대국간 과점 체제를 훼손할 수 있기 때문이다. 2015년 5월 모스크바에서 개최된 푸틴-시진핑 간 정상회담에서 양국이 한반도 안정 및 비핵화 원칙을 재확인했다는 사실은 러시아의 대북정책이 강대국간 협조체제 속에서 운용되고 있다는 사실을 뒷받침한다.[40]

제4절. 동아시아 안보질서와 한반도 주민의 권익

1. 누구를 위한 안보인가? – 안보 개념의 재고

동아시아의 안정적인 안보 질서는 한반도 평화를 추동하고 궁극적으로 한반도 주민의 생명 보호에 핵심적인 요인이라 할 수 있다. 그럼에도 동아시아 안보질서와 한반도 문제에 관한 기존의 논의들은 그 분석수준을 주로 '국가수준'에 맞춤으로써 동아시아 질서 및 한반도 문제가 한반도 주민들의 권익과 어떠한 상관관계가 있는지에 대해 주목하지 못하였다. 국가안보의 궁극적인 목적이 국민의 생명보호에 있다는 사실에 비추어 보면, 이러한 학술적 경향에 일정한 반성이 필요하다.

국가에 의해 그 주민들의 생명권이 오히려 훼손되어온 역사적 사례가 상당수 존재한다.[41] 20세기가 발발했던 국가간 전쟁이나, 내전, 그리고 국가에 의한 대내적 폭력 등으로 인해 무려 1억 7천만명이 살상되었다. 이는 국가 자체의 안보 증진이 반드시 해당 국가 주민들의 권익 보장으로 이어지는 것은 아니라는 사실을 암시한다. 즉, 전쟁의 승리로 인해 일국의 국가안보가 증대된다고 하더라도 해당 주민들의 막대한 인적, 물적 희생이 초래돼 왔던 것이다.

이와 같은 맥락에서 전통적 국가안보 개념으로부터 '인간안보(human

---

40) "시진핑-푸틴 '한반도 비핵화와 평화·안정 수호할 것,'『연합뉴스』2015년 5월 12일.
41) Barry Buzan, People, States and Fear: An Agenda for International Security Studies in the Post-Cold War Era (Bolder: Lynne Rienner Pbulishers, Inc., 1991), pp. 47~48.

security)' 개념을 구분하려는 시도가 존재해 왔다. 1994년 유엔개발계획이 『인간개발보고서(Human Development Report: HDR)』를 통해 최초로 제시한 인간안보 개념은 안보의 궁극적인 대상이 국가가 아니라 개인임을 주장하였다. '공포로부터의 자유(freedom from fear)'와 '궁핍으로부터의 자유(freemdom from poverty)'로 요약되는 인간안보 개념은 이전의 국가중심적인 안보논의를 개인수준으로 전환시켰다. 냉전해체 이후 핵심적 안보 목표는 더 이상 국가간 영토주권을 둘러싼 갈등해결에 있는 것이 아니라 일상의 위협으로부터 개인의 생명보호에 있다는 것이다. 이러한 일상의 위협으로는 경제적 빈곤, 질병, 기아, 정치적 탄압, 내전 등이 존재한다.[42)]

물론 인간안보가 국가안보를 완전히 대체할 수는 없다. 개인들의 생명을 위해(危害)하는 가장 주요한 원인이 전쟁이라면 국제질서를 안정적으로 관리하는 것은 인간안보 증진의 선결조건일 수밖에 없다. 특히, 21세기 국제정치에 여전히 세력균형의 관성이 지속되고 있는 상황이라면 전통적 맥락의 국가간 안보질서에 대한 논의는 필수적이다.

따라서 인간안보 증진을 위한 논의는 한 국가가 직면해 있는 대외적 안보질서와 아울러 그 국가의 통치권력(정부)에 대한 양면적 이해가 필요하다. 국가 간 분쟁이 방지된다고 하더라도 개별 국가가 자국민 보호에 실패한다면 해당국 주민의 권익은 심각히 훼손될 수밖에 없다. 반면, 대외적 안보 위기 상황이라도 그 국가의 '세련된' 외교에 따라 전쟁 방지가 가능하다. 결국, 인간안보는 안정적 국제 안보질서와 개별 국가의 대내적 책임성이 동시에 확보할 때 극대화될 수 있다.

---

42) United Nations Development Programme (UNDP), Human Development Report(HDR), 1994; Shahrbanou Tadjbakhsh and Anuradha M. Chenoy, Human Security: Concepts and implications (London: Routledge, 2007), pp. 15~16, 24. 비판이론적 관점에서 '인간안보'는 자유주의 통치권력의 '안보화(securitization)' 전략이라고 이해될 수 있다. 이에 관해서는 박홍서, "자유주의 통치성의 출현과 인간안보: 인간안보에 대한 푸코주의적 접근," 『국제정치논총』, 52-3 (2012), 57~82쪽 참조.

2. 동아시아 안보질서 변화와 한반도의 인간안보

한반도 주민의 인간안보는 한반도를 둘러싼 강대국간 분쟁상황에서 심각하게 훼손되어 왔다. 중국적 세계질서 속에 편입되어 있었던 조선의 경우 임진왜란, 병자호란, 그리고 청일전쟁기 한반도 주민의 권익은 심각히 침해되었다. 명-일간(임진왜란), 명-청간(병자호란), 청-일간(청일전쟁)의 패권적 경쟁은 한반도 분쟁을 야기하고 이로 인해 한반도 주민들의 막대한 희생을 초래하였다. 특히, 각 사례에서 조선 통치권력의 주민보호에 대한 책임성 결여는 주민 희생을 보다 가중시켰다. 각 사례에서 선조정권, 인조정권, 그리고 고종정권은 명확히 예측 가능한 전쟁에 대비하지 못한다거나, 전쟁 발발 이후에도 주민들의 생명보호 의무를 방기하고 정권의 생존을 최고의 목표로 간주하는 행태를 보였던 것이다.[43]

1945년 이후 지속된 한반도 분단체제 역시 한반도 주민들의 권익을 지속적으로 침해해왔다. 미소 간 카르텔체제 속에서 양국의 '대리전(proxy war)' 성격을 보였던 6.25전쟁으로 인해 수백만명의 한반도 주민이 희생당하였다. 이후에도 경직된 분단체제는 지속적으로 한반도 주민들의 권익을 침해해 왔다.[44] 남북한 통치권력은 분단체제를 이용해 반대세력을 억압하고 대내적 권력 강화를 추구하였다. 1970년대 초 미소 간 데탕트와 미중 화해로 동아시아 안보질서가 안정화되는 상황에서조차도 남북한 정권은 각각 '유신'체제와 '유일'체제를 수립해 체제 강화를 기도하고 그에 저항하는 세력에 대한 탄압을 자행하였던 것이다. 1980년 광주민주화 운동에서 나타난 심각한 인간안보 침해 역시 갈등적 국제안보질서와 대내적 분단체제가 연동돼 초래되었다.[45]

---

43) 박홍서, "국가는 왜 주민보호에 실패하는가? – 조선기 한반도 분쟁과 국가의 반(反)인민적 행태를 중심 사례로," 『한국정치학회보』, 47-2 (2013), 45~62쪽.

44) 김호기, "한국사회 70년 지배한 분단체제," 『경향신문』, 2015년 4월 20일자.

45) 5.18당시 광주시위의 배후에 공산주의 세력이 있으며, 신속한 질서회복을 희망하는 미국의 입장에 대해서는 조지 카치아피카스 지음, 원영수 옮김, 『한국의 민중봉기』 (서울: 오월의 봄, 2015), 291~292, 319쪽 참조.

한편, 현재 미중 양국이 한반도 안정에 강력한 공감대를 가지고 있다는 사실은 한반도 분쟁 가능성을 낮춘다는 측면에서 한반도 인간안보 증진에 일정 정도 긍정적인 측면이 있다. 연평도 포격사건 직후 미중 양국의 적극적 위기관리 대응은 그 사례라 할 수 있다. 중국은 다이빙궈(戴秉國) 국무위원을 남북한에 잇달아 파견해 긴장완화를 촉구하였으며, 미국은 주한 미대사와 미8군 사령관이 청와대를 방문해 한국군의 대규모 사격훈련에 대한 우려를 전달하였다.[46] 2011년 1월 정상회담에서도 미중 양국은 한반도 안정에 확고한 공감대를 표명하였다.

반대로 현재 남북관계의 경색과 그로 인해 한반도 주민들이 체감하는 전쟁공포가 줄어들지 않고 있다는 사실은 남북한 통치권력에 일정한 정치적 책임이 있다. 물론, 남북한은 두 차례의 정상회담을 통해 상호간 화해를 도모하기도 하였으나, 이후 대내적 정치 변화로 인해 남북관계는 실질적 진전을 이루지 못하고 있다. 북한 통치권력은 대내적 체제결속을 위해 미국의 대북 위협을 확대·재생산하고 주민들에게 일상적 전쟁 공포감을 조성하고 있다. 남한의 경우 정권교체 및 이념적 보혁 갈등에 따라 대북정책의 일관성이 상실되고 있는 상황이다.

탈북자 문제는 한반도 통치권력의 주민 보호 실패가 어떻게 주민들의 권익을 훼손하는지 보여주는 대표적인 사례라 할 수 있다. 2014년 말 현재 남한으로 입국한 탈북자는 2만 7,518명이며 그 외에 중국 등지에서 법적·정치적 보호를 받지 못하고 있는 탈북자는 대략 2~4만여 명에 달하는 것으로 추산되고 있다.[47] 특히, 탈북 여성 및 청소년에 대한 광범위한 인신매매 행위가 보고되고 있기도 하다. 국가의 핵심적 존재 이유가 그 구성원의 생명 및 권익 보호에 있다면, 탈북자 문제는 주민보호 책임

---

46) Chico Harlan, "S. Korean president faces conflicting pressures as he toughens N. Korea response," The Washington Post, December 28, 2010.

47) 통일부, 『2015통일백서』(서울: 통일부, 2015), 164쪽; 통일연구원, 『북한인권백서 2015』(서울: 통일연구원, 2015), 376~416쪽.

을 방기하고 있는 국가의 무책임성을 드러내고 있다.

3. 한반도 주민의 권익 증진을 위한 제언

한반도를 둘러싼 미중간 과점체제가 한반도 분쟁을 방지한다는 측면은 긍정적으로 평가될 수 있으나, 그러한 과점체제 자체에 내재한 세력균형 논리는 동시에 한반도 분단체제를 영속화시키는 부정적 결과를 초래할 수 있다. 상술한 바와 같이, 미국이 한 · 미, 미 · 일 동맹에 기초해 중국견 제를 지속하는 한 중국은 북한과의 동맹관계를 유지해야할 합리적 동인이 있다. 그 결과 북한문제는 근원적 해결 없이 지속될 가능성이 큰 것이다.

이와 같다면, 현재 미국 주도의 동아시아 동맹체제를 중국이 참여하는 다자안보체제로 변화시키고, 그 구조 속에서 북미 간 관계정상화를 이루 는 것이 한반도 문제를 해결하는데 있어 중요한 출발점이 될 수 있다. 사 실, 중국으로서는 미국의 동맹체제가 그대로 존속하는 상황 속에서 북미 관계의 급속한 개선 역시도 우려할 수밖에 없다. 그것은 미국의 대중국 견제에 대응하는데 있어 북한이라는 유용한 전략적 자산을 상실한다는 것 을 의미하기 때문이다. 6.15 남북정상회담에서, "통일후 주한미군의 한 반도 주둔이 가능"하다는 김정일의 발언에 대해서 중국이 민감하게 반응 한 사실은 북미관계 개선에 대한 중국의 우려를 드러낸다.[48]

이러한 맥락에서, 중국은 1990년대 중반 소위 '신안보개념(New Security Concept)'을 주창하면서 동북아에서 미국 주도의 동맹체제를 '냉전의 산물'이라고 비판하고 있다. 즉, 중국은 동북아 안보기제의 '공영 화'를 강조하고 있는 것이다.[49] 그러나 미국으로서는 동아시아에서의 패 권적 지위를 유지하기 위해서는 안보자산인 한 · 미, 미 · 일 동맹체제를 포기할 수 없기 때문에 동아시아 다자안보 체제는 요원할 수밖에 없는 상

---

48) You Ji, "China and North Korea: a fragile relationship of strategic convenience," Journal of Contemporary China, 10-28 (2001), pp. 393~394.

49) "China's Position Paper on the New Security Concept," Permanent Mission of the People's Republic

황이다. 따라서 동아시아 국가들이 현재의 동맹 구조를 다자안보체제로 대체하는 관건은 결국 미국이 동북아 동맹체제를 변화시킬 의지가 있는가에 달려 있다.

한편, 동아시아 다자안보체제의 수립 노력과 병행해 남북한은 분단체제를 대내적으로 활용할 정치적 욕구를 자제하고, 남북관계 개선에 적극적 태도를 보일 필요성이 있다. 특히, 남북한의 막대한 격차로 인해 북한이 더욱 강한 '피포위 의식'을 가지고 있는 것이 사실이라면, 남한이 선제적으로 전향적인 대북정책을 추진할 필요가 있다. 무정부 상태 속에서 적대행위가 반복되는 행위자들 간에 협력을 창출하기 위해서는 일방의 선제적인 관용적 태도가 필요하다.[50] 그 구체적인 방식으로 경제적 상호의존 전략은 유용한 전략이 될 수 있다. 정치문제와 별개로 한 남북한간 경제관계의 지속적인 확대는 북한의 대남 의구심을 최소화하면서 아울러 남한 경제에 '북한특수'라는 재도약의 기회를 창출할 수 있다는 점에서 그렇다.

제5절. 결 론

21세기 동아시아 국제관계는 여전히 중앙권위체가 부재한 '무정부상태'이다. 따라서 각 국가들은 국가이익 극대화를 위해 19세기적 세력균형 전략을 포기할 수 없다. 그럼에도 2차 대전 이후 핵무기의 확산과 아울러 자본주의 체제의 전 지구적 확산은 동아시아 국제관계에서 '전쟁은 정치의 연속'이라는 전통적인 안보전략이 더 이상 가능하지 않다는 것을 시사한다.

이러한 맥락에서 국가들은 상호간 무력충돌을 방지한다는 대전제 아래서 배반가능성 역시 경계하는 소위 '과점적 경쟁' 관계를 이루고 있다. 특

---

of China to the UN〈http://www.fmprc.gov.cn/ce/ceun/eng/xw/t27742.htm〉.
50) 로버트 액설로드 지음, 이경식 옮김, 『협력의 진화』(서울: 시스테마, 2009), 146~147, 168쪽.

히, 동아시아에서 소련 붕괴 후 유일한 슈퍼파워로 자리매김한 미국과 개혁개방 정책 이후 차상위 강대국으로 급부상하고 있는 중국의 관계는 이러한 과점적 경쟁의 특징들을 보여주고 있다. 미중 양국은 한반도 문제 등으로 발생가능한 상호간 군사충돌을 철저히 차단하면서도 상대방의 세력 확장을 견제하고 아울러 기존의 세력권을 유지 강화하려는 행태를 보이고 있다. 미국이 북한위협을 명분으로 한·미, 미·일 동맹을 강화하고 있는 반면 중국은 북한의 반복된 벼랑끝 외교에도 불구하고 북한에 대한 지원을 포기하지 않고 있다.

한반도를 둘러싼 미중간 과점적 경쟁 상태는 한반도 분쟁을 차단함으로써 궁극적으로 전쟁으로 인한 한반도 주민의 권익 침해를 막는다는 측면에서 긍정적이다. 그러나, 동맹체제에 내재되어 있는 '상호적대성'은 상황에 따라 한반도 분단체제를 고착화한다거나 진영 논리를 격화시킬 수도 있다. 더욱이 이러한 상황은 남북한 통치권력의 정치적 이해관계와 결부되면서 한반도 주민들의 권익을 심각히 훼손할 수도 있다. 이상의 논의는 아래 〈그림 Ⅰ-1〉과 같이 요약될 수 있다.

〈그림 Ⅰ-1〉 미중간 과점 체제와 한반도 문제

미국

	협력	배반
협력 **중국**	① 과점 상태/ 상호충돌 방지/ 배반가능성 경계/ 북한문제 지속	② 중국의 핵심이익 (한반도, 남중국해, 대만) 침해/ 미국의 이익이 투영된 한반도(북한)문제 전개
배반	③ 미국 헤게모니의 역내 축소/ 중국의 지역 헤게모니 국가로의 부상/ 중국의 이익이 투영된 한반도(북한)문제 전개	④ 한·미·일 동맹 vs 북·중·러 동맹간 갈등 격화/ 미중간 충돌/ 한반도 인간안보 훼손

중국의 선호순위: III 〉 I 〉 IV 〉 II

미국의 선호순위: II 〉 I 〉 IV 〉 III

무정부적 동아시아 국제관계 속에서 미중 양국이 상호간의 불신을 여전히 제거하고 있지 못하다면, 미중관계는 결국 '죄수의 딜레마(prisoner's dilemma)'적 상황과 유사하다. 죄수의 딜레마 게임에서 참여자들은 이익극대화라는 목표를 성취하기 위해 협력과 배반이라는 2가지 전략을 갖는다. 각 행위자에게 최상의 상황은 자신이 배반하고 상대가 협력하는 상황이며, 그 반대가 최악의 상황이다(②, ③). 따라서, 각각의 참여자들에게 최악의 상황을 방지하기 위한 우위전략은 상대방의 전략과 상관없이 처음부터 배반전략을 구사하는 것이다. 이러한 전략적 선택으로 참여자들은 상호협력(①)이라는 차상의 결과를 얻을 수 있음에도 불구하고 상호배반(④)이라는 차악의 상황을 감내하는 것이다.

　물론, 현재의 미중관계는 상호협력적 상황을 나타내고 있다. 상호배반시 초래될 비용이 막대하기 때문에 미중 양국은 지속적인 의사소통을 통해 상호간 충돌가능성을 제어하고 있는 것이다. 그럼에도 이러한 미중 과점체제는 일방에 의한 배반가능성을 완전히 배제할 수 없기 때문에 근원적으로 불완전하다. 시장에서 과점체제를 구성하는 기업들이 상대의 배반가능성을 우려하는 것과 같이 미중 양국 역시 상대에 대한 불신을 완전히 제거할 수는 없다. 한반도를 둘러싼 미중관계의 불안정성은 결국 한반도 안정과 평화에 부정적일 수밖에 없으며, 그 결과 한반도 주민의 권익역시 침해될 가능성이 크다. 이러한 맥락에서, 미중 양국 및 동아시아 국가들이 모두 참여하는 다자안보 체제의 수립은 한반도 평화를 확보하는데 있어 필수적이라고 평가할 수 있다.

제2장

동아시아의 전략환경 변화와
한국의 과제

제II장
동아시아의 전략환경 변화와
한국의 과제

제1절. 서 론

역사적으로 한반도의 안보와 평화는 강대국 간 힘의 분포라는 국제적 구조의 변화로부터 큰 영향을 받아왔다. 17세기 만주와 중국 대륙에서 명(明)과 청(淸) 사이의 세력전이는 병자호란이라는 참화로 이어졌고, 19세기 말 청의 쇠퇴와 일본의 부상 그리고 일본과 러시아의 경쟁은 한반도가 전쟁터가 되고 식민지화되는 결과로 이어졌다. 1945년 제2차 세계대전의 종전과 더불어 부상한 미국과 소련의 양극체제 그리고 냉전의 전개는 한반도 내 이념적 대립과 결합되어 분단과 민족상잔의 비극을 초래하였다.[1] 2010년대 한반도는 지구적, 지역적 차원에서 국제구조의 변화에 다시금 직면하게 되었다. 중국의 급격한 부상과 미국의 상대적 쇠퇴가 2010년대 국제체제의 구조적 변화를 대표한다. 힘의 분포 변화에 따른

---

* 제II장은 부분적으로 김상기, "기로에 선 한반도: 2010년대 미중관계 변화와 한국의 전략," 『한국정치학회보』, 48-5 (2014), pp. 229~247을 수정·보완한 것임.

1) 강대국 간 힘의 분포 변화 혹은 국제구조의 변화가 항상 한반도의 비극을 초래한 것은 아니다. 예를 들어, 1990년을 전후로 한 냉전의 종식, 즉 양극체제에서 단극체제로의 전환은 한반도의 위기로 이어지지 않았으며, 오히려 한국의 북방외교를 위한 기회가 되었다.

경쟁은 최근 미국의 아시아 재균형 전략과 미일동맹 강화 그리고 중국의 해양 핵심이익 확대를 비롯한 맞대응으로 표면화 되면서 동아시아 안보의 불확실성을 증가시켜왔으며, 한국의 전략적 딜레마를 유발해왔다.[2]

국제구조의 변환기 두 강대국, 미국과 중국의 관계는 어떻게 전개될 것이며 한반도의 안보와 평화에 어떤 영향을 미칠 것인가? 과거와 같은 전쟁의 비극 및 통합적 국가건설의 실패를 되풀이 하지 않고, 한반도의 평화 그리고 궁극적으로는 통일을 일구어가기 위해 한국은 어떤 전략을 추진해야 할 것인가? 본 장에서는 현재 한국이 마주하고 있는 국제전략 환경을 검토하고, 한국의 외교안보전략을 위한 과제를 제시하고자 한다. 첫째, 전략적 환경 측면에서 2010년대 한국이 처한 외교안보적 어려움은 미중 간 세력변화 및 그에 따른 갈등의 심화에 기인함과 더불어 남북관계의 경색 및 긴장의 지속으로부터 증폭되고 있다는 점을 강조하고자 한다. 즉, 한국의 대외전략 딜레마의 원인으로서 미중 및 남북한 간 상호 연관된 복합적 갈등을 제시한다. 둘째, 전략적 딜레마를 해소하고 한반도 및 동북아의 안보와 평화를 일구어가기 위한 한국의 과제로 남북관계 개선의 촉진 및 미중 간 균형외교의 추진을 제안하는 동시에 이를 위해 한국의 안보자율성 확대가 필요하다고 주장한다.

우선 제2절에서는 2015년 한국 외교의 핵심적 이슈인 THAAD 배치 문제 그리고 역사 문제를 검토함으로써 한국의 대외전략 환경 변화 및 그에 따른 딜레마를 진단한다. 제3절에서는 2010년대 국제구조의 변화 및 동아시아 국제질서의 변동을 미중관계를 중심으로 검토할 것이며, 또한 1951년 샌프란시스코 체제와 2011년 미국의 재균형 전략의 역사적 상호 비교를 통해 향후 미중관계를 전망한다. 제4절에서는 미중관계가 한반도의 안보와 평화에 어떤 영향을 미치는지 그리고 미중관계와 남북관계가

---

2) 통일연구원, 『동북아 국제질서 전환기 한국의 전략적 딜레마와 통일·외교정책 방향』(제7차 KINU 통일포럼, 2015) 참고.

어떻게 상호 영향을 미칠 수 있는지를 설명한다. 마지막으로 한반도 및 동북아시아의 평화를 위한 한국의 전략적 과제를 제시할 것이다.

제2절. 한국의 대외전략 환경 진단

광복과 분단 70년을 맞이한 2015년 한국 외교정책의 가장 논쟁적 혹은 도전적 사안으로 THAAD 배치 문제와 역사 문제를 꼽을 수 있다. 미국이 THAAD의 한국 배치를 요구해 오는 동안, 중국은 그것을 자신에 대한 안보위협으로 간주하고 강력히 반발해왔으며, 한국은 아직 배치 여부를 결정하지 않거나 못하고 있다. 또한 일본 아베 정부가 일본군 위안부 강제동원 부인을 비롯한 역사 수정주의를 노골적으로 추진하는 동안 미국은 그것을 사실상 묵인해왔고, 한국의 일본에 대한 역사 왜곡 중단 및 진정성 있는 사과 요구는 받아들여지지 않고 있다. 한국이 THAAD 배치에 관한 논란과 미결정 그리고 역사 문제 해결의 어려움에 봉착하고 있는 이유는 무엇인가? 나아가 2015년 한국 외교정책 딜레마의 근본적 원인은 무엇인가?

1. 2015년 한국 외교정책의 딜레마

2014년 9월 미국외교협회(CFR: Council on Foreign Relations) 강연에서 로버트 워크(Robert Work) 미국 국방부 부장관은 미국 THAAD의 한국 배치에 대해서 한국정부와 협의 중에 있다고 밝혔다.[3] 2015년 5월 존 케리(John Kerry) 미국 국무장관은 한국 방문 시 THAAD의 한국 배치 필요성을 재확인하였고, 프랭크 로즈(Frank Rose) 미 국무부 차관보는 미국 워싱턴에서 있었던 한 토론회에서

---

3) Robert Work, "Deputy Secretary of Defense Robert Work on the Asia-Pacific Rebalance," Council on Foreign Relations (September 30, 2014).

THAAD의 영구적 배치 필요성까지 언급하였다.[4] 이처럼 가중되어 온 THAAD의 한국 배치에 관한 미국의 요구는 공식적으로 북한의 미사일 위협을 명분으로 한다. 그러나 약 1,800km 범위 이내에서, 즉 한반도를 넘어 중국의 동쪽 해안은 물론 내륙의 일부 지역에 이르기까지, 야구공을 식별할 정도의 장거리 정밀탐지 레이더를 탑재하는 THAAD 체계의 특성을 고려할 때 THAAD의 한국 배치는 중국에 대한 군사적 견제 의도를 포함한다고 추론할 수 있다.[5]

THAAD의 한국 배치 가능성에 대해 중국은 한중관계 훼손까지 거론하며 강한 우려를 표명해왔다.[6] 시진핑 중국 국가주석은 2014년 방한 시 미사일방어체제 문제에 대한 신중한 처리를 요구한 바 있으며,[7] 그 이후에도 중국은 외교부 성명 또는 주중 한국대사를 통해 강한 반대 의사를 밝혀왔다. 중국은 미국이 추진하는 한국 내 THAAD 배치가 자국의 안보를 위협한다고 인식하며 동북아시아 지역의 긴장도 고조시킬 것이라 주장한다. 이러한 이유로 중국은 한국이 만약 THAAD 배치에 동의한다면 한국이 일본과 더불어 미국의 대중국 견제를 위한 아시아 재균형 전략에 적극적으로 동참하는 것이라고 인식한다.

한국은 2015년 8월 현재까지 THAAD 배치 여부에 대한 결정을 하지 않고 있다.[8] 이에 대한 두 가지 이유가 존재할 수 있다. 첫째, THAAD 체계 자체의 필요성과 효용성에 관한 논란이다. 한편에서는 미국이 주장하듯이 THAAD가 북한의 핵·미사일 위협에 대한 효과적 방어 수단이 될 수 있다고 보지만, 다른 한편에서는 북한의 핵탄두 소형화 능력 및 핵

---

4) 『연합뉴스』, "미국 사드 한반도 배치 불 지피기..'영구주둔' 언급까지," 2015년 5월 20일자.
5) 장철운, "미국의 고고도 미사일 방어(THAAD): '사드'," 『IFES 현안진단』 No. 17 (2014); 김동엽, "한반도에서 북한 탄도미사일의 위협과 THAAD 효용성의 불일치," 『제56차 IFES 통일전략포럼 자료집』 (2014).
6) 윤상호, "주한대사 이어 中국방까지.."사드는 中염두에 둔 무기"," 『동아일보』, 2015년 2월 5일자.
7) 『연합뉴스TV』, "시진핑, 한중정상회담 때 MD 신중 처리 요청," 2014년 8월 26일자.
8) 한국 정부는 아직 공식적으로 미국으로부터 사드 배치에 관한 요청을 받지 않았기 때문에 그에 관한 논의도 없었다고 밝히고 있지만, 미 국무장관을 포함한 그동안의 미국 고위 관리들의 발언을 통해 보았을 때 미국의 사드 배치 요구는 사실상 (혹은 비공식적으로는) 한국정부에 전달되었다고 볼 수 있다.

위협의 실제화 여부에 대한 회의론을 제기하고, THAAD 체계의 미사일 요격 범위 및 성능과 관련해서도 한국의 안보에 실질적 도움이 되지 못할 것이라고 주장한다.[9]

둘째, 한국의 이 같은 태도는 중국의 반발 및 지역적 안보딜레마 촉발 가능성과 관련된 것이다. THAAD 배치는 한국이 북한뿐 아니라 중국을 겨냥한 미국의 동북아 지역 미사일방어체제에 편입된다는 것을 의미할 수 있다. 이런 이유로 중국은 한중관계 훼손 가능성까지 거론하며 THAAD의 한국 배치를 반대하고 있으며, 중국과의 경제적 상호의존도가 매우 높은 한국은 중국의 이러한 반응을 무시하기가 어렵다. 또한 한국은 THAAD 배치가 중국의 대미 세력균형을 촉진하여 북·중·러 안보협력 강화를 초래하고, 결국에는 한·미·일 대 북·중·러의 대립적 지역구도 형성 및 지역적 긴장고조를 유발할 수도 있다는 점을 고려해야 한다. 이와 같은 이유로 인해 한국은 북한 미사일 위협의 존재와 동맹국 미국의 요구에도 불구하고 THAAD의 배치를 결정하기가 쉽지 않다.

THAAD 배치 문제와 더불어 2015년 한국외교의 다른 도전적 사안은 역사 문제이다. 2012년 말 아베 내각 출범 이후 일본 정부는 과거 침략전쟁에 대한 책임을 적극적으로 회피하고 영토 확장 야욕을 드러내왔다. 아베 내각은 야스쿠니 신사 참배를 주저하지 않고, 일본군 위안부 및 난징대학살에 대한 책임을 인정하지 않고 있다. 또한 역사교과서에서 독도를 한국이 불법적으로 점령하고 있다고 명시하면서 독도가 일본 영토라고 주장하고 있다. 중국과 갈등 중인 댜오위다오(일본명: 센카쿠열도)에 대한 영유권 역시 공세적으로 주장하고 있다. 이와 함께 일본은 제2차 세계대전에 관한 책임에 기인한 「평화헌법」의 테두리에서 벗어나 집단적 자위권 확보를 통해 자위 목적이 아닌 경우에도 전쟁을 할 수 있는 보통국가화

---

9) 김동엽 "한반도에서 북한 탄도미사일의 위협과 THAAD 효용성의 불일치," (2014); 박 현, "미국 MD 전문가 "사드, 북한 미사일 요격 어렵다"," 『한겨레신문』, 2015년 6월 25일자.

를 추진해왔으며, 적극적인 무력 증강 정책을 펼치고 있다.

일본의 역사수정주의와 보통국가화는 각각 미국의 사실상 묵인과 적극적 지지 하에 추진되어 왔다. 미국의 이러한 입장은 2011년 이후 추진해 온 아시아 재균형 전략에 있어서 미일동맹의 강화가 핵심적 위치를 차지하고 있다는 점과 밀접하게 관련된 것이다. 중국과 영토분쟁을 벌이고 있으며, 중국을 국가안보 상의 위협으로 규정하는 일본의 대외정책은 중국의 팽창 가능성을 견제하려는 미국의 전략적 이해와 잘 부합하며, 또한 연방정부 재정악화 문제를 겪고 있는 미국은 동아시아 안보에 있어서 일본의 역할 증대를 더욱 필요로 하게 되었다. 이러한 배경에서 미국은 대중국 견제를 위한 중요 수단으로 미일동맹을 활용하기 위해 '과거'보다 '미래'가 더 중요하다는 논리로 일본의 역사문제 책임회피를 사실상 묵인하고 집단적 자위권 확보와 무력 증강을 지지해왔다.[10]

한국 정부는 역사와 안보문제를 분리하여 대응한다는 원칙 하에 일본군 위안부 강제동원을 포함한 식민지배 역사에 대한 일본의 사죄를 적극적으로 요구하면서도, 미국의 재균형 전략이 요구하는 한·미·일 삼각 안보협력을 동시에 추진하는 정책을 펴왔다. 그러나 한국 정부의 '역사외교'는 실질적 성과를 거두지 못하고 있다. 위안부 강제동원 부인과 독도에 대한 영유권 주장뿐 아니라 일본 근대 산업시설의 유네스코 세계유산 등록 과정에서도 일본은 '조선인 강제노동'이라는 역사적 사실을 부인하고 있다.[11] 미국에 대한 완전한 편승전략을 추구하는 일본에 있어서 한국정부의 요구는 중요하게 고려해야 할 문제로 인식되지 않는 것처럼 보인다. 한국은 북한으로부터의 위협에 대응하기 위해 한미동맹 중심 안보전략을 고수하며, 한·미·일 안보협력이라는 미국의 전략에 동조하고 있다. 이

---

10) Wendy Sherman, "Remarks on Northeast Asia," Speech at Carnegie Endowment for International Peace (February 27, 2015).

11) 윤희일, "징용은 강제노동이 아니다"..일본 자민당, 조선인 강제노동 부정 움직임 구체화," 『경향신문』, 2015년 7월 15일자.

로 인해 한국은 '전쟁할 수 있는' 일본을 지지하고 역사왜곡을 묵인하는 미국에 비판적 문제제기를 강하게 하기가 쉽지 않다. 또한 역사문제 해결을 위해 중국과 공동으로 대응하는 것도 쉽지 않다. 그 이유는 미국이 한·미·일 삼각안보협력을 적극 추진하는 상황에서 한국이 중국과 협력하여 일본과 대립각을 세울 때, 그것은 미국이 역점을 두어 추진하는 재균형 전략을 곤란하게 만드는 것으로 인식될 수 있기 때문이다. 따라서 한국은 일본의 역사수정주의를 바로잡을 마땅한 지렛대를 갖지 못하는 현실에 직면해 있는 것이다.

2. 한국 외교정책 딜레마의 원인: 미중 및 남북한 간 복합적 갈등

THAAD와 역사 문제에 대한 검토는 2015년 한국이 직면한 외교정책 딜레마의 두 가지 근본적 원인을 드러낸다. 첫 번째 원인은 힘의 분포 변화에 따른 미국과 중국 사이의 갈등이다. 2000년대 중동에서의 전쟁과 경제위기를 겪으며 미국의 힘이 상대적으로 약화된 반면, 중국은 2010년에 경제규모가 미국에 이어 세계 2위를 기록할 정도로 급성장을 이루어왔다. 이와 같은 힘의 분포의 변화는 미국의 아시아 재균형 전략을 촉진하였고, THAAD의 한국 배치 추진은 중국의 군사적 팽창을 견제하고 미국 주도의 지역 안보질서를 공고히 하려는 의도를 반영한다.[12] 즉 THAAD 배치와 관련한 논란은 힘의 분포 변화가 초래하는 강대국 간 갈등적 국제정치가 한국의 외교정책 선택을 강요하는 형세의 한 단면을 보여준다.

한국이 직면한 역사 문제 딜레마의 원인 또한 THAAD 문제와 마찬가지로 국제구조, 즉 힘의 분포 변화에 따른 미중관계의 변화를 반영한다. 부상하는 중국에 대한 견제를 염두에 둔 미국의 재균형 전략은 연방정부 재정문제와 결합되어 미일동맹의 강화 및 일본의 보통국가화를 요구하였

---

12) 박건영, "오바마의 주판과 긴 파장?: 재균형과 한반도에 대한 함의," 『한국과 국제정치』, 29-3 (2013), pp. 1~47.

다. 결과적으로 미일동맹 중심의 미국의 재균형 전략은 마치 1951년 샌 프란시스코 조약으로 귀결됐던 미국의 대소련 및 대중국 봉쇄 전략이 그 러했던 것처럼 미국의 의도와 관계없이 일본의 역사적 책임을 사실상 묻 지 않는 결과를 초래하며 일본의 역사수정주의를 용이하게 만들어 왔다고 할 수 있다. 한일 간 역사 갈등 그리고 그 문제 해결이 어려운 원인은 양 국 관계 내부에만 존재하는 것이 아니며 미중 간 힘의 분포 변화 및 경쟁 의 심화와 밀접하게 관련된 문제라고 할 수 있다.

THAAD와 역사 문제가 드러내는 한국 외교정책 딜레마의 두 번째 원 인은 한반도 내부의 대립구조와 관련된다. 즉, 남한과 북한 사이의 적대 적 대립과 긴장의 지속이 한국 외교정책의 딜레마를 설명하는 또 하나의 중요한 원인인 것이다. 중국과 경제뿐 아니라 북핵 문제 해결 등과 같은 안보 부문 협력의 필요성을 고려할 때, 한국은 미국의 THAAD 배치 요 구를 수용하기 어렵다. 그러나 북한 핵·미사일의 실질적·삼재석 위협 그리고 상존하는 북한의 군사적 위협을 억지하기 위한 한미동맹 강화 필 요성은 THAAD 배치의 명분이 되고 있다. 한국으로서는 동맹국 미국의 요구에 호응하는 동시에 북한의 위협에 대응하기 위한 군사적 수단의 배 치가 한중관계를 훼손시킬 수 있는 딜레마적 상황에 놓이게 된 것이다. 남북한 간 군사적 긴장의 완화가 한국이 미국의 미사일 방어체제에 편입 될 필요성을 줄인다는 점을 고려할 때, 한국의 전략적 딜레마는 미중 간 의 갈등뿐 아니라 남북한 간 적대적 대립의 지속 및 협력의 부재로부터 초 래되고 있다고 할 수 있다.

역사문제에 있어서 한국 정부는 안보문제와 분리하여 접근하는 정책을 펼쳐왔다. 이 같은 분리 접근은 일본의 역사왜곡에 대한 비판과 한·미· 일 군사정보공유의 동시 추진에서 쉽게 발견할 수 있다. 그러나 한국 외교 정책의 딜레마는 바로 역사문제와 안보문제가 서로 분리되기 쉽지 않다는 점에 기인한다. 남북한 간 군사적 대립과 긴장은 한 · 미 · 일 삼각안보협력을 요구하지만, 미국의 재균형 전략의 일환으로서의 삼각안보협력은 일본의 군사대국화를 용이하게 하면서 한일 간 역사 문제를 희석하는 결과를 초래해 왔다. 미국 주도의 삼각안보협력의 틀에서 한국이 일본의 집단적 자위권 확보를 강하게 반대하기는 쉽지 않으며, 결국 한국은 제2차 세계 대전의 책임을 반영한 일본「평화헌법」의 수정 해석을 사실상 묵인하는 동시에 침략과 식민지배에 대한 반성과 사죄를 요구하는 모순적 상황을 맞게 된 것이다. 이처럼 남북한 간의 군사적 긴장과 대립에 기인한 한 · 미 · 일 삼각안보협력은 역사문제의 해결을 어렵게 만드는 한 요인이 된다.

결과적으로, 광복과 분단 70년을 맞이한 한국의 외교정책의 딜레마는 힘의 분포 변화에 따른 미중 간 경쟁과 갈등 그리고 남북한 간 적대적 대립과 긴장이라는 두 가지 복합적 갈등 구조에 기인한 것이라고 설명할 수 있다.

제3절. 국제구조의 변화와 미중 간 경쟁

1. 국제구조의 변화: 중국의 부상과 미국의 상대적 쇠퇴

국제정치에 관한 구조적 현실주의 이론이 설명하는 바와 같이,[13] 미국과 중국 사이의 힘의 분포 변화로 대표되는 국제구조의 변동은 2010년대 지구적 및 지역적 안보질서의 변화를 추동하는 핵심적 요인이다. 미중 간 세력 변화는 중국의 급속한 부상과 미국의 상대적 쇠퇴에 의해 동시에 추동되어 왔다. 여기에서는 양국 간 세력 변화의 양상을 국가의 힘의 전통적 지표라 할 수 있는 경제력과 군사력을 기준으로 검토하고 미래를 전망하고자 한다.[14]

---

13) 대표적으로 Kenneth N. Waltz, Theory of International Politics (New York: McGraw-Hill, 1979); A. F. K. Organski and Jacek Kugler, The War Ledger (Chicago: University of Chicago Press, 1980); John J. Mearsheimer, The Tragedy of Great Power Politics (New York: W. W. Norton & Company, 2001).
14) 국가의 힘의 또 다른 지표로서 소프트파워(soft power)를 고려해 볼 수 있지만, 소프트파워는 양적으로 또

중국은 1978년 개혁·개방 정책 추진 이후 연평균 9% 이상의 지속적인 고속 경제성장을 기록해 왔고, 2010년에는 국내총생산(GDP: Gross Domestic Product) 및 무역규모 기준으로 미국에 이어 세계 2위에 오르게 되었다. 이로 인해 적어도 경제측면에서는 이른바 'G2' 시대가 열렸다고 평가되고 있다. 2020년대 중·후반 중국의 GDP는 미국을 추월할 것으로 전망되고 있으며, 국제통화기금(IMF: International Monetary Fund)이 2015년 발표한 자료에 따르면 명목 GDP가 아닌 구매력 평가지수 측면에서 중국의 GDP는 2014년에 이미 미국을 능가한 것으로 평가된다.[15] 중국의 1인당 GDP는 2000년에 약 1,000달러에 불과했지만 2014년에는 7,500달러를 넘었고, 향후 수년 이내에 1만 달러를 돌파할 것으로 예상된다.[16]

〈표 Ⅱ-1〉 미국과 중국의 연도별 GDP 및 전년대비 증가율, 1990~2014

GDP (billion $)	1990	1991	1992	1993	1994	1995	1996	1997	1998	1999	2000	2001	2002
미국	8,238	8,231	8,524	8,758	9,112	9,360	9,715	10,151	10,602	11,099	11,553	11,666	11,874
중국	528	577	659	751	849	942	1,036	1,131	1,220	1,313	1,424	1,542	1,682
	2003	2004	2005	2006	2007	2008	2009	2010	2011	2012	2013	2014	
미국	12,208	12,670	13,094	13,443	13,682	13,642	13,263	13,599	13,817	14,138	14,452	14,797	
중국	1,851	2,037	2,269	2,556	2,919	3,200	3,496	3,867	4,234	4,562	4,913	5,274	

GDP 증가율(%)	1990	1991	1992	1993	1994	1995	1996	1997	1998	1999	2000	2001	2002
미국	1.9	-0.1	3.6	2.7	4.0	2.7	3.8	4.5	4.4	4.7	4.1	1.0	1.8
중국	3.9	9.3	14.2	14.0	13.0	11.0	10.0	9.2	7.9	7.6	8.5	8.3	9.1
	2003	2004	2005	2006	2007	2008	2009	2010	2011	2012	2013	2014	
미국	2.8	3.8	3.3	2.7	1.8	-0.3	-2.8	2.5	1.6	2.3	2.2	2.4	
중국	10.0	10.0	11.4	12.6	14.2	9.6	9.3	10.6	9.5	7.7	7.7	7.3	

주) GDP(국내총생산)는 세계은행 발전지표(World Bank Development Indicator)에 근거하며, 2005년 달러 불변가치(constant 2005 US $, billion)로 기록됨.

는 객관적으로 측정하기가 쉽지 않다는 단점을 가진다.

15) 전재성, "2008년 경제위기와 미중관계의 변화, 한국의 전략," 『한국과 국제정치』, 28-1 (2012), pp. 123~153; 전재성·주재우, "미중관계의 변화와 한국의 미래 외교 과제," 『EAI 국가안보패널 연구보고서』, 62 (2012), pp. 1~31; International Monetary Fund, "World Economic Outlook Database," (April, 2015).

16) 세계은행(World Bank) 자료에 근거함.

<표 II-2> 미국과 중국의 연도별 군사비 및 전년대비 증가율, 1990-2014

군사비 (billion $)	1990	1991	1992	1993	1994	1995	1996	1997	1998	1999	2000	2001	2002
미국	527	463	489	463	437	412	389	387	378	379	394	397	446
중국	20	21	25	23	22	23	25	26	30	34	37	45	53
	2003	2004	2005	2006	2007	2008	2009	2010	2011	2012	2013	2014	
미국	508	553	580	589	604	649	701	720	711	671	618	578	
중국	57	64	71	84	97	107	129	136	147	161	174	191	

군사비 증가율(%)	1990	1991	1992	1993	1994	1995	1996	1997	1998	1999	2000	2001	2002
미국	-4.5	-12.2	5.7	-5.3	-5.7	-5.8	-5.4	-0.5	-2.3	0.2	3.9	0.8	12.3
중국	8.1	5.1	21.6	-7.3	-4.4	3.0	10.2	3.6	13.6	15.2	7.7	22.6	16.3
	2003	2004	2005	2006	2007	2008	2009	2010	2011	2012	2013	2014	
미국	13.8	9.0	4.8	1.6	2.6	7.4	8.0	2.7	-1.2	-5.7	-7.9	-6.5	
중국	8.6	10.8	12.5	17.4	15.3	10.2	20.7	5.8	8.1	9.6	7.8	9.7	

주) 군사비 지출액은 스톡홀름 국제평화연구소(SIPRI: Stockholm International Peace Research Institute) 자료에 근거하며, 2011년 달러 불변가치(constant 2011 US $, billion)로 기록됨.

이와 같은 중국의 경제성장이 빈부격차 및 민족갈등 문제 등을 포함한 국내문제로 발목이 잡힐 것이라는 주장이 존재한다.[17] 이러한 주장은 사실 1990년대부터 제기되어 왔으나, 2010년대에 이르기까지 중국의 내부문제가 경제성장을 가로막고 있다는 실증적 징표는 아직 드러나지 않았다. 그리고 최근에 경제성장률이 7%대로 하락했다는 점으로 중국의 경제발전이 정체기에 있다고 주장하기도 어렵다. 경제성장률은 그 속성상 저발전 국가에서 더 높으며, 발전이 지속될수록 성장률이 점차 감소하는 것은 정상적인 발전의 과정에서 나타나는 자연스러운 현상으로 해석할 수 있기 때문이다.[18]

중국 경제가 장기간 고속 성장을 거듭해오는 동안 미국 경제는 상대적인 쇠퇴를 겪어왔다. 1990년 미국의 명목 GDP는 중국의 15배 이상에 달

---

17) 임혁백, 『한반도와 동아시아의 안보와 평화: 불가능주의에서 가능주의로』 (파주: 한울아카데미, 2014) 참고.
18) 이와 같은 현상은 "발전의 수렴 효과(convergence effect)"로 설명된다. Seonjou Kang and James Meernik, "Civil War Destruction and the Prospects for Economic Growth," Journal of Politics, 67-1 (2005), pp. 88~109.

했으나, 2014년에는 약 2.8배에 지나지 않는다. 경제성장률 측면에서도 중국이 지난 15년간(1990~2014년) 연평균 9.8%, 그리고 지난 5년간 (2010~2014년) 8.6%를 기록한 반면, 미국은 동기간 각각 연평균 2.5% 와 2.2%라는 상대적으로 뚜렷한 저성장을 보여주었다(〈표 Ⅱ-1〉 및 〈그림 Ⅱ-1〉 참조). 2008년 세계 경제위기의 진원지가 바로 미국이었다는 점은 미국 경제의 상대적 약화를 상징적이면서도 실제적으로 나타내는 것이다.

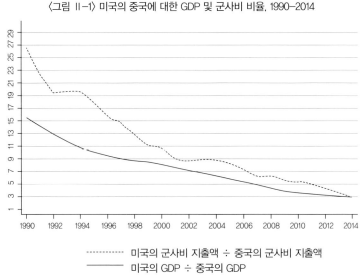

〈그림 Ⅱ-1〉 미국의 중국에 대한 GDP 및 군사비 비율, 1990-2014

- - - - - - - - 미국의 군사비 지출액 ÷ 중국의 군사비 지출액
──────── 미국의 GDP ÷ 중국의 GDP

주) GDP 및 군사비 비율은 각각 〈표 Ⅱ-1〉 및 〈표 Ⅱ-2〉에서 사용된 자료에 근거하여 계산됨.

군사력 측면에서는 미국이 아직 중국을 압도한다고 볼 수 있다. 미국은 다른 국가들과 비교할 수 없을 정도로 많은 군사비를 오랫동안 지출해 왔고, 세계 최고의 군사기술과 첨단 무기체계 그리고 풍부한 작전경험을 보유하고 있다. 또한 미국은 전 세계 68개 국가와 군사동맹을 맺고 있으며, 45개 국가에 미군을 주둔시키고 있다. 반면 중국은 북한을 제외하고는 사실상 군사동맹을 맺고 있는 국가가 없으며, 군사기술이나 무기의 현대화

측면에서도 미국에 비할 바가 못 된다.[19)]

그러나 최근 중국과 미국의 군사비 지출 양상은 양자 간 군사력 분포에도 변화가 이미 발생하고 있거나 조만간 발생할 것이라는 추론을 가능하게 한다. 1990년 미국의 군사비 지출액은 중국의 약 26배로, 비교의 의미가 없을 정도였지만, 2014년에는 그 비율이 단지 3배로 급격히 감소했다. 중국은 1990년 이후 2014년까지 군사비를 같은 기간 경제성장률을 상회하는 연평균 10% 이상씩 증가시키면서 군현대화에 집중하고 있다.[20)] 반면 1990년부터 2014년까지 미국의 연평균 군사비 증가율은 0.4%에 불과하며, 2010년부터 5년간은 연평균 −3.72%이다(이상 〈표 II-2〉 및 〈그림 II-1〉 참조). 현재의 군사비 지출액 및 증가율이 미래의 군사력을 가늠할 수 있는 중요한 지표라는 점을 고려할 때, 미중의 군사비 지출 추세는 향후 양자 간 군사력 격차가 점점 줄어들 것이라는 전망을 가능하게 한다.

특히, 최근 미국의 군사비 감축에 주목할 필요가 있다. 미국은 2000년대 들어 10년여 동안 중동에서의 전쟁으로 군사적으로 과팽창되었다고 평가되고 있으며, 이러한 군사적 과팽창은 연방정부 재정악화의 주된 원인으로 지목되어 왔다.[21)] 2013년에는 연방정부예산 자동삭감조치(sequestration)가 발효되었고, 그에 따라 미국은 2013년 이후 10년간 1조 2천억 달러의 예산을 삭감해야 하며, 이로 인한 국방비 감축은 피할 수 없는 현실이 되었다. 미국의 경제력 약화가 결국에는 군사력의 약화를 초래할 것이라는 전망이 제기되는 것이다.[22)] 최근 실업률을 포함한 몇몇 경제

19) 임혁백 『한반도와 동아시아의 안보와 평화』 (2014) 참조.
20) 박창희, "중국의 군사력 증강 평가와 우리의 대응방향," 『전략연구』, 57 (2013), pp. 237~270; 황재호, "시진핑 시대 중국의 군사력 평가와 전망," 『전략연구』, 62 (2014), pp. 5~33.
21) Paul Kennedy, "American Power is on the Wane," The Wall Street Journal (January 14, 2009); Christopher Layne, "This Time It's Real: The End of Unipolarity and the Pax Americana," International Studies Quarterly, 56-1 (2012), pp. 203~213.
22) 이혜정, "미국 쇠퇴론의 쟁점과 실증적 분석," 『국제문제연구』, 11-2 (2011), pp. 65~97.

지표들이 2008년 경제위기 직후에 비해 호전되는 것으로 나타나 현재 미국의 경제가 회복기에 있음을 보여주기도 하지만, 2014년 이슬람국가(IS: Islamic State)를 상대로 재개된 미국의 중동에서의 전쟁은 군사적 과팽창 및 연방재정 악화 문제가 다시 증폭될 가능성을 암시한다.

이 같은 미국과 중국 사이의 힘의 분포 변화 양상을 고려할 때, 현재 및 향후 국제구조의 특성을 어떻게 규정할 수 있을까? 미국과 중국의 양극체제가 도래했다고 볼 수 있는가? 여전히 압도적인 미국의 군사적 능력을 고려할 때, 양극체제가 이미 형성되었다고 단정하기는 어려울 것이다. 그러나 경제적 측면에서 G2 체제가 이미 만들어졌다고 평가되는 사실은 더 이상 국제구조를 미국 주도의 단극체제로 규정하기가 어렵다는 것을 의미한다. 미국 경제가 회복기에 있다고 하더라도 미국이 중국과의 경제적 격차를 유지하거나 다시 벌일 만큼 고속성장을 하기는 어려울 것이다.[23] 오히려 미국 연방정부 재정의 한계와 중국 국방예산의 지속적인 증가로 미중 간 힘의 격차는 경제 부문뿐 아니라 군사 부문에서도 점차 감소할 것으로 예상된다. 따라서 현재 국제구조는 미국과 중국의 양강체제로 이행되는 과정에 있다고 볼 수 있다.

이러한 전망과 달리 미국 주도의 패권질서가 지속될 것이라는 주장도 존재한다. 대표적으로 조셉 나이(Joseph Nye)는 제2차 세계대전 이후 소련과 1980년대 일본을 예로 들면서, 미국패권 쇠퇴론이 새로운 강대국이 출현할 때마다 등장했지만 미국패권은 쇠퇴하지 않았다고 지적하면서 미래에도 미국 중심의 패권체제가 유지될 것이라고 주장한다.[24] 그러나 제2차 세계대전 이후 소련의 부상은 미국의 쇠퇴는 아니지만 양극체제로 귀결되었으며, 1980년대 일본은 미국에 안보를 의존하는 국가로 중국

23) 박진영, "미중관계의 미래와 한반도의 통일: 전략적 실용주의 관점," 이수훈·조대엽 편, 『한반도 통일론의 재구상』 (서울: 선인, 2012), pp. 479~527.
24) Joseph S. Nye, "The Twenty-First Century Will Not Be a "Post-American" World," International Studies Quarterly, 56-1 (2012), pp. 215~217.

에 대한 비교대상이 될 수 없다. 또한 나이는 미국 주도 패권체제 지속의 근거로 세계 최고의 과학기술 수준, 연구개발 투자, 대학교육, 그리고 '소프트 파워(soft power)'를 강조한다. 이러한 요소들은 미국 주도 패권질서 약화의 속도를 감소시킬 수는 있지만,[25] 중국과 미국이라는 두 강대국의 경쟁체제 형성을 가로막기는 어려울 것으로 보인다. 중국의 경제성장 및 군사비 지출 증가 속도가 미국에 비해서 훨씬 빠르다는 점 그리고 앞으로의 미국 경제가 쇠퇴는 아니라고 할지라도 적어도 고속성장을 이루기는 어려울 것이라는 점이 현재 발생하고 있는 힘의 분포 변화 및 향후 국제구조의 특성을 대변한다.[26] 일부 전문가들은 미국의 셰일가스 개발을 미국 주도 패권체제 유지의 근거로 제시하기도 하지만,[27] 셰일가스 매장량 1위가 중국이라는 점은 중국의 미래 성장 잠재력을 함께 감안해야 한다는 사실을 시사하는 것이다.

장기적 관점에서 향후 미국 패권체제가 중국 패권체제로 대체될 가능성이 제기되기도 하지만, 적어도 단 · 중기적으로 또는 10~15년 이내에 그러한 일이 발생할 것이라고 예상하기는 어렵다. 중국의 경제발전이 지속됨에 따라 성장 속도가 점진적으로 감소할 것으로 예상되며, 또한 중국의 군사력이 미국의 군사력을 따라잡는 데에는 상당한 시간이 필요할 것이기 때문이다.[28] 결국 2010년대 국제체제의 구조는 미국 중심의 단극체제가 약화되고 미국과 중국이라는 두 강대국이 경쟁하는 양강체제로 변환되는 과정에 있다고 볼 수 있다.

2. 미국의 재균형 전략과 동아시아 질서의 변동

두 강대국이 경쟁하는 체제로의 이행이라는 국제구조의 변화는 미국의

---

25) 이혜정, "미국 쇠퇴론의 쟁점과 실증적 분석," (2011).
26) 박건영, "미중관계의 미래와 한반도의 통일," (2012).
27) 송주명, "에너지이행과 국제천연가스질서: 셰일가스와 미국의 가스패권,"『한국정치연구』, 22-2 (2013), pp. 275~301.
28) 전재성, "2008년 경제위기와 미중관계의 변화, 한국의 전략," (2012).

지역전략을 변화시켜 왔으며, 중국의 맞대응과 더불어 동아시아 안보 질서의 변동을 초래해 왔다. 2000년대 미국은 중동에 이른바 '올인(all-in)'하면서 군사적 과팽창, 극심한 재정적자, 그리고 2008년의 경제위기를 경험하는 동안 중국의 경제적 급부상 및 동아시아 지역 영향력 급증에 직면하였다. 이러한 배경 하에서 미국은 2011년 대외정책의 주 무대를 중동에서 아시아·태평양 지역으로 옮기는 재균형 전략(아시아 회귀 정책)을 공표하였다.[29] 미국이 추진하는 재균형 전략의 주된 목적은 미국의 공식적인 부인에도 불구하고,[30] 부상하는 중국을 견제하고 아·태 지역에서 미국의 패권을 재구축하는 것으로 평가된다.[31]

경제측면에서 재균형 전략의 대표적 사례라고 할 수 있는 환태평양 경제동반자 협정(TPP: Trans Pacific Partnership)의 추진은 지체되고 있는 반면 안보측면의 재균형 전략은 동맹의 강화를 통해 빠르게 추진되어 왔다.[32] 미국의 안보 재균형 전략에서 특히 미일동맹은 핵심적 위치를 차지한다. 미일동맹 강화는 미국의 재정절감 필요성 및 일본의 안보자율성 확대 추진 욕구가 상호 부합하면서 빠르게 진행되어 왔다. 2013년 10월 미일 연례안보협의회의와 2014년 4월 오바마 대통령의 일본 방문에서 미국은 일본의 집단적 자위권 확보 및 무력 증강을 적극적으로 지지하였고, '댜오위다오'를 미일동맹 방위선 안에 포함시켰다.

미국의 지지를 등에 업은 일본은 2013년 말 제2차 세계대전 이후 처음 공표한 국가안보전략에서 중국과 북한을 위협으로 규정하는 한편,[33] 댜오위다오 및 독도에 대한 영유권을 공세적으로 주장하면서 역사 왜곡을 노골

---

29) Hillary Clinton, "America's Pacific Century," Foreign Policy (November, 2011).
30) Tom Donilon, "The United States and the Asia-Pacific in 2013," Remarks at the Asia Society (March 11, 2013).
31) 박건영, "오바마의 주판과 긴 파장?." (2013).
32) 안보 재균형의 다른 방편인 아태지역으로의 전력 전환은 미국 연방정부 재정악화 및 예산자동삭감조치(sequestration)로 인하여 어려움을 겪어왔다. Robert Work, "Deputy Secretary of Defense Robert Work on the Asia-Pacific Rebalance" (September 30, 2014).
33) 『연합뉴스』, "일본, 국가안보전략 채택..중국·북한 '위협' 규정," 2013년 12월 18일자.

화하였다. 또한 2015년 4월 아베 총리의 미국 방문 시 개정된 「미일 방위 협력지침」은 일본이 군사대국화로 나아가는 길을 열면서 미일동맹의 연합작전 가능 범위를 한반도 및 동아시아는 물론 전 세계로 확장시켰다. 특히 케리 미 국무장관은 미일 외교·국방장관 공동 기자회견에서 "항행의 자유를 방해하는 행위가 대국의 특권이 아니다"고 밝혔는데,[34] 이는 미중 간 첨예한 갈등 사안인 남중국해 문제를 염두에 둔 것으로 미일동맹 강화의 목표가 중국에 대한 견제를 포함한다는 사실을 드러낸 것으로 볼 수 있다.

미국의 재균형 전략은 한·미·일 삼각안보협력 강화 추진 및 미국과 필리핀 간 동맹의 강화로도 나타났다. 예를 들어, 2014년 12월 한·미·일 군사정보공유에 관한 약정 체결은 공식적으로 북한으로부터의 위협에 대한 정보 공유를 명분으로 제시하고 있지만 중국의 잠재적 위협을 고려하지 않은 것이라고 보기는 어렵다. 한국 내 THAAD 배치 추진 또한 북한의 미사일 위협을 명분으로 내세우고 있지만 북한뿐 아니라 중국을 함께 겨냥하여 미국이 추진하는 동북아 미사일방어체제 구축의 일환으로 해석될 수 있다. 또한 2014년 미국과 필리핀은 냉전 종식 이후 22년 만에 필리핀 군사기지를 미군이 이용하는데 합의했을 뿐 아니라 필리핀 근해에서 대규모 합동군사훈련을 진행하였는데, 이는 남중국해 분쟁의 당사자인 중국을 견제하기 위한 것이라고 볼 수 있다.[35]

중국은 한편에서 미국에 신형대국관계를 제안하는 등 강대국으로서의 국제적 리더십을 인정받고 미국과의 협력을 모색하기도 하지만, 다른 한편에서는 미국의 재균형 전략을 자국에 대한 견제정책으로 간주하면서 적극적으로 대응해 왔다. 특히, 중국은 주변국과 갈등 중인 동중국해와 남중국해 등 해양지역으로 자신의 핵심이익 영역을 확장하면서 공세적인 정책을 펼쳐 왔다. 2013년 6월 시진핑 중국 주석은 미국 방문 시 일본과

---

34) 『연합뉴스』, "케리 "미일 가이드라인 개정, 역사적 전환점,"" 2015년 4월 28일자.
35) 김상기, "미국의 재균형 전략과 한국의 선택," 『IFES 현안진단』, 10 (2014).

갈등 중인 댜오위다오를 자국의 핵심 이익으로 규정하였고,[36] 같은 해 11월 댜오위다오가 위치한 동중국해 지역을 포괄하는 방공식별구역을 일방적으로 선포하였다. 또한 미국이 남중국해 지역 항해의 자유를 강조하는 동안 중국은 베트남, 필리핀 등 주변국과 갈등 중인 남중국해의 난사군도(Spratly Islands)에 인공섬 건설을 추진하였다. 뿐만 아니라 중국은 미국과 동맹국의 군사적 행동 가능성에 대비하여 '반접근 지역차단(anti-access/area-denied)' 전략을 강화하고 있다. 2015년 4월 「미일방위협력지침」 개정에 대해서도 "군사력을 통한 사익 추구 행위"라고 강력히 비난하면서 "중국의 영토주권 및 해양권익을 강력히 수호할 것"이라고 천명하였다.[37]

종합적으로, 중국의 부상에 대한 미국의 견제 그리고 그에 대한 중국의 맞대응으로 동아시아의 안보 불안정성이 증대되어 왔다고 할 수 있다. 특히 남중국해는 미국과 중국의 이해가 첨예하게 대립하는 지역으로 부상하고 있다. 미중 간 힘의 분포 변화라는 국제구조의 변동이 양국 간 갈등을 증폭시키는 형국이다.

3. 1951 vs. 2011 : 봉쇄, 재균형, 그리고 미중관계의 전망

2010년대 국제구조의 변화와 미국의 재균형 전략 그리고 동아시아 안보질서의 변동은 1940년대 말부터 1950년대 초반까지, 즉 냉전 초기 미국의 봉쇄전략과 샌프란시스코 체제의 형성을 연상시킨다.[38] 제2차 세계대전 이후 국제구조는 미국과 소련이라는 두 초강대국이 대립하는 양극체제로 전환되었으며, 양 진영 간 냉전이 시작되었다. 유럽에서 먼저 시작된 냉전이 동아시아로 확장되는 데는 시간이 그리 오래 걸리지 않았

---

36) 조준형, "시진핑, 오바마에 '댜오위다오는 중국 핵심이익'," 『연합뉴스』, 2013년 6월 12일자.
37) 『연합뉴스』, "中국방부, 美日 겨냥 '우리 능력 과소평가 말라 경고'," 2015년 5월 1일자.
38) 김창수, "부활하는 샌프란시스코 체제와 미일 가이드라인 개정," 『코리아연구원 특별기획』, 48 (2015), pp. 6~10.

다. 1947년에서 1948년 사이 중국에서 공산당의 승리 가능성이 증가함에 따라 미국은 일본을 자신의 지역적 전략 교두보로 삼게 되었고, 대일본 정책을 '개혁에서 부흥으로' 전환하게 되었다. 1949년 중국의 공산화와 1950년 한국전쟁의 발발은 미국의 동아시아 전략에서 일본이 차지하는 위상을 급상승시켰으며, 동북아 냉전의 전선을 명확하게 설정할 수 있도록 하였고, 미국의 대소 및 대중 봉쇄정책을 촉진하였다.[39]

국제구조의 변화와 대소·대중 봉쇄정책 추진으로 미국은 태평양 전쟁의 조속한 전후처리 및 일본과의 강화조약 체결을 필요로 하게 되었다. 결국 1951년 9월 미국을 비롯한 전시연합국과 일본은 샌프란시스코에서 강화조약을 체결하였으며, 이와 동시에 미국과 일본은 군사동맹 조약을 맺었다. 봉쇄정책을 위해 일본의 재건과 부흥이 필요했던 미국은 전쟁에 대한 사실상의 면죄부를 일본에 부여하고 재무장을 허용하였다. 한국은 일본의 반대로 강화회의에서 발언권을 얻지 못했으며, 공산화된 중국은 미국의 반대로 회의에 참여하지 못하였다. 샌프란시스코 조약을 전후로 미국은 일본뿐 아니라 호주-뉴질랜드, 필리핀, 그리고 한국[40] 등과 각각 동맹을 맺으면서 '중심축-바퀴살(hub and spokes)' 동맹체제를 수립한다. 미일동맹을 필두로 한 '샌프란시스코 체제'는 미국의 대소 및 대중 봉쇄전략의 산물이며, 냉전시기 미국의 동아시아 안보전략의 근간이 되었다.

2010년대 미국의 재균형 전략은 제2차 세계대전 이후 미국의 봉쇄전략과 여러모로 유사성을 갖는다. 첫째, 재균형 전략은 미중 간 힘의 분포 변화를 배경으로 하며 중국의 팽창에 대한 견제를 의도하고 있다는 점에

---

39) 차상철, "미국의 극동정책과 아시아에서의 냉전의 기원," 『북미주학연구』, 11 (2002), pp. 131~147; 조성훈, "제2차 세계대전 후 미국의 대일전략과 독도 귀속문제," 『국제·지역연구』, 17-2 (2008), pp. 41~80; 김영수, "한일회담과 독도 영유권: 샌프란시스코 강화조약과 한일회담 기본관계조약을 중심으로," 『한국정치학회보』, 42-4 (2008), pp. 113~130.
40) 한미동맹은 한국전쟁 정전협정 이후인 1953년 10월에 체결되었다.

제Ⅱ장 동아시아의 전략환경 변화와 한국의 과제 *67*

서 제2차 세계대전 이후 국제구조의 변환기 소련과 중국을 봉쇄하기 위한 미국의 전략과 유사하다. 둘째, 2010년대 재균형 전략과 제2차 세계대전 이후 봉쇄전략이 모두 미일동맹을 핵심적 방편으로 삼는다는 점에서 두 전략은 유사하다. 셋째, 봉쇄전략은 일본의 부흥을 요구하면서 전쟁에 대한 사실상의 면죄부를 부여하였고, 재균형 전략은 일본의 보통국가화를 요구하면서 역사수정주의의 정당화를 용이하게 하고 있다는 점에서 두 전략은 공통점을 갖는다. 넷째, 봉쇄전략 추진기 수립된 '중심축-바퀴살' 동맹체제는 2010년대 아시아 재균형 전략을 위해 다시 활용되고 있으며, 미ㆍ일ㆍ호 및 한ㆍ미ㆍ일 삼각안보협력이라는 '진화'된 방식을 추가하면서 강화되고 있다.

60년을 사이에 둔 미국의 '봉쇄전략'과 '재균형 전략'의 이와 같은 유사성은 2010년대 샌프란시스코 체제의 재강화와 더불어 동아시아에서 냉전질서가 부활할 수 있다는 주장의 논거가 되고 있다.[41] 국제정치에 관한 구조적 현실주의 이론의 맥락에서 제기되는 이러한 주장은 2010년대 초ㆍ중반에 전개되고 있는 미중 간 갈등 양상이 단기적 현상이 아님은 물론 앞으로 그 갈등이 더욱 심화되고 고착화되면서 협력을 기대하기 어려울 것이라는 예상을 가능하게 한다. 또한 이러한 추론은 향후 미국과 중국이 직접적 무력충돌을 벌일 가능성은 적을지라도, 마치 냉전기 미소 관계처럼 양국 사이에 군사, 정치, 경제, 사회, 문화 등 다방면에서 전면적인 적대적 대립관계가 형성될 수 있다는 전망을 포함한다.[42]

---

41) 채재병ㆍ나용우, "동북아 지역질서 변화와 한국의 전략,"『한국정치외교사논총』, 34-2 (2013), pp. 255~283; 홍현익, "동북아 신냉전질서 형성 동향과 한국의 대응," 세종연구소,『정세와 정책』, 7월호 (2012); 김창수, "부활하는 샌프란시스코 체제와 미일 가이드라인 개정," (2015); Michael D. Swaine, "Chinese Leadership and Elite Responses to the U.S. Pacific Pivot," China Leadership Monitor, 38 (2012), pp. 1~26.

42) 구조현실주의 이론 중에서 왈츠(Waltz)의 세력균형이론은 미중 간에 군사적 충돌이 부재한 '안정적인' 대립관계가 형성될 것이라는 전망을 제시하는 반면, 오갠스키와 쿠글러(Organski and Kugler)의 세력전이이론은 미국의 패권에 불만을 가진 중국의 부상이 양자 간 전쟁으로 결과지어질 가능성이 높다는 전망을 내놓는다. 이러한 점에서 최근 미중 간 냉전의 부활 또는 신냉전 형성에 관한 주장은 세력전이이론 보다는 왈츠의 세력균형이론에 더욱 가까운 제안이라 할 수 있다. Kenneth N. Waltz, Theory of International

그러나 이와 같은 냉전의 부활 또는 신냉전 질서 형성에 관한 주장이 간과하는 사항들이 존재한다. 제2차 세계대전 이후 냉전질서와 2010년대에 형성되고 있는 미중관계의 특성에는 중요한 차이가 있다. 이러한 차이는 미중 간 신냉전 질서의 형성을 제약하는 조건이 될 수 있다. 가장 중요한 차이는 두 강대국 사이의 경제적 상호의존도가 냉전 초기 미국과 소련 사이의 그것과는 비교할 수 없을 정도로 매우 크다는 점이다. 예를 들어, 전 세계에서 미국의 채권을 가장 많이 보유한 국가는 중국이며, 또한 미국은 중국의 최대 무역 흑자국이다. 경제적 상호의존에 따른 협력의 동기 이외에도 테러리즘과 지구온난화 같은 문제들에 있어서 미국과 중국이 공동으로 대응할 필요성이 존재한다.[43] 비록 일시적이며 선언적인 의미에 그친다고 할지라도, 2013년 양국 간 신형대국관계에 대한 합의는 협력의 필요성을 반영한 것이라고 할 수 있다.[44] 또한 미국과 중국은 냉전시대와는 달리 경제 및 군사 부문에서 갈등을 해소하고 분쟁 발생의 가능성을 줄이기 위해 정례적으로 고위급 전략대화를 지속하고 있다. 이러한 점들은 강대국 간 세력전이가 전면적인 적대적 대립 혹은 전쟁을 야기하고는 했던 과거와는 달리 새로운 국면의 국제질서를 형성시키는 방향으로 전개될 수도 있다는 가능성을 시사한다.[45]

간과하지 말아야 할 다른 한 가지는 2010년대 미국의 안보위협 인식은 1950년대와 상당한 차이를 지닌다는 점이다. 1950년대 미국의 최대 안보위협이 소련 및 공산주의의 팽창이었던 반면, 2010년대 미국의 최대 안보위협은 중국의 부상이라기보다는 테러리즘과 대량살상무기의 확산이

Politics (1979); A. F. K. Organski and Jacek Kugler, The War Ledger (1980).

43) 정태헌, "17세기 북벌론과 21세기 반북론," 이수훈·조대엽 편, 『한반도 통일론의 재구상』(서울: 선인, 2012), pp. 405~447; 손병권, "오바마 행정부 등장 이후 미국의 대중정책: 아시아 공존의 상호인정과 지속되는 긴장," 하영선 편, 『1972 한반도와 주변 4강 2014』(서울: 동아시아연구원, 2015).

44) 전재성, "한국의 동아시아 지역전략과 한반도 전략의 현황과 과제," 하영선 편, 『1972 한반도와 주변 4강 2014』(서울: 동아시아연구원, 2015).

45) 손병권, "오바마 행정부 등장 이후 미국의 대중정책," (2015).

다. 그리고 이러한 위협은 동아시아보다는 중동과 아프리카 지역으로부터 주로 제기되고 있다.[46] 더욱이 러시아의 크림반도 합병 및 우크라이나 내전에 대한 개입 이후로 미국 내에서는 러시아의 공격성에 대한 위협 인식도 확산되고 있다.[47] 미국이 직면한 이와 같은 복합적 안보위협 요인을 고려할 때 미국이 중국에 대해서 냉전초기와 유사한 봉쇄전략을 단행하는 데 힘을 쏟을 것이라고 예상하기는 어렵다.

결과적으로 2010년대 미국의 아시아 재균형 전략은 중국의 부상에 대한 견제를 의도하고 있음에도 불구하고 냉전시대 봉쇄전략처럼 작동되지는 않을 것 같다. 미국이 중국을 봉쇄하지 않는 상황에서 안정적 경제발전에 대한 강한 욕구를 가지고 있는 중국이 선제적으로 미국에 대해서 적대적 대립 정책을 전면화할 것이라 예상하기는 어렵다. 따라서 동아시아에서 냉전질서가 부활될 가능성은 높지 않을 것 같다.

물론 이 같은 전망이 미국과 중국 사이에 갈등보다 협력이 우세할 것이라거나 또는 단순히 갈등과 협력이 병존할 것이라는 의미는 아니다. 2010년대 초·중반 미중관계는 상대적으로 갈등이 심화되는 방향으로 전개되어 왔다. 앞으로의 미중관계 또한 중국의 국제적 영향력 확대에 대한 미국의 불안감에 더해서 미중 간 역사적·문화적·이념적 차이에 따른 정치적 불신을 고려할 때, 협력보다는 갈등이 더 앞서는 불안정성을 보일 것으로 예상된다.[48] 다시 말해, 미중관계가 과거 냉전시대와 같은 전면적인 적대적 대결체제의 구조화로 나아갈 것 같지는 않지만,[49] 근본적으로는 갈등적 경쟁의 토대 위에서 전개되는 가운데 어느 정도 유연한, 즉 선택적 필요에 따라서는 타협과 협력이 가능한 방향으로 나아갈 가능성이 높다고 전망된다.[50]

46) White House, National Security Strategy (2010, 2015).
47) White House, National Security Strategy (2015).
48) 박건영, "미중관계의 미래와 한반도의 통일," (2012).
49) 정태현, "17세기 북벌론과 21세기 반북론," (2012); 박건영, "미중관계의 미래와 한반도의 통일," (2012).
50) 박병광, "국제질서 변화와 전략적 각축기의 미·중관계: 중국의 전략적 입장과 정책을 중심으로," 하영선

제4절. 미중관계와 남북관계, 그리고 한반도의 안보와 평화

1. 미중관계, 동북아 동맹구조, 그리고 한반도의 안보

한반도의 안보와 평화는 미중관계가 협력 중심으로 전개될 것인지 아니면 갈등 위주로 진행될 것인지와 밀접한 관련성이 존재한다. 만약 미국과 중국이 협력을 강화해 나간다면 한국은 미중 간 갈등의 심화가 초래할 지역적 불안정을 우려할 필요가 없을 뿐 아니라 한반도 내부, 즉 북한과의 관계에서도 상대적 평화가 가능하거나 협력을 추진할 수 있는 기회를 맞을 수 있다. 예를 들어, 1970년대 초 데탕트 시기 미국은 동아시아에 대한 군사적 개입을 축소하고 중국과 관계를 개선하는 정책을 추진하였는데, 당시 미중의 관계개선은 한반도에 영향을 미쳐서 비록 단기적이었다고 할지라도 남과 북의 화해를 촉진하였고, 「7.4공동성명」이라는 결과로 이어졌다.[51]

이처럼 한반도의 안정과 평화는 미중관계가 협력을 중심으로 전개될 것을 요구하지만 현실은 그렇지 않다. 앞서 검토한 바와 같이, 2010년대 미국과 중국 사이에는 협력보다는 갈등이 더 우세한 경쟁관계가 형성되고 있으며, 앞으로도 상당한 기간 그러한 관계가 지속될 것으로 전망된다. 미중 간 경쟁과 갈등의 심화는 동북아시아 동맹의 구조적 특성과 더불어 한반도의 안보에 장애가 될 수 있다. 왜냐하면 첫째, 만약 그 가능성이 낮다고 하더라도 남중국해, 동중국해 또는 대만해협에서의 미중 간 갈등이 무력 충돌로 치닫게 된다면,[52] 동맹의 연루로 인해 한국이 자신의 의도와

편, 『1972 한반도와 주변 4강 2014』(서울: 동아시아연구원, 2015).

51) 전재성, "한국의 동아시아 지역전략과 한반도 전략의 현황과 과제," (2015).

52) 크리스텐슨(Christensen)과 골드스타인(Goldstein)과 같은 학자들은 미국과 중국 사이에 군사적 충돌이 발생할 가능성에 유의해야 한다고 주장한다. Thomas J. Christensen, "Posing Problems without Catching Up: China's Rise and Challenges for U.S. Security Policy," International Security, 25-4 (2001), pp. 5~40; Avery Goldstein, "First Things First: the Pressing Danger of Crisis Instability in US-China Relations," International Security, 37-4 (2013), pp. 49~89.

상관없이 미중 간 전쟁에 휘말리게 될 가능성이 존재하며,[53] 북한 역시 중국을 지원하는 입장에서 참전이 가능하기 때문이다. 미중 간 분쟁이 남북한 간의 무력 충돌로 비화될 수도 있는 것이다.

둘째, 미국과 중국 그리고 남북한이 함께 직면할 수 있는 위기 상황은 한반도 내부로부터도 발생할 수 있다. 한미동맹과 북중동맹의 존재는 그 자체로 한반도 유사시 연쇄적인 제3자의 군사적 개입이 발생할 수 있음을 시사한다. 더욱이 2015년 4월 「미일방위협력지침」 개정으로 북미 간 무력 충돌시 한반도에 대한 일본의 군사적 개입 가능성이 커졌다.[54] 전시 작전통제권이 부재한 한국으로서는 한반도 유사시 주도적 상황 통제가 매우 어렵다는 점에서 한반도 내부에서의 무력 분쟁이 한국의 의지대로 또는 남과 북의 합의에 따라 종결되기 어려운 상황을 맞이할 수도 있는 것이다.[55]

이같이 미중관계의 향방은 동북아시아의 동맹구조와 결합되어 한반도의 안보와 평화에 큰 영향을 미칠 수 있다. 미중의 협력이 한반도 평화의 기회가 될 수 있는 반면, 양자 간 갈등과 분쟁은 한반도의 안보와 평화에 위기를 초래할 수 있다. 또한 한미동맹, 북중동맹, 그리고 최근에 강화되고 있는 미일동맹은 한국, 북한, 일본의 안보에 각각 중요한 역할을 하지만, 경우에 따라서는 한반도의 안보와 평화가 한국의 의사와 상관없이 위기에 처하게 되는 상황을 유발할 수도 있다.

2. 미중관계와 남북관계의 상호연관성 그리고 동북아의 평화

미중 간 경쟁과 갈등은 또한 남북한 간 적대적 대립관계의 고착화를 초래하면서 한반도 평화체제의 수립 및 통일에 걸림돌이 될 수 있다. 미국과 중국 모두 자신의 안보 이익에 부합하거나 자신의 영향력이 확보될 수 있는 한반도의 미래를 원한다. 그러나 그러한 미래가 아니라면 미국과 중

---

53) Glenn H. Snyder, Alliance Politics (Ithaca: Cornell University Press, 1997).
54) 박석원, "日 방위장관 "집단자위권으로 北 기지 공격할 수 있다"," 『한국일보』, 2015년 5월 18일자.
55) 이혜정, "미일 가이드라인 개정과 전시작전통제권," 『코리아연구원 특별기획』 48 (2015), pp. 1~5.

국은 남북한이 대립하는 현상유지가 자신들의 이익에 부합한다고 판단할 가능성이 있다.[56] 미국은 한국이 주도하는 통일을 희망하지만 통일의 과정과 결과가 미국의 안보에 부정적 영향을 미치거나 미국의 영향력을 훼손하는 결과를 초래할 것이라고 판단한다면 남북한 간 대립관계의 현상유지를 추구할 수 있다. 중국 또한 한국에 의한 흡수통일을 경계하며, 한반도가 미국의 세력권에 들어가는 통일 보다는 현상유지가 나을 것이라고 판단할 수 있다.[57]

이 같은 현상유지 정책은 미중 양국의 보다 적극적인 안보적 이해를 반영할 수도 있다. 즉, 상호간 갈등이 지속되는 상황에서 미국과 중국은 각각 남북한 간 적대적 관계를 자신의 안보를 위해 활용하려는 의도를 가질 수 있다. 미국은 미일동맹과 더불어 한미동맹을 대중국 견제를 위한 수단으로 삼고자 할 수 있으며, 중국은 사실상 유일한 동맹국인 북한을 대미 세력균형을 위해 활용할 가능성이 존재한다. 남북한 간 적대적 관계의 현상유지가 미국과 중국의 상호 견제 전략에 부합하는 동안 한국의 지상과제인 북핵문제 해결, 한반도 평화체제 수립 및 통일은 달성되기 어려울 수 있다. 즉, 미중 간 갈등 및 남북한 간 대립은 상호 의존성을 가진다고 볼 수 있는 것이다.

미중 간 경쟁과 갈등이 남한과 북한 사이의 화해와 협력을 어렵게 하고 장기적으로 통일을 방해할 수 있다면 미중관계가 남북관계에 의해서 변화될 수 있는 여지는 없을까? 미중 간 갈등이 양자 간 힘의 분포 변화라는 구조적 요인에 주로 기인한다는 점에서 남북관계의 변화가 미중관계에 근본적 변화를 야기하기는 쉽지 않다. 그러나 위에서 언급한 미중 간 갈등 및 남북한 간 대립의 상호 의존성은 역으로 남북한 간 화해와 협력이 미중관계에 긍정적 영향을 미칠 수 있음을 시사한다. 즉 남북관계의 개선이

---

56) 박건영, "미중관계의 미래와 한반도의 통일." (2012).
57) 전재성, "한국의 동아시아 지역전략과 한반도 전략의 현황과 과제," (2015).

미중 간 갈등의 해소까지는 아닐지라도 갈등 악화의 방지 또는 갈등의 완화에 기여할 수 있다. 예를 들어, 남북관계의 신속한 개선과 긴장 완화 및 북핵 문제 해결의 진전 등은 THAAD 배치의 필요성 및 한·미·일 삼각 안보협력의 필요성을 감소시킴으로써 미중 간 세력균형의 현상유지를 도울 수 있으며, 양자 간 갈등이 증폭되는 것을 억제하는데 기여할 수 있다. 보다 일반적으로, 남북관계의 개선은 미중이 각각 자신의 지역전략과 상호 간 견제를 위해 남한과 북한을 활용할 수 있는 명분을 약화시키면서 갈등의 증폭을 방지하고, 동북아에서 대립적 지역구도가 형성되거나 강화될 가능성을 줄이는 효과를 가질 수 있다. 남북한 간 화해와 협력이 대립적 지역구도의 형성을 억지할 때, 그것은 한반도 평화체제뿐 아니라 나아가서는 2005년 6자회담에 의한 「9·19 공동성명」이 제시한 동북아시아의 평화와 안정을 위한 지역적 협력의 가능성을 증가시킬 수 있을 것이다. 그러나 남북관계가 개선되지 않는다면 한반도의 미래는 미중관계의 종속변수로 남겨질 가능성이 크다.

제5절. 한반도 및 동북아 평화를 위한 한국의 과제

국제구조 변동의 시기에 한국이 직면한 외교안보적 어려움은 미중 간 및 남북한 간 상호연관된 복합적 갈등에 기인한다. 한반도 내외의 복합적 대립에 효과적으로 대응하고 전략적 딜레마 상황에서 탈피하며 한반도 및 동북아의 평화를 추구하기 위한 한국의 전략적 과제는 남북관계의 조속한 개선이다. 더불어 한국의 외교안보 전략은 미중 간 균형외교의 추진 및 안보 자율성의 강화를 필요로 한다.

한국은 자주적·선제적으로 남북관계를 조속히 개선시켜 나갈 필요가 있다. 그렇게 할 수 있을 때, 한반도 평화체제 수립의 길이 열릴 수 있으며 동북아시아 평화에도 긍정적인 기여를 할 수 있다. 북핵 문제 해결에 있어서 미국은 현재 적극적인 의지를 보이지 않고 있으며, 중국의 의지 또한 부족해 보일뿐 아니라 그 역할의 한계가 분명한 것 같다. 오히려 북한 위협의 존재는 미국이 의도한 것은 아니더라도 현재 미국의 재균형 전략에 기여하면서 한국의 전략적 딜레마를 유발하고 있는 것이 사실이다. 한편 북한은 중국의 대미 세력균형을 위한 중요한 파트너가 될 수 있다. 이러한 상황에서 한국은 미국과 중국이 북핵 문제 해결에 크게 기여할 것이라고 기대하기 보다는 자주적으로 남북관계 개선에 먼저 적극적으로 나설 필요가 있다.

남북관계가 개선되지 않는다면 한국은 한국 및 한반도의 안보와 평화가 미중관계의 종속변수에서 벗어나기 어려울 수 있다는 점을 인식할 필요가 있다. 남북관계 개선은 한국의 지역전략의 자율성을 증가시키면서 THAAD배치 문제, 일본의 역사왜곡과 한·미·일 삼각안보협력문제 등과 같은 당면한 외교적 딜레마의 극복을 용이하게 할 수 있고, 미중 간 갈등 완화 및 동북아시아의 안정에 기여할 수 있다. 또한 남북관계의 조속한 개선과 협력 증대는 북핵문제 해결, 한반도 평화체제 수립, 그리고 궁극적으로는 통일을 이루어나가는 길에 있어서 미국과 중국의 협력을 추동하기에 유리한 조건을 만들 수 있다. 남북관계가 신속하게 개선되는 상황에서 북한 및 한반도에 안보 및 경제적 이익이 모두 걸려있는 미국과 중국이 방관자로 남으려 하지는 않을 것이기 때문이다. 즉, 한반도의 평화와 통일을 위해 필수적인 미국과 중국의 협조가 미온적인 상황을 타개하기 위해서라도 남북한 간에 화해와 협력이 보다 적극적으로 추진될 필요가 있는 것이다.

남북관계의 신속한 개선을 위해서 한국은 보다 전향적인 대북정책을 추진해야 한다. 이를 위해 5.24 조치의 단계적 해제를 포함하여 금강산 관광 재개 및 제2, 제3의 개성공단 건설과 같은 대북협력 정책을 적극적으로 추진할 필요가 있다. 물론, 이러한 정책을 추진하는 데 북핵 문제가 장애물이 될 수 있다. 그러나 북한이 먼저 핵문제와 관련한 태도 변화를 보일 때까지 기다리는 '전략적 인내'나 제재를 강화하는 압박정책을 추진하는 동안 북한은 핵능력을 오히려 강화해 온 것이 사실이다. 한국이 선제적으로 북한과의 관계개선을 추진해나가는 동시에 핵문제의 해결을 위해 6자회담 재개를 도모하는 것이 필요하다. 한국이 먼저 남북관계를 개선해 나갈 때, 북핵 문제를 포함한 북한 문제 해결을 위한 주변국과의 조율과 정에서 한국의 발언권은 더욱 커질 수 있을 것이다.

한반도의 평화와 안정, 발전을 위해 한국은 관성적인 한미동맹 우선주의가 아닌 균형적이면서도 유연한 지역전략을 수립하고 추진해야 할 것이다. 한국은 냉전시대 양극체제 하에서, 그리고 탈냉전기 미국 주도의 단극적 국제질서 하에서 미국의 지역전략에 편승하는 정책을 취해왔으며, 이를 통해 안보 및 경제적 이익을 도모하였다. 그러나 2010년대 미중 간 양극체제로의 이행이라는 국제구조의 변동에 직면한 상황에서 어느 한쪽에 치우친 전략은 더 이상 한국의 이익 및 한반도의 평화에 도움이 되지 않는다. 이러한 전략은 대립적 지역구도의 형성을 유발하면서 동북아 평화에도 부정적 영향을 미칠 수 있다. 따라서 한국은 균형적 외교를 통해서 미중 간 갈등에 휘말리지 않고 한반도의 안보와 평화, 발전을 추구해야 할 것이며, 남북관계 개선 정책을 동시에 병행하면서 미중 간 갈등 완화 및 지역의 평화를 도모해야 할 것이다. 한국은 한국의 국익 및 한반도의 평화와 번영이라는 목표를 우선적으로 고려하는 유연한 균형외교를 추진해야 할 것이며, 이러한 목표를 기준으로 때로는 미국과 중국 중 한쪽의 입장을 지지할 수 있을 때, 미중 양국은 한국의 이해관계를 더욱 크게 고려할 것이다.

마지막으로 한반도의 평화적 발전 및 동북아의 평화를 위한 한국의 전략은 미국에 대한 안보 의존을 감소시킬 것을 요구한다. 미국에 대한 안보 의존도가 매우 높은 상태에서는 한국의 이해관계가 미국과 상이한 경우라고 할지라도 자율적인 지역전략 및 한반도 전략을 추진하기가 쉽지 않을 수 있다. 미국에 대한 안보의존을 줄이기 위해서 자주국방 정책을 적극 추진해 나가야 할 것이다. 전시 작전통제권의 환수와 자주국방 추진을 비롯한 안보 자율성 강화 정책이 한미동맹의 약화를 의미하는 것은 아니다. 단·중기적으로 북한 위협의 존재 및 동북아 세력균형 유지 필요성으로 인해 한미동맹은 지속되어야 할 것이다. 한반도 주변 동맹 구조의 문제는 장기적으로 한반도 평화체제 수립 및 통일의 단계에서 주변국들과 함께 검토하고 논의할 필요가 있으며, 한미동맹의 새로운 운영방식 및 새로운 지역안보협력체제의 수립을 포함한 발전적 대안을 마련하고 추진해야 할 것이다.

제3장

동북아 주요국의 이해관계와
한반도 평화

제Ⅲ장
동북아 주요국의 이해관계와 한반도 평화

제1절. 서 론

　한반도의 분단은 미국과 소련 간 냉전의 산물이었다. 이어 1950년 북한의 남침으로 시작된 6.25전쟁에 미국, 중국, 소련이 직·간접으로 개입하였고, 40여 년간의 냉전기간 동안 한반도는 미소 지정학적 대립의 최전선 중 한 곳이었다.

　미국은 1951년 일본과 군사동맹 조약을 체결하였고, 이후 6.25전쟁이 휴전된 후인 1953년 한국과도 군사동맹 조약을 체결하였다. 소련은 북한과 1961년 7월 군사동맹 조약을 체결하였고, 곧이어 중국도 북한과 군사동맹 조약을 체결하였다. 이로써 소련과 중국의 이념분쟁이 거세지기 시작한 1960년대 후반까지 한반도를 둘러싸고 미국-일본-한국 대(對) 소련-북한-중국의 '적대적 세력균형 (adversarial balance of power)' 구도가 형성되었다.[1] 이후, 중국과 소련의 이념 분쟁은 '북방 삼각 체제 (Northern Triangle)'의 결집력을 이완시켰으나, 냉전의 맥락에서 중국과 소련의 북한에 대한 군사지원은 지속되었다.

　1991년 소련의 해체로 미국과 소련의 냉전이 종식되었다. 그러나 한

---

1) '적대적 세력균형'에 관해서는 Richard Little, "Deconstructing the Balance of Power: Two Traditions of Thought," Review of International Studies, 15-2 (1989), p. 88 참조.

국과 북한은 여전히 분단되어 군사적 대치 상태에 있는 바, 한반도에서는 아직도 냉전이 진행 중이다. 더욱이 중국이 경제적·군사적으로 부상함에 따라, 동북아에서 지역 패권을 둘러싼 미국과 중국의 갈등이 노정되는 가운데 한반도가 다시 강대국 간 지정학적 대립의 각축장이 될 수 있다는 우려가 커지고 있다. 즉, 미소 냉전의 맥락에서 전개된 한반도 분단이 탈 냉전기에도 해소되지 않은 가운데, 미국과 중국 간 지정학적 대립이 한반도 통일 환경을 더욱 복잡하게 만들고 있다.

따라서 남북이 통일되기 위해서는 한국이 효율적인 대북 정책을 펼치는 것 못지않게, 한국이 주요 한반도 이해 당사국에 대한 통일외교를 강화하는 것이 필수적이다. 통일외교는 '통일을 달성하는데 도움을 주는 외교'로 정의될 수 있다.[2] 특히 미국, 중국, 일본, 러시아가 한국 주도 한반도 통일을 지지하도록 유도하는 것이 통일외교의 핵심이다.

한반도 분단으로 인해 미국, 중국, 일본, 러시아 등 주변 4국은 '분단비용'을 지불하고 있다. 일례로 미국은 한국에 주한미군을 주둔시키는 등 막대한 군사비를 지출하고 있다. 중국은 군사 모험주의적 일탈 행위를 일삼는 북한을 감싸는 편향적 태도를 취함으로써 자국의 '대국 이미지'를 손상시키고 있다. 이와 같은 유·무형의 분단비용이 한반도 분단으로 인해 발생하는 편익보다 많다는 인식을 확산시켜 주변국들이 한반도 통일에 우호적이 되도록 유도하는 것이 통일외교의 몫이다. 그런데 분단이라는 현상유지를 통해 주변 4국이 얻고 있는 편익은 한반도 통일이라는 현상파괴가 주변 4국에게 초래할 수 있는 우려와 동전의 양면과 같은 관계다. 일례로 중국은 미국이 주도하는 해양세력과의 지정학적 대립에 있어 북한이 '완충지대(buffer zone)'로 존재하는 것에 높은 전략적 가치를 부여하고 있다. 중국은 한반도가 한국 주도로 통일된다면 완충지대가 사라지고, 국경

---

2) 박영호·여인곤·조민·이기현·김성철, 『평화통일을 위한 통일외교 전략』(서울: 통일연구원, 2011), 7쪽.

선에서 미국이 주도하는 해양세력과 맞닿게 될 것을 우려한다. 이러한 중국의 우려가 해소되지 않는다면 중국이 한국 주도 통일을 진심으로 지지할 가능성은 높지 않다. 그러므로 한국의 통일외교는 주변 4국의 한반도 통일에 대한 우려를 불식시키는데 주안점을 두어야 한다.

이와 같은 맥락에서 본 장의 제2절과 제3절은 한반도 통일로 인해 주요 4국이 얻게 될 편익과 그들의 한반도 통일에 대한 우려를 살펴본다. 두 절은 통일연구원에서 2012년 12월에 발간한 연구총서『한반도 통일에 대한 동북아 4국의 인식』에 부록으로 첨부되어 있는 미 · 일 · 중 · 러 한반도 및 국제정치 전문가 20명에 대한 심층 설문조사 결과를 바탕으로 기술되었다.[3] 이어 제4절은 한국 주도의 한반도 통일이 동북아 평화 정착을 위한 친화적 세력균형을 조성하고 나아가 지역 차원의 다자 협력을 견인할 것이라는 점에서, 주변 4국의 우려가 기우에 지나칠 공산이 크다고 주장한다. 결론으로 제5절은 동북아 평화 정착에 기여하는 통일한국의 지향점을 제시한다.

제2절. 한반도 통일로 인한 동북아 주요국의 편익

한반도 통일로 미국, 중국, 일본, 러시아가 현재 지불하고 있는 분단비용은 해소된다. 아래에서는 한국 주도 한반도 통일이 각 국에게 가져올 편익을 분단비용의 해소라는 관점에서 살펴본다.

1. 미 국

한국 주도의 한반도 통일이 미국에 가져다 줄 가장 명확한 통일편익은 미국이 한미동맹의 테두리에서 한국과 공동으로 북한의 위협에 대처하기

---

3) 배정호 · 박영호 · 박재적 · 김동수 · 김장호, 『한반도 통일에 대한 동북아 4국의 인식』(서울: 통일연구원, 2013), 96~366쪽.

위해 지불하고 있는 막대한 군사비의 절감이다. 미군은 유엔군의 일원으로 6.25전쟁에 참전하여 3만 6천여 명이 전사하였다. 미국은 6.25전쟁 휴전 후 1953년 한국과 군사동맹을 체결하였는데, 당시 북진통일을 주장하던 이승만 정부가 무모하게 전쟁을 재개하는 것을 우려한 미국이 한국의 행동을 제어하기 위해 북한으로부터의 위협에 대한 안보 공약을 한국에 제공하여야 했기 때문이다.[4] 6.25전쟁 휴전 당시 북한보다 경제력·군사력에서 열세에 있던 한국에게 북한의 위협은 생존의 문제였다. 미국은 한국에게 '안보(security)'를 제공하고, 그 대가로 한국의 '자율성(autonomy)'을 제한하여 6.25전쟁의 재발을 막았다.[5] 이후 미국은 한국에 대한 안보 공약을 준수하기 위해, 주한미군을 한반도에 상주시키면서 북한의 위협에 대응하기 위한 대비체계 구축에 막대한 군사비를 지출하고 있다. 일례로 미국은 주한미군 주둔 비용을 매년 약 20억불 지출하고 있으며, 한국과 매년 수차례 대규모 군사훈련을 실시하는데도 자국의 군사자산을 소모하고 있다.[6]

한국 주도 한반도 통일로 북한의 위협이 소멸된다면, 미국은 군사비를 절감하는 것뿐만 아니라 통일한국과의 동맹 영역을 글로벌 차원으로까지 승화·발전시킬 수 있게 된다. 양국이 현재도 한미동맹을 '포괄적 전략동맹'이나 '다원적 전략동맹'으로 지칭하고 있는데, 미국은 한미동맹에 지역적 역할을 부여하려하고 있다. 그러나 북한의 위협이 상존하는 한, 한국은 주한미군이 한반도 외 지역 작전에 유용되는 것을 쉽게 용인할 수 없

---

4) Victor Cha, "Powerplay: origins of the US alliance system in Asia," International Security, 34-3 (2010), pp. 158~196.

5) 동맹의 맥락에서 '안보'와 '자율성' 교환은 James Morrow, "Alliances and asymmetry: An alternative to the capability aggregation model of alliances," American Journal of Political Science (1991), pp. 904~933 참조.

6) Kongdan Oh, "The Costs of Korean Division and the Benefits of Korean Unification ofr U.S. National Security," in Kyuryoon Kim and Jae Jeok Park 『Korean Peninsula Division/Unification: From the International Perspective』 (Seoul: Korea Institute of National Unification, 2012), p. 14. 한국도 매년 주한미군 방위비분담금을 지불하고 있는데 2014년 기준으로 9200억 원이다.

다. 한국과 미국 간 2006년 '전략적 유연성(strategic flexibility)' 논쟁은 이를 잘 방증한다. 그런데 북한의 위협이 사라진다면 통일한국은 보다 기꺼이 주한미군의 '전략적 유연성'을 용인할 것이며, 양국 간의 동맹은 실질적으로 지역 안보 의제를 다루는 데까지 영역을 넓히게 될 것이다. 즉, 한반도 통일을 계기로 한미동맹은 한반도를 넘어서, 동아시아 및 글로벌 동맹으로까지 확대·발전된다.

한편 미국의 입장에서 한국 주도 한반도 통일은 중국과의 관계를 정립해 나가는 데 있어 '자유도(degree of freedom)'를 높여준다. 미국은 경제적·군사적으로 부상하고 있는 중국과 역내 영향력을 둘러싸고 경쟁 관계에 있다. 이러한 맥락에서 미국이 아무리 북한의 위협에 대처하기 위해 한미동맹 및 미일동맹을 강화시킨다고 하더라도, 중국은 이를 중국 봉쇄의 일환으로 인식한다. 북한 위협이 소멸된다면 미국은 남북 군사대치에 대한 전략적 고려 없이, 중국과의 관계 설정에 있어 진영 논리에 입각한 '영합 (zero-sum)'의 관점을 배제하고 좀 더 다양한 친화적인 정책을 펼칠 수 있게 된다.

또한 북한의 소멸은 미국이 글로벌 차원에서 비확산 및 반확산 체제를 유지해나가는데 일조한다. 북한은 1985년에 NPT에 가입하였으나, 1993년에 탈퇴 선언 후 이를 유보하였고 이후 2003년에 다시 탈퇴를 선언한 뒤 핵무기를 개발하고 있다. 현재 NPT 체제에서 핵무기 보유가 허용되고 있는 미국, 중국, 영국, 러시아, 프랑스 5개국 외에 인도, 파키스탄, 이스라엘이 핵무기를 보유하고 있지만, 후자의 국가들은 NPT 회원국이 아니다. NPT 회원국이었던 국가가 NPT를 탈퇴하여 핵무기를 보유한 경우는 북한이 유일한 것이다. 한국주도 통일 후, 통일한국이 국제사회와 협력 하에 북한이 개발한 핵을 해체시킨다면, 미국 주도 글로벌 핵비확산 및 반확산 체제 유지의 모범적 사례가 될 것이다.

한국 주도 통일은 미국에게 경제적 편익도 가져다준다. 북한의 화폐위조에 대처하거나 북한에 대한 인도적 지원을 위해 지불하였던 비용을 절감하는 한편, 미국은 북한 지역의 재건 과정에 참여하여 경제적 이익을 취하게 된다. 통일한국은 북한 지역의 재건에 국제사회의 참여를 유도할 것인데, 한반도 분단으로 인해 촉발되었던 투자위험이 격감한 이상, 자본투자, 기술이전, 상품 유통망 구축, 사회 안전망 건설 등 북한 지역 재건 과정에 미국 산업계가 한국 산업계와의 기존의 유대 관계를 발판으로 주도적으로 참여하게 될 것이다.

2. 중 국

한국 주도로 한반도가 통일된다면 중국 역시 북한문제의 해결로 막대한 군사 · 안보 비용을 절감하게 된다. 중국의 입장에서 볼 때, 현재 북한의 대량살상무기 개발과 군사 모험주의적 일탈행위는 미국이 한미 동맹과 미일 동맹을 강화하는데 명분을 제공하고 있다.[7] 중국은 미국 주도 동맹 체제의 강화에 대응하기 위해 막대한 비용을 지출하고 있다. 일례로 북한의 2010년 천안함 폭침과 연평도 포격 후에 미국과 한국은 미군 항공모함이 참여한 강도 높은 군사훈련을 황해에서 실시하였다. 2013년 북한의 3차 핵실험 이후에도 비슷한 상황이 연출되었다. 중국은 미국 항공모함의 한반도 인근 수역에서의 작전활동에 민감한 반응을 보인다. 미국과 한국의 부인에도 불구하고 중국은 한미 군사훈련이 한편으로는 북한 억제를, 다른 한편으로는 중국봉쇄를 염두에 두고 실시된다고 주장한다.[8] 이에 대응하기 위해 중국은 한반도 인접지역에서 자체 군사 훈련을 강화하고 있다.

---

7) Wang Dong and Yin Chengzhi, "China's assessments of U.S. rebalancing/pivot to Asia," in Mingjiang Li and Kalyan M. Kemburi, eds., China's Power and Asian Security (London and New York, Routledge, 2015), pp. 69~70.

8) Zhang Jingquan, "US Rebalancing to Asia and the Role of the US-ROK Alliance," in Xing Gu, ed. China's New Diplomacy and the Changing World (Beijing: World Affairs Press, 2014), pp. 179~187.

또한 러시아 등과 2003년부터 상하이 협력기구의 틀 속에서 수행해오고 있는 군사훈련에 더해, 2012년부터는 러시아와 '해상연합'이라 명명된 대규모 공동 군사훈련을 매년 서해, 동중국해 등에서 실시하고 있다.

중국은 북한으로 인해 유형의 군사·안보 비용뿐만 아니라 무형의 비용도 지출하고 있다. 최근의 예로는 THAAD의 한반도 배치를 둘러싼 한국과의 마찰을 들 수 있다. 미국은 북한이 개발하고 있는 핵무기와 장거리 미사일에 대처하기 위해 THAAD를 주한미군 기지에 배치하고자 한다. 현재 한국에서는 THAAD의 군사적 효율성에 대한 논쟁을 중심으로 THAAD의 한반도 배치를 둘러싼 찬·반 양론이 격돌하고 있다. 그런데 중국은 THAAD의 한반도 배치를 일관되게 반대하고 있다. 중국의 관심은 요격체계보다는 THAAD의 일환인 X밴드 레이더에 있다. X밴드 레이더는 1800km 내외의 지역을 감시할 수 있다고 알려져 있는데, 만약 평택 미군 기지에 X밴드 레이더가 배치된다면 감시 거리에 북경, 만주 등이 포함된다. 중국은 2015년 2월 한국을 방문한 창완취완 중국 국방부장이 THAAD의 한반도 배치에 우려를 표명하는 등, 반대의사를 한국에 명확히 전달하고 있다. 중국의 명시적 반대는 한국에서 내정간섭 논란을 불러일으키면서 한국 내 중국의 이미지를 훼손시키고 있다.

한편, 미국은 북한의 위협에 대응하기 위해 한미동맹과 미일동맹의 연계를 추구하고 있다. 한국과 일본 간 상호 적대적 민족감정으로 미국의 시도가 성공하지 못하고 있지만, 북한의 위협이 지속되는 한 연계 가능성은 항상 열려있다.[9] 한미동맹과 미일동맹의 연계는 동북아 지역에서 미국 주도 동맹체제의 강화를 의미한다. 미국이 이미 연계되어 있는 미일동맹과 미호동맹에 더해 미일동맹과 한미동맹을 연계시킨다면, 아·태지역에

---

9) 한국과 일본의 '군사정보포괄보호협정(GSOMIA)'이 2012년 체결을 몇 시간 앞두고 한국 측의 요청으로 무산된 것은 한미동맹과 미일동맹의 연계가 쉽지 않음을 보여준 단적인 예이다. 그럼에도 불구하고 미국, 한국, 일본은 2014년 12월 북한의 핵 및 미사일에 관한 '군사정보공유약정'을 체결하였다.

서 미국이 주도하는 촘촘한 그물망 안보 네트워크가 생성된다. 중국은 미국 주도 동맹 체제의 연계·강화를 중국에 대한 봉쇄정책의 일환으로 인식하고, 이에 대응하기 위해 자국의 군사력을 강화시키고 있다.

한반도가 통일된다면, 중국의 미국 주도 동맹체제 강화에 대한 우려가 상당히 해소될 수 있다. 중국의 입장에서 볼 때, 무엇보다도 한미동맹과 미일동맹을 연계·강화시키려는 미국의 명분이 사라지게 된다. 오히려 통일한국이 미국과의 동맹관계를 통일된 한반도 상황에 부합하게 조정함으로써, 중국이 통일한국과 안보 협력을 증진시킬 수 있는 공간을 창출해 낼 수도 있다. 북한의 위협이 사라진 이상, 통일한국이 미국과 중국 사이에서 움직일 수 있는 활동공간이 넓어질 것이기 때문이다.

한반도가 한국 주도로 통일된다면, 중국은 더 이상 비정상적인 국가의 군사 모험적 일탈행위에 대해 편향적 태도를 견지할 필요가 없기 때문에 국제사회에서 '책임 있는 대국'의 이미지를 쌓는 것이 용이해진다. 중국은 미국의 아·태지역 재균형 정책에 대한 대응으로 '책임있는 대국관계'를 제시하고 있다. 즉, 중국의 경제적·군사적 부상이 서구 국제정치 이론이 주장하는 패권 전쟁으로 귀결되지 않고, 미국과 중국이 책임 있는 강대국으로서 역내 질서를 평화롭게 이끌어 갈 수 있다고 주장한다. 이러한 외교적 수사에도 불구하고 중국은 종종 스스로가 주창하는 '책임 있는 대국'의 이미지에 부적합한 행태를 보이고 있다. 동중국해에서 필리핀, 베트남 등과의 영토분쟁을 재 점화 시킨 것은 대표적인 예이다. 또 다른 예는 중국의 북한에 대한 편향적 태도다. 중국의 만류에도 불구하고 북한이 2013년에 감행한 3차 핵실험은 중국의 UN 안보리 상임이사국 지위에 대한 도전이었다. 비록 중국이 유엔의 대 북한 경제제재에 동참하고 있으나, 보다 강도 높은 경제제재나 군사제재에는 소극적 또는 부정적 태도를 견지함으로써 중국은 국제적 비난에 직면해 있다. 또한 중국 지역으로 탈출한 북한 이탈주민의 열악한 인권문제를 방관하면서 국제적 비난을 감수하고 있다.

경제적 측면에서 한반도 통일은 중국의 동북 3성(랴오닝, 지린, 헤이룽장) 개발에 기여하게 된다. 통일한국과 중국이 안보 논리가 아닌 경제 논리에 바탕을 두어 양국 간 경제협력을 효율적으로 이끌어나갈 수 있게 되기 때문이다. 지역 간 빈부 격차의 해소는 중국 국내정치의 최우선 해결 과제 중 하나이다. 중국 동북 3성은 중국에서 가장 저 개발된 지역인데 중국은 동 지역에서 경제발전을 추동하고자, 2009년 창춘(長春)-지린(吉林)-투먼(图们)훈춘을 잇는 창지투 개발 계획을 국가전략으로 인준하는 등 지대한 노력을 기울이고 있다.[10] 그러나 현재 불안한 한반도 안보 상황 등으로 인해, 중국 국내 · 외에서 동북지역 개발을 위한 대규모 투자 자본의 유입이 저조한 실정이다. 북한과의 경계 지역에서의 북중 경제협력도 양국 간 경제체제가 상이하여 지연 · 정체되고 있다. 또한 북중 경제특구 지역을 개발하려는 북한의 의지와 능력도 중국의 기대치를 충족시키지 못하고 있다.

한반도가 통일된다면, 동북 3성 지역에 대한 투자 위험이 격감된다. 또한 통일한국의 북한 지역 재건과 시너지 효과가 발휘되면, 중국 동북 3성 개발이 활력을 띠게 될 것이다. 아울러 한반도 통일 후 한반도와 유라시아 대륙과의 철도 등 유통 교통망이 연결된다면, 중국 동북 3성 개발에 가속도가 붙게 된다.

3. 일 본

한국주도 한반도 통일로 인해 일본은 북한 핵의 실질적 위협에서 벗어나게 된다. 북한은 인공위성 실험 발사를 명분으로 1998년에 일본 영공을 넘겨가며 대포동 1호 미사일 발사를 실험한 이래, 2006년, 2009년,

---

10) 최수영 편, 『중국의 창지투 개발계획과 한반도 경제』(서울: 통일연구원, 2012), 11쪽.

2012년 4월과 12월 장거리 미사일 발사 실험을 통해 일본 전역이 사정 거리에 있다는 것을 명확히 보여주었다. 또한 북한은 2002년 1970년대 와 1980년대 십여 명의 일본인을 납치하였다고 공식 인정한 바 있다. 북한의 일본인 납치 전력은 일본인의 북한 위협 인식을 배가시키고 있다. 일본과 북한은 2014년 스톡홀름에서 일본이 UN 제재와는 별개로 독자적으로 수행하고 있는 대북 제재를 해제하고 북한이 일본인 납치 피해자에 대해 재조사하는데 합의하였으나, 현재 1년이 경과했음에도 아직 가시적 성과가 없다. 북한의 실질적 위협에 직면하여 일본은 미국과의 동맹을 강화하면서 미국 주도 미사일 방어체제를 도입하는 등 고 비용의 군사비를 지출하고 있다.

일본은 1995년 '한반도 에너지 개발기구(KEDO)'에 회원국으로 가입하여 북핵문제의 제도적 해결에 기여하고자 하였다. 1999년에는 한국, 미국과 함께 3개국의 대북정책을 조절하기 위해 '대북정책조정감독그룹(TCOG)'을 설립하였다. 6자회담 출범 후 TCOG이 공식적으로 가동을 멈추었으나 일본은 한국 및 미국과 대북정책에 대한 조율을 계속해오고 있다. 그럼에도 불구하고, 일본은 종종 한반도 문제를 둘러싼 소 다자 협의체에서 제외되곤 하였다. 일례로 일본은 1997년에 결성된 미국, 중국, 북한, 한국 간 4자회담에 초청받지 못하였다. 일본은 자국 안보 문제의 핵심 사항 중 하나인 한반도 문제에 관한 국제사회의 논의가 일본과 협의 없이 진행될 가능성에 대해 불안해하고 있다.

한반도 통일은 일본의 이러한 우려를 원천적으로 제거시켜준다. 무엇보다도 북핵 문제로 미국과 일본이 연합하여 중국과 대치하는 형국이 탈피된다면, 동북아 안보 정세가 좀 더 안정적으로 전개되고 일본은 통일한 국과 함께 미중 사이에서 건설적 중재자의 역할을 감당하게 된다. 일본은 통일 후 북한이 개발한 대량살상무기를 해체하기 위한 비용의 분담에 동참하는 등, 북한 지역 안정과 개발을 위한 국제사회의 노력에 적극 참여함으로써 역내 안보 문제 해결에 있어 주 행위자로 부상할 수 있게 된다.

한편, 한반도 통일로 인해 주일 미군의 한국 안보와 관련된 역할이 소멸되면 미일동맹은 일본의 역내 영향력 향상에 좀 더 긍정적인 방향으로 기능하게 된다. 일본은 집단적 자위권 행사 등을 통해 '보통국가화'를 추구하고 있으며 역내에서 좀 더 적극적인 역할을 수행하고자 한다. 그런데 현재 주일미군의 일부는 미일동맹의 틀 속에서 일본의 방위를 위해 일본에 주둔하고 있지만, 다른 일부는 UN군 소속으로 한반도 급변사태 시 후방 지원의 역할을 담당하기 위해 일본에 주둔하고 있다. 미일동맹이 후자의 기능을 포함하는 한, 미일동맹의 강화는 한·미·일 대(對) 북·중 간 진영논리에 함몰되는 경향이 있어 일본이 역내에서 긍정적 역할을 확대하는데 제약이 된다.

경제적 측면에서, 약 8천만 명의 인구로 경제 규모가 확대된 통일한국의 내수 시장은 일본 경제를 활성화시키는데 도움이 된다. 일본은 북한의 풍부한 지하자원과 노동력을 활용할 수 있게 되고, 북한 지역의 기초적 인프라 정비와 지역 개발에 참여함으로써 신규고용 및 투자수요를 창출하게 된다. 또한 북한 지역과 유라시아 지역의 물류망이 연계된다면, 이를 거점으로 중국 및 유라시아 물류 통로를 확보하게 되고 일본 기업의 중앙아시아, 러시아, 유럽 시장 진출이 용이하게 된다.

북한 위협이 사라짐에 따라 앞서 언급한데로 중국 동북 3성 및 러시아 극동·시베리아 지역에 대한 투자가 확대될 것이고, 일본은 이에 적극 참여할 것이다. 이로써 동아시아 경제협력이 활성화되고, 일본이 추진 중인 동아시아 '경제공동체 구상'이 현실화될 수 있는 가능성이 높아진다. 일본이 희망하는 데로 동아시아 경제협력이 궤도에 오르게 되면, 일본은 동아시아 지역에서 '침략자'로서의 이미지를 점차로 희석시켜 나가는 부수적 효과도 얻게 된다.

4. 러시아

러시아는 만성적인 경제문제와 최근의 우크라이나 사태 해결에 국력을 집중하면서, 동북아에서 미국과 중국에 비해 상대적으로 영향력이 감소하였다. 러시아는 특히 미국이 아ㆍ태 재균형 정책을 통해 영향력을 확대하고 있는 가운데, 상대적으로 자국의 영향력이 잠식되고 있는 것을 우려하고 있다. 아ㆍ태지역에서 중국을 통해 간접적으로나마 미국을 견제하려는 러시아는 중국과의 전략적 제휴를 강화하고 있다. 일례로 앞서 언급한 것처럼 중국 등과 2003년부터 상하이 협력기구의 틀 속에서 수행해오고 있는 군사훈련에 더해, 러시아는 중국과 2012년부터 '해상연합'이라 명명된 군사훈련을 매년 대규모로 서해, 동중국해 등에서 실시하고 있다. 또한 러시아는 동북아 지역에서 다자주의가 활성화되기를 기대한다. 미국과 중국보다 상대적 영향력이 축소된 러시아가 제도주의의 규정, 규칙, 규범 등을 통해 미국과 중국의 행위를 견제하려는 고육지책이다. 이러한 측면에서 한반도 통일이 러시아에 가져다 줄 수 있는 편익은 통일로 인해 동북아 정세가 안정된다면 러시아도 참여하는 효율적인 다자 안보 협의체가 출현할 환경이 조성된다는 점이다. 통일 과정이나 통일 후 통합 과정에서 다자 협의체가 기능하게 되고, 이러한 다자 협의체에서 축적된 경험과 신뢰는 아ㆍ태지역에서 효율적 다자협력 기구의 출범에 일조하게 된다.

한편, 러시아는 통일 후 북한이 개발한 대량살상무기를 해체하는 데 적극적으로 동참하면서 동북아에서 영향력을 확보해 나갈 수 있다. 북한 군사무기가 상당수 러시아로부터 수입되고 있음을 고려할 때, 북핵 및 장거리 미사일을 해체하는데 있어 기술적 측면에서 러시아가 타 국가보다 비교 우위에 있다. 북핵 및 장거리 미사일 문제의 해결은 동북아뿐만 아니라 글로벌 차원의 비확산 및 반확산 체제의 유지와도 연계된 문제이기 때문에, 러시아의 주도적 참여는 러시아의 위상을 높이게 된다.

경제적 측면에서, 한국 주도의 한반도 통일은 러시아가 극동·시베리아 지역을 개발하는데 있어 막대한 이익을 가져온다. 극동·시베리아 개발협력은 러시아 근대화를 위한 최우선 산업 중 하나인데, 한반도 정세가 안정되면 통일한국을 포함한 해외 자본의 극동·시베리아 지역 투자가 급증하게 된다. 특히 통일한국과 러시아가 역점을 두고 추진하게 될 한반도 종단철도와 시베리아 횡단철도의 연결이 완료되고 남·북·러 가스관이 개설된다면, 극동·시베리아 지역의 천연자원에 대한 새로운 판로가 개척될 것이다. 통일한국에서 북한 재건 등으로 인해 막대한 에너지 수요가 발생하게 될 것이라는 점에서 통일한국이 원유, 액화천연가스(LNG), 파이프천연가스(PNG) 등 러시아 천연자원의 주 수입국가가 될 것이다. 이로써 북한과 러시아가 추진하던 나진·하산 경제지대가 통일 후 번성하게 된다. 통일한국과 러시아의 경제협력이 통일한국과 중국과의 경제특구 개발, 북한 지역 재건 사업 등과 맞물리게 되면 더욱 더 상승효과를 불러일으키게 된다.

제3절. 한반도 통일에 대한 동북아 국가들의 우려

한반도 통일은 남북 분단이라는 현상의 파괴이다. 미래의 현상파괴는 '불확실성(uncertainty)'으로 인한 불안을 수반하기 마련이다. 한반도 통일이 미국, 중국, 일본, 러시아에 각각 일정한 통일편익을 가져다준다고 하더라도, 미래에 대한 우려가 불식되지 않는다면 이들 국가들이 한반도 통일을 전폭적으로 지지하지는 않을 것이다. 아래에서는 각 국이 한반도 통일이 자국이 원하지 않는 방향으로 전개되었을 때 우려하는 바를 살펴본다.

1. 미 국

미국이 통일과정에서 가장 우려하는 사항 중 하나는 북한이 개발한 핵무기 또는 핵기술이 테러집단이나 '불량국가'에 전수되거나, 통일 후 통일한국이 북한 핵을 계승하여 핵보유국이 되는 것이다. 이를 방지하기 위하여 미국은 북한 급변사태 시, 북한 핵을 통제하기 위해 북한 핵 시설에 주한미군을 투입할 것으로 예상된다. 그러나 북한의 핵무기 및 장거리 미사일 해체에 상당한 시일과 비용이 들어가는 바, 미국은 그 과정에서 국내·외에서 예상하지 못한 저항에 직면하게 될 수도 있다. 가상의 예를 들자면 한국이 미국을 배척하고 핵무기 통제의 주도권을 가지려 할 수 있으며, 중국과 러시아가 국제사회의 개입을 명분으로 미국의 주도적 역할을 축소시키려 할 수 있다.

또한 미국은 통일한국에서 핵주권론 또는 핵무장론이 대두될 가능성을 우려한다. 핵무기가 지역 안보 체제의 불안정을 초래하는지 아니면 '공포의 균형(balance of terror)'을 가져오는 지는 아직도 국제정치 학계에서 논쟁 중이다. 일부 극단적 보수주의자들은 통일한국이 핵무기 보유국인 중국과 국경을 맞닿고 있기 때문에, 중국의 군사적 부상이 주변국에 대한 억압으로 표출될 것을 대비하여 통일한국도 핵무기를 보유해야 한다고 주장한다. 만약 통일한국과 중국의 영토분쟁이 이어도 등에서 붉어진다면, 이와 같은 극단적 주장이 일반 대중의 지지를 높여갈 수 있다. 그런데 통일한국이 핵무기를 보유하게 된다면, 일본과 대만 역시 핵무기 보유를 시도할 공산이 크다. 미국이 글로벌 차원에서 유지하고 있는 핵무기 비확산 체제가 타격을 받게 되는 것이다.

다른 한편으로 미국은 통일한국과 미국이 동맹의 비대칭성(asymmetry)을 교정해 나가는 과정에서 양국의 미숙한 동맹 운영으로 통일한국에서 반 미국 및 반 동맹 정서가 확산될 수 있음을 우려한다. 앞서 언급한 것처럼 한미동맹은 북한의 위협에 직면하여 '안보(security)'와 '자율성 (autonomy)'이 교환되는 전형적인 비대칭동맹의 특성을 띄었다. 그러나 북한 위협이 소멸되면 통일한국 국민들 사이에서 미국과의 동맹을 대칭동맹으로 개편하라는 요구가 거세질 것이다. 일례로 주한 미군의 규모가 축소 조정되고, 주한미군의 한국 주둔을 위한 분담금 협상에서 양국 간 분담 비율을 둘러싼 입장 차이가 커질 것이다. 한미동맹의 비대칭성이 교정되는 것이 반드시 동맹의 응집력 약화를 의미하지는 않는다. 비대칭성의 교정을 통해 한미동맹이 더욱 건실하게 공고화 될 수 있기 때문이다.[11] 그러나 교정 과정 중 동맹 운영의 미숙으로 통일한국에서 반 동맹 정서가 팽배해진다면 예상하지 못한 역효과가 발생할 수 있다.

경제적인 측면에서, 한반도 경제의 유라시아 대륙 의존도가 높아짐에 따라 통일한국과 미국의 경제관계가 축소될 가능성이 있다. 일례로 통일한국, 중국, 러시아 간의 에너지 및 물류 협력에 미국은 직접적 이해당사자가 아니다. 또한 통일한국이 동아시아 정체성을 근거로 미국이 배제되는 배타적 경제공동체를 구동시키려는 중국의 시도에 동조하게 된다면, 포괄적 아·태 지역주의를 주창하는 미국의 역내 다자 경제정책이 타격을 받게 된다.

미국은 궁극적으로 통일한국이 점증적으로 중국과 한층 가까워지고, 미국과는 관계가 점차로 소원해지게 되는 것을 우려한다. 통일한국은 중국과는 과거 수천 년 간 외교관계를 맺어온 반면, 미국과는 상대적으로 짧은 기간만 안보관계를 유지해 왔다.[12] 한반도 통일 후, 통일한국과 중국의 사회·문화적 교류는 한층 증진될 것이다. 중국과 통일한국의 문화적 동질감과 과거 일본 침략에 대한 역사적 유대 등을 기반으로 통일한국에

---

11) Jae Jeok Park and Sang Bok Moon, "Perception of order as a source of alliance cohesion," The Pacific Review, 27-2 (2014), pp. 147~150.

12) David Kang, "Getting Asia Wrong: The Need for New Analytic Frameworks," International Security, 27-4 (2003), p. 58.

서 친중, 반일 감정이 확산될 가능성을 배제할 수 없다. 통일한국이 중국에 경도되어 한미동맹이 약화 또는 와해된다면, 해양세력(미국과 일본)이 한 축을 구성하고 대륙세력(통일한국, 중국, 러시아)이 다른 축을 구성하여 서로 대립하는 '적대적 세력균형' 구도가 형성된다. 그렇다면 미국은 통일 전과 유사하게 동북아 지역에서 막대한 군사·안보 비용을 지출하게 된다.

2. 중 국

중국은 통일과정에서 북한 정권이 붕괴할 경우 대량 난민이 중국 동북부 지역에 유입될 가능성을 경계하고 있다. 이들이 마약, 밀수, 인신매매, 매춘 등의 사회 문제를 야기할 수 있기 때문이다. 더욱이 중국이 대량 탈북 난민에 대한 보호조치를 소홀이 한다면, 국제사회가 중국에게 '책임 있는 대국'에 걸맞은 행동을 취하라고 비난할 것이다.

한편 중국은 미국과 마찬가지로 통일한국이 북한의 핵무기 프로그램을 승계하거나, 통일 후에 핵무기 개발을 시도할 것을 우려하고 있다. 통일한국이 핵을 보유한다면, 중국 동북지역의 안보가 위협받게 된다. 또한 일본 및 대만도 핵개발에 착수할 것이고 이로 인해 동아시아에서 핵 도미노 현상이 발생할 수 있다.

중국은 무엇보다도 한국 주도 통일로 미국과 일본이 주도하는 해양세력과 중국 사이에서 '전략적 완충지대(strategic buffer)'로 존재하는 북한이 소멸되는 것을 두려워한다. 북한이 소멸되면 중국은 미국과 굳건한 동맹관계를 유지하고 있는 통일한국과 국경을 접하게 된다. 통일 과정에서 주도적 역할을 담당한 주한미군이 북한지역에 주둔 할 가능성도 배제할 수 없다. 또한 통일과정에서 일본이 한반도에 군사적으로 개입한 뒤, 통일 후에 영향력을 행사하려 시도할 수도 있다. 통일한국이 미국과의 동맹을 유지하고 일본과의 안보관계도 증진시킨다면, 중국·러시아 대(對) 통일한국·미국·일본의 '적대적 세력균형' 구도가 형성된다. 중국의 입장에서 볼 때, 미중 지정학적 대립이 공고화되면 될수록 완충지대로서의 북한의 존재에 대한 아쉬움이 커질 것이다.

중국과 국경을 접하게 된 통일한국이 미국과 협력하여 민주주의, 인권 등의 가치를 중국에 확산시키려 시도할 수도 있다. 공산당 일당주의 체제를 유지하는 중국의 입장에서 볼 때 민주주의, 인권 등은 경제발전이라는 국가차원의 대의에 부차적인 가치이다. 통일한국과 미국이 '비정부간 기구(NGO)' 등을 통해 중국에게 민주주의와 인권을 주입시키려 한다면, 중국은 이를 체제불안 요소로 받아들일 것이다. 한편 통일을 성취한 한국인의 민족주의가 고양되어, 한중 간 동북공정, 이어도 영유권 분쟁 등을 둘러싸고 중국에 대한 배타적 민족주의가 형성되는 것도 중국의 국익에 반한다.

경제적인 측면에서, 중국은 통일과정에서 자국이 북한에 투자해 놓은 경제적 이익이 침해받는 것을 경계한다. 현재 중국은 북한의 광산 등 천연자연 개발에 자본을 집중 투자하고 있다. 한국 주도로 통일이 된다고 하더라도 국제법상 국가승계의 원칙에 의해 중국의 경제적 권리는 통일한국에서도 보장받게 될 것이다. 그러나 북한 지역 재건 사업과 관련하여 통일한국이 의도적으로 미국 산업계에 특혜를 제공할 가능성이 있다. 또한 북한의 천연자원 및 노동력을 활용하게 된 통일한국과 중국이 제반 산업에서 경쟁관계에 돌입하게 될 수도 있다. 아울러 통일 후 북한지역 개발을 위해 해외자본이 북한으로 집중된다면 중국 동북 3성 개발이 지연되는 바람직하지 않은 결과가 초래될 수도 있다.

3. 일 본

일본은 미국, 중국과 마찬가지로 한반도 통일 후, 통일한국이 북한 핵을 계승하거나 자체적으로 핵무기를 개발하여 핵보유국이 되는 것을 가장 우려하고 있다. 핵을 보유한 통일한국이 독도 영유권을 주장하는 일본을 가상의 적으로 설정할 수도 있다. 한국이 핵무기 보유국이 된다면, 일본의 군사비가 기하급수적으로 증가하고 일본의 대미 안보 의존이 심화 될 것이다. 일본 내에서 자체 핵개발 여론이 확산되어, 일본의 핵개발을 저지하려는 미국과 마찰을 빚게 된다.

또한 일본은 통일한국에서 배타적 민족주의 의식이 발현되어 한국의 대일본 감정이 악화될 것을 우려한다. 과거사 문제, 독도 영유권 분쟁에 있어 한국이 좀 더 강경한 노선을 취하게 될 것이다. 통일한국의 배타적 민족주의가 중국의 그것과 연대한다면, 반 일본 정서가 동북아에 팽배해진다. 통일한국과 중국은 국내문제에서 난관에 봉착할 때마다, 일반 대중의 관심을 국외문제로 전환시키기 위해 반 일본 민족주의 정서를 자극할 것이다.

일본은 통일한국이 궁극적으로 친중 국가가 되어 미국이나 일본과 일정한 거리를 두거나 적대적 관계로 돌아설 것을 우려한다. 통일 후 직접적위협의 부재로 미국과 일본에 대한 안보 의존의 필요성이 격감된 통일한국이 미국과의 동맹을 비롯한 역내 국가들과의 안보관계를 변화된 국제환경에 맞게 재조정하려 할 것이다. 특히 통일한국은 앞서 언급한데로 한미동맹의 비대칭성을 교정하려 할 것인데, 일본에서도 한국의 영향을 받아미일동맹의 비대칭성을 교정하려는 여론이 확산된다. 예를 들자면, 반 동맹 정서가 강한 오키나와 등에서 미군의 철군을 요구하는 목소리가 높아져 미일동맹에 심각한 타격이 될 수도 있다. 통일한국이 안보 협력을 다각화하기 위해 중국과의 안보 협력을 점증시켜 나간다면, 한 · 미 · 일간 안보 유대가 타격을 받게 된다. 통일한국이 친중적 대외정책을 취한다면, 역내에서 중국과 주도권 경쟁을 벌이고 있는 일본은 불리한 환경에 직면하게 된다.

경제적 측면에서, 통일한국은 일본의 북한 지역 식민지 지배에 대한 배상을 요구할 것이다. 일본은 1965년 한일 기본조약에 의해 한국에 대한 보상은 완료하였다고 주장한다. 그러나 일본은 북한과의 배상 협상을 마무리 짓지 못하였다. 일본은 2002년 '북일 평양선언'을 통해 북한에게 국교 수립 후 경제 지원을 약속하였는데, 통일한국이 동 선언의 승계를 선언하고 이를 근거로 일본에 금전적 배상을 요구할 가능성이 높다. 한편 인구 8,000만 명 이상의 단일국가가 된 통일한국은 일본과 비슷한 규모의 내수시장을 구비하고, 일본과 제반 산업 영역에서 경쟁하게 된다. 특히 통일한국과 중국의 경제교류가 심화될 경우, 동아시아 분업구조에서 일본의 수출이 정체될 수도 있다.

4. 러시아

통일한국의 출현으로 인해 러시아는 인구 8,000만 이상의 중견국과 이웃하게 된다. 러시아는 한반도와 18km의 국경을 맞대고 있는데, 통일과정이나 통일 후에도 통일한국에 적응하지 못한 북한 지역 주민이 불법으로 러시아로 유입될 수 있다. 또한 만일 통일한국이 핵을 보유하게 된다면, 러시아는 국경지역에서 새로운 안보위협에 직면하게 된다. 더군다나 핵을 보유한 통일한국이 극동·러시아 지역의 한국계 디아스포라에 대한 영향력 확대를 시도할 가능성도 배제할 수 없다.

지역차원의 세력균형과 관련하여 러시아는 무엇보다도 미국 또는 중국이 러시아에 비해 한반도에서 전략적 우위를 선점할 것을 경계하고 있다. 러시아는 1995년 국제사회의 KEDO 경수로 지원 사업, 1997년 4자회담 등에서 배제되었던 경험이 있다. 현재에도 앞서 언급한 것처럼 자국의 경제문제와 우크라이나 사태를 해결하는데 천착하면서 동북아시아에서 미국과 중국에 비해 상대적으로 영향력을 잃어가고 있다. 이를 만회하기 위하여 중국의 미국에 대한 대응에 힘을 보태주거나, 동북아에서 다자협력을 활성화시켜 미국과 중국에 비해 상대적으로 열세인 러시아의 영향력을 만회하려 한다. 만약 한반도 통일 과정에 미국이 개입하여 동북아에서 세력균형이 붕괴된다면, 동북아에서 미국의 영향력은 더욱 커질 것이다. 이 경우 러시아가 희망하는 데로 미국의 영향력을 제어하기 위한 동북아 다자협력이 결성되는 것은 불가능하다. 현재 러시아는 라진항 3호 부두를 조차하는 등 극동·시베리아 개발에 필요한 부동항을 확보하려 하고 있다. 만약 한반도 통일 후 북한의 청진항이나 라진항에 미국 해군이 주둔하게 되면 러시아에게 심각한 안보 위협이 될 뿐 아니라 러시아의 경제적 이익도 침식당하게 된다.

경제적 측면에서, 한국 주도 한반도 통일로 인해 러시아는 주요 방산시장을 잃게 된다. 북한은 러시아제 무기의 주 수입국이었는데, 통일한국은 미국산 무기와의 '상호호환성(inter-operability)' 때문에 러시아보다는 미국이나 유럽 방산 업계를 선호할 것이다. 또한 북한의 붕괴로 북한의 석유, 화학, 원자력 산업 등에 대한 러시아의 기존 투자가 손실될 가능성이 높다. 한편, 한반도 통일로 북한지역의 재건사업에 한국을 비롯한 해외 투자가 집중된다면 극동·시베리아를 개발하기 위해 해외자본을 유치해야 하는 러시아의 입장에서는 달갑지 않을 것이다.

제4절. 동북아 주요국의 이해관계에 대한 평가[13]

앞 절에서 미국, 중국, 일본, 러시아가 우려하는 주요 통일비용이 동북 아에서 자국에 불리한 '적대적 세력균형'의 형성, 한국의 핵무장, 배타적 민족주의의 발현, 경제적 이익의 침해 등임을 살펴보았다. 아래에서는 한 국의 관점에서 이러한 우려가 실제로 현실화될 가능성이 매우 낮음을 살 펴본다.

1. '친화적 세력균형' 조성

냉전의 산물인 6.25전쟁은 아직 종결이 아닌 휴전 상태이다. 현재 동 북아에는 미국과 중국의 지정학적 대립이 북한 문제를 둘러싸고 한·미· 일 대(對) 북·중·러의 대립 구도로 표출되고 있다. 그렇기 때문에 한반 도 통일은 동북아에 진정한 탈냉전의 도래를 의미한다. 통일 후 두만강지 역개발, 극동·시베리아지역 석유·천연가스 등 에너지 자원 개발, 한· 중·러 철도 및 송유관 건설 등을 통해 동아시아 경제가 점차 통합되면서 경제협력이 안보협력을 견인해 나갈 것이다. 즉, 한반도 통일로 동북아 경제협력이 활성화되고 제도적 협력의 수준이 높아지면서 안보적으로도 '친화적 세력균형 (associative balance of power)'의 분위기가 조성 된다.[14]

먼저 한국 주도로 한반도가 통일된 후 통일한국은 미국과의 동맹관계를 유지할 것이지만[15], 동맹의 운영은 한·미·일 대 북·중·러의 '적대적 세력 균형 (adversarial balance of power)' 구도가 완화되는 방향으

---

13) 본 절은 박재적, "한반도 통일 편익과 우려: 아·태지역 군사·안보적 세력균형의 관점에서," 배정호·봉 영식·한석희·유영철·박재적·최원기, 『동북아 4국의 대외전략 및 대북전략과 한국의 통일외교 전략』 (서울: 통일연구원, 2014), 125~143쪽을 수정·보완하여 작성한 것임.

14) '친화적 세력균형'에 관해서는 Richard Little, "Deconstructing the Balance of Power: Two Traditions of Thought," p. 88 참조.

15) Jae Jeok Park, "'General interests' as a rationale for the US-Republic of Korea alliance between 1998 and 2008," Australian Journal of International Affairs, 67-2 (2013), pp. 214~215.

로 전개될 것이다. 통일한국이 미국과의 동맹관계를 유지하는 이유는 통일한국과 미국이 자유민주주의 및 시장경제 원칙을 공유하기 때문이다. 또한 미국은 역외 균형자로 동북아 지역 영토분쟁의 당사자가 아니다. 이에 비해 중국은 한국과의 지리적 근접성, 영토분쟁 가능성, 동북공정을 비롯한 역사 해석의 차이, 정치체제의 이질성 등을 고려할 때, 한국의 궁극적 안보 파트너가 되기에는 한계가 있다. 중국은 상당기간 공산당 일당 독재를 지속하며, 영토 주권에 대해서는 적극적으로 '핵심이익'을 수호한다는 기조 속에 역내 국가들과의 영토분쟁도 쉽게 타협하지 않을 것이다. 그러므로 통일한국이 미국과의 관계를 훼손하면서 중국에 안보적으로 경도될 가능성은 희박하다. 또한 만약 통일한국이 안보적 측면에서 중국에 경도되면 일본의 대미 안보의존은 더욱 심화될 것이며, 그 결과 초래되는 통일한국·중국·러시아 대 미·일의 적대적 세력균형 하에서는 한국의 입지가 축소될 것이라는 것을 한국이 잘 인지하고 있다. 한편 한국의 중국 경도를 우려하는 목소리는 그 근거 중 하나를 과거 노무현 정권 시 한국이 '동북아 균형자'로 자국의 역할을 규정했던 사례에서 찾고 있다. 그러나 노무현 정권은 한미동맹에 바탕을 두고 한국의 '동북아 균형자' 역할을 규정하려했음을 상기할 필요가 있다.[16]

물론 통일한국이 미국과 동맹관계를 유지하더라도, 통일한국과 미국의 동맹은 변화된 안보 환경에 부합하게 좀 더 대칭적으로 재조정될 것이다. 동맹의 존재이유는 ① 특정한 국가의 현재적 위협에 대비하는 균형(balancing), ② 특정한 국가의 잠재적 위협에 대비하는 헤징(hedging), ③ 국가를 특정하지 않고 역내 안보 질서의 불확실성(uncertainty)에 대비하는 '질서 보험(order insurance)'으로 유형

---

16) Victor Cha, "Winning Asia: Washington's Untold Success Story," Foreign Affairs, 86-6 (2006), pp. 103~107.

화 할 수 있다.[17] 북한이 사라진 동북아 국제환경에서, 통일한국과 미국의 동맹은 '위협 (threat)' 중심에서 '질서 (order)' 중심으로 전환될 것이다. 즉, 통일한국과 미국의 동맹은 위 3가지 유형 중 세 번째에 중점을 두게 된다.

통일한국과 미국과의 동맹이 동북아, 나아가 아ㆍ태지역 안보 질서에 대한 '보험(insurance)'으로 기능하게 된다면, 한미동맹의 '제도적 기제(instrumentalities)'도 이에 부합되게 개편될 것이다. 더 이상 양국의 동맹은 '안보 (security)와 자율성 (autonomy) 교환모델'로 특징지어질 수 없다. 앞서 언급한 바와 같이 통일한국의 국민들이 미국과의 동맹관계에 있어 비대칭성의 교정을 요구할 것이고, 미국도 변화된 동북아 안보환경에 부합하게 통일한국과의 동맹관계를 운영하기 위해 동맹의 비대칭성을 해소하는데 협력할 것이다. 그 일환으로 주한미군의 규모 및 주둔형태에 대한 조정은 불가피하다.

한반도 통일 후 미군의 한반도 배치와 관련하여서 다양한 경우를 상정할 수 있으나, 통일한국이 중국과의 경제적ㆍ안보적 관계를 고려하여 중국과의 국경지역에 주한미군이 주둔하도록 용인하지 않을 것이다. 한국은 통일과정에서 한국 주도 통일에 대한 중국의 협조를 견인하기 위해, 통일한국이 안보적 측면에서 중국의 이해관계를 고려하겠다는 입장을 중국에게 설득시킬 것이다. 그 중 핵심이 주한미군이 적어도 현재의 분단선인 38도 선 이북에는 주둔하게 되지 않을 것이라는 보장이다. 중국의 안보 이익을 어느 정도 고려하는 한국의 입장에 반하여, 미국이 자국의 전략적 이익에 부합하게 통일한국의 '자율성'을 제어하는 것은 쉽지 않을 것이다. 앞서 언급한데로, 북한의 위협이 사라진 이상 양국 간의 동맹은 미국이 한국에게 안보를 제공해주고, 한국으로부터 일방적으로 자율성을 담

---

17) Jae Jeok Park, "The persistence of the US-led alliances in the Asia-Pacific: an order insurance explanation," International Relations of Asia-Pacific, 13-3 (2013), pp. 346~348.

보 받는 비대칭 동맹이 아니기 때문이다.

주한미군의 배치와 관련하여서는 ① 현재처럼 휴전선 이남에 미군 주둔, ② 미군 철수 후 일정 수의 미군이 한반도에 순환 배치 (미호동맹 모델), ③ 미군 철수 후 한반도 내 특정 해·공군 기지를 미군이 조차 (미·태국, 미·필리핀 동맹 모델) 하는 경우를 상정할 수 있으나, 중국 및 러시아와의 국경선 근처에 미군이 배치되지는 않을 것이다.

통일한국은 미국과의 안보관계와 중국과의 경제관계를 고려하여, 미국과 중국 사이에서 '조화외교'를 추구할 것이다. 조화외교는 "특정 국가(군)와의 긴밀한 외교관계를 유지·발전시키면서 타국가(군)와의 전략적 외교관계도 병행·발전시키는 실용외교"로 정의된다.[18] 통일한국의 조화외교 목표는 미중 관계의 역학구도 속에서 미국과 중국의 '가용 행동반경(win-set)'을 검토하고, 이러한 가용 행동반경 하에서 통일한국의 최적 행동반경을 전략적으로 설정하는 것이다.

한반도 통일은 약 8,000만 명 이상의 인구를 가진 군사적·경제적 중견국의 출현을 의미하는데, 이는 통일한국이 미국과 중국 사이에서 좀 더 적극적으로 조화외교를 전개할 수 있는 기반이 된다. 통일한국은 중국의 급격한 부상과 미국의 상대적 쇠퇴로 특징지어지는 동북아 안보환경의 변화과정에서 미국과의 동맹을 중국이 불편해 하지 않고, 한·중 관계의 발전을 미국이 불편해하지 않는 방향으로 외교정책을 조화시킬 것이다.[19]

통일한국이 역내 안보질서의 형성 및 재편과정에서 미국과 중국의 이해관계를 조화시키기에는 양국에 비해 상대적 국력이 역부족이나, 통일한국의 국익에 유리하게 미국과 중국 간 유·무형의 환경이 조성되도록 강대국 외교의 목표를 설정해야 한다. 그러한 목표를 실현하기 위해 통일한국은 미국과 중국 사이에서 자국의 '위상권력(positional power)'을 적절

---

18) 김규륜 외, 『대미·대중 조화외교: 국내 및 해외사례연구』 (서울: 통일연구원, 2014), 4쪽.
19) 김규륜 외, 『대미·대중 조화외교』, 176쪽.

히 확보·활용해야 한다. 통일한국은 미국 중심의 아·태지역 안보 네트워크 내에서 미국의 주요 '북방 축 (northern anchor)' 동맹국으로 '위상권력'을 정립해 나갈 수 있다.[20] 또한 미국 중심의 안보 네트워크와 중국 주도 안보 네트워크 사이에서 '연결자(connector)'로서 '위상권력'을 확보해나가야 한다. 일례로 통일한국이 미국 주도 동맹의 강화 및 연계를 추구하는 미국의 안보정책에 적극 협조한다면, 미중 지정학적 대립의 맥락에서 중국은 불리한 형국에 몰리게 된다. 다른 한편으로 통일한국이 미국과의 동맹을 약화시키면서 중국에 안보적으로 경도되면, 미국의 동북아 안보정책은 타격을 받게 된다.

통일한국은 미·중 사이 위상권력을 적극 활용하여 역내 안보 질서의 유지·형성 과정에서 속도조절이나 친화적 분위기 조성 등의 역할을 감당할 수 있다.[21] 통일한국은 중국과 수천 년 동안 정치·경제적으로 교류해왔고 동일한 한자문화권임을 고려할 때, 미국에게 중국의 행위를 설명해주는 '통역자(interpreter)' 역할을 수행 할 수 있다. 또한 한·중·일, 한·미·중, 한·미·일, 한·미·중·일 등 (소)다자 네트워크에서 '연결자'로 자리매김 할 수 있다. 일례로 미국 주도 안보 네트워크에 포함되어 있는 국가들의 군사훈련 시 중국을 초청하면서 미국과 중국 사이에서 '연결자' 역할을 시도해 볼 수 있다. 이처럼 통일한국이 미국과 중국 사이에서 '조화외교'를 펼칠 수 있는 공간이 확보되면, 통일한국은 양 국 사이에서 건설적·비판적·미래지향적 중재자의 역할을 감당하게 된다.

통일한국이 미국 중심 안보 네트워크와 중국 중심 안보 네트워크 사이에서 가교적 역할을 수행하기 위해서는 먼저 미국 중심 네트워크 내에서의 '위상' 확보가 필수적인바, 통일한국은 일본과의 관계를 전향적으로 설

---

20) 네트워크 이론에 관해서는 김상배, "한국의 네트워크 외교전략: 행위자 – 네트워크 이론의 원용," 『국가전략』, 17-3 (2011) 참조.
21) 김규륜 외, 『대미·대중 조화외교』, 180~181쪽.

정해 나갈 것이다. 미국 주도 네트워크에서 한국과 일본이 상대적으로 보다 높은 위상을 확보하기 위해 경쟁하는 것은 공멸하는 것이다. 오히려 양국이 긴밀한 안보관계를 확립한다면 양국의 위상이 함께 높아지게 된다. 특히 통일한국의 입장에서 볼 때, 대 중국 레버리지를 확보하기 위해서는 미국 및 일본과 안보 협력 관계를 특별하게 유지해야 한다. 안보의 영역에서 중국은 통일한국을 개별 일국이 아닌 일본과 함께 미국 주도 네트워크의 북방 축을 구성하는 국가로 인식한다. 이와 같은 맥락에서 미국이 통일한국과 일본 중 어느 국가를 동맹 파트너로 우선시 하는가를 견주는 것은 무의미하며, 통일한국과 일본은 양국 간 안보 협력을 증진시켜야 한다.

한편 통일한국이 미국과 중국 사이에서 조화외교를 수행하고 미국 중심 안보 네트워크와 중국 중심 안보 네트워크 사이에서 가교자로서 '위상권력'을 행사하기 위해서는 비핵국가가 되어야 한다. 통일한국의 핵무장 가능성이 열려있는 한 주변국이 한반도 통일을 지지하지 않을 것이라는 점에서 통일한국은 비핵국가로 출범할 것이다. 통일한국이 출범한 후에도 핵무기 개발은 통일한국의 안보 선택지 중 하나로 고려되어서는 안 된다. 통일한국의 핵무장은 일본, 대만 등의 핵무기 보유로 이어질 공산이 크다. 그렇다면, 동북아에서 '적대적 세력균형' 구도가 재형성되고, 아 · 태 지역 안보질서는 역내 경쟁이 심화되는 '도구적(instrumental)' 질서에서 답보하게 된다.[22] '적대적 세력균형' 체제 하에서는 네트워크 상 '위상권력'을 행사할 수 없게 된다는 것을 충분히 인식하고 있는 통일한국은 핵주권론 또는 핵무장론을 배제할 것이다.

---

22) '도구적 질서'에 관해서는 Muthiah Alagappa, "The Study of International Order: An Analytical Framework", in M. Alagappa (ed), Asian Security Order: Instrumental and Normative Features (Stanford: Stanford University Press, 2003), pp. 33~69 참조.

2. 지역 차원의 다자 협력

동아시아 지역은 유럽과 달리 효율적인 다자안보협력체가 부재하다. 1945년 제 2차 세계대전 종전 후, 미국은 유럽에서 '북대서양조약기구(NATO)'의 설립을 주도함으로써 다자 안보 협력체를 정착시켰다. 그러나 아·태지역에서는 역내 국가들 간 국력, 정치체제, 경제수준, 문화, 종교 등에서의 이질성을 고려하여 다자 협의체 창설을 지양하고, 대신에 역내 국가들과의 개별적인 양자 동맹을 통해 역내 안보 문제를 다루었다. 아·태지역 국가들도 앞서 언급한 '구조적 장벽(structural barrier)' 뿐만 아니라, 역사적 구원(仇怨)과 영토분쟁 등으로 인해 효율적인 다자협력을 추동해내는데 실패하였다. 물론 ASEAN과 ASEAN에서 파생된 '아세안 지역안보포럼(ARF)' 등의 다자협의체가 가동 중이나 협력의 수준에 있어서는 아직까지 초보적 단계에 머물고 있다. 또한 동 지역에서는 포괄적 아·태지역 다자주의를 주창하는 미국과 폐쇄적 동아시아 다자주의를 내세우는 중국이 종종 다자 협의체의 회원국 범위를 둘러싸고 대립하고 있다.

다자안보 협력이 태동하기에는 척박한 아·태지역 안보 환경에서, 한반도 통일은 역내 다자안보협력을 촉진시키는데 있어 기폭제로 작용할 수 있다. 무엇보다 통일과정에서 6자회담 등이 일정한 역할을 감당한다면, 통일 후 6자회담이 해체되지 않고 좀 더 다자적인 안보협의체로 확대되어 역내 타 안보 의제를 논의하는 장으로 발전할 공산이 크다.

한편 북한을 고려한 중국의 소극적 태도로 정체되어 있는 한·미·중, 한·중·일 등 소 다자 협력이 한반도 통일로 인해 탄력을 받게 된다. 소 다자 안보협력은 아·태지역에서 효율적인 다자주의를 태동시킬 수 있는 촉매재로 주목받고 있다.[23] 즉, 소 다자 협력을 통해 역내 국가가 협력의 경험을 축적하고 신뢰를 쌓아 간다면, 소 다자주의는 다자주의가 태동하

---

23) Jae Jeok Park, "The US-led alliances in the Asia-Pacific: hedge against potential threats or an undesirable multilateral security order?," The Pacific Review, 24-2 (2011), pp. 144~146.

기에 척박한 아·태지역 안보환경 하에서 양자주의와 다자주의 사이의 교량적 역할을 감당하게 된다. 그러나 동북아 지역에서 소 다자 안보협력은 중국의 소극적 태도로 인해 정체되어 있다. 일례로 현재 6자회담 의장국인 중국은 기타 소 다자 협의체가 6자회담과 의제 등에 있어 중첩될 것을 우려한다. 중국은 한반도가 통일되면 6자회담을 성공시켜야 한다는 강박관념에서 자유롭게 될 것이다. 만약 6자회담이 통일과정에서 일정 역할을 수행한다면, 의장국이었던 중국은 6자회담의 확장에 적극 나설 것이다.

또한 통일과정과 통일 후 통합과정에서 국제사회의 공동 협력을 견인하기 위해 다양한 새로운 다자 협의체들이 설립될 것이다. 먼저, 통일과정에서 북한 핵을 제거하기 위해서는 역내 국가들의 축적된 기술을 활용하고 막대한 자본의 분담을 조정할 다자 협의체가 필요하다. 예를 들어 북한 무기의 상당수가 러시아로부터 수입되었다는 점을 고려할 때, 통일한국과 미국은 핵심적 기술을 제공할 수 있는 러시아와 긴밀히 협의해야 한다. 또한 주요 비용 분담 국가가 한국, 미국, 일본 등이라고 가정할 때, 관련국들이 다자의 틀에서 비용 분담을 조정해야 한다.

통합 과정에서는 북한 지역 재건을 위한 국제사회의 '공적 개발 원조(ODA: Official Development Assistance)'와 금융 투자 등을 관리하기 위한 다자 협의체 구성이 필요하다. 아울러 북한지역, 동북 3성, 극동·시베리아 지역을 연계 발전시키기 위한 다자간 협력을 효과적으로 관리하기 위한 협의체도 필요하다. 일례로 극동·시베리아에서 석유가스 등 에너지 자원을 개발하여 동북아 국가에 공급하기 위한 철도, 항만, 송유관 건설은 국제적 자본과 기술의 다자적 결집이 없이는 불가능하다.

동북아 지역에서 핵 비확산을 관리하기 위한 다자 협의체도 필요하다. 통일 과정에서 북한이 개발하였던 핵이 제거된다고 하더라도 동북아 지역에서 핵 확산의 가능성이 완전히 제거되지는 않는다. 한국, 일본, 대만 모두 핵에너지를 평화적으로 사용하고 있는 모범 국가이다. 그러나 평화적 핵에너지 기술은 어렵지 않게 핵무기를 제조하는데 전용될 수 있다. 역내에는 다수의 영토 분쟁지역이 있다. 또한 미국과 중국의 지정학적 경쟁·협력 관계가 아·태지역 안보 질서의 향배에 어떠한 영향을 미칠지 불확실하다. 이러한 상황에서 역내 국가들 내부에서 극단적 민족주의가 발현된다면, 핵 보유를 주장하는 목소리가 커질 수 있다. 동북아 지역에서 핵확산을 미연에 방지하기 위하여 역내 국가들은 역내 핵 비확산을 관리하고, 더 나아가 비핵지대 논의를 이끌어갈 다자 협의체를 가동시켜야 한다.

한반도 통일을 계기로 위에서 언급된 영역에서 다자 안보협의가 활성화되면 역내 국가들의 안보·경제 정책에 있어 투명성이 제고되고, 정책적 차이가 조율된다. 또한 통일 및 통합 과정에서 설립되는 다자 협의체에서 관련 국가들이 신뢰를 축적하고 규범 준수의 경험을 쌓아간다면, 아·태지역에서 효율적 다자 안보 협력체의 출현 시기가 앞당겨질 것이다.[24] 다자협력은 역내 국가들 사이에서 '거래비용(transaction costs)'을 경감시키고, '규칙성(legality)'과 '정보(information)'를 제공한다.[25] 또한 기능적 제도주의 이론에 의하면 지역질서를 유지 및 관리하기 위한 제도가 작동하기 시작하면, 스스로의 동력에 의해 확대·발전된다. 즉, 한반도 통일이 '결정적 계기(critical juncture)'로 작동하여, 거래비용 경감, 규칙성 정립, 정보 획득 등을 위한 다자안보협력이 효율적으로 작동하게 된다면, 이러한 협력에 바탕을 두고 확대된 유형의 다자협력이 재생산될 것이다. 그렇다면 한반도 통일은 아·태지역에서 '규범-계약적(normative-contractual)' 질서가 구축되는데 일조하게 된다.[26]

---

24) 이로써 동맹으로 대표되는 양자주의와 다자주의가 수렴하는 '수렴주의 안보(convergent security)'가 가동된다. '수렴주의 안보'에 관해서는 William Tow, Asia-Pacific Strategic Relations: Seeking Convergent Security (Cambridge, UK: Cambridge University Press, 2001) 참조.

25) Robert Keohane, After Hegemony (Princeton: Princeton University Press, 1984), pp. 49~134 참조.

26) '규범-계약적' 질서에 관해서는 Muthiah Alagappa, Ibid, pp. 33~69 참조.

제5절. 통일한국의 지향점

한반도 통일은 동북아 평화 정착을 위한 친화적 세력균형을 조성하고, 다자 협력을 촉진시킨다. 위의 논의를 종합할 때, 통일한국의 지향점은 다음과 같다.

첫째, 통일한국은 민주주의와 시장경제에 이데올로기적 기반을 둔다. 체제 경쟁을 종식시키고 평화와 발전이라는 보편적 가치를 구현한 한국 주도 통일은 민주주의와 시장경제의 모범적 사례이다. 통일한국은 법의 지배, 제도의 존중과 같은 글로벌 차원의 규범에 종속된다. 또한 민주주의의 모범국가로서 개발도상 국가들의 정치적 · 경제적 발전을 돕는다. 그러나 통일한국은 서구식 인권, 민주, 자유 등의 잣대로 자국을 압박할 것을 우려하는 중국을 고려하며 이데올로기적 균형감을 유지한다.

둘째, 통일한국은 동아시아 문화에 기반을 두고 동아시아의 공동 번영에 기여한다. 통일한국은 다수의 역내 국가와 유교 및 한자 문화와 '아시아 가치(Asian Value)'를 공유한다. 또한 ASEAN 등이 발전시켜온 타국의 내정 불간섭 원칙 등 지역 규범도 준수한다.

셋째, 통일한국은 지역 통합적 사고에 기반을 둔 아 · 태지역 공동체 형성을 지향한다. 통일한국은 한반도 통일 과정 및 통일 후 북한 핵 처리 과정 등에서 축적된 다자 협력의 경험을 토대로 역내 (소)다자주의의 발전에 적극적으로 기여한다. 통일한국이 동아시아 문화에 기반을 둔다는 것이 배타적 동아시아 지역주의를 추구하는 것을 의미하지는 않는다. 문화적 특수성을 인정하는 것은 배타주의와는 차원을 달리한다. 통일한국은 포괄적 아 · 태지역 지역주의를 지향하면서도, 역내 국가들이 공유할 수 있는 동아시아 문화를 발전시켜 나간다. 특히 통일한국은 미국, 중국, 대만, 홍콩 등 역내 모든 구성원이 참여하는 포괄적 경제공동체 건설에 힘쓴다. 통일한국은 대륙세력과 해양세력의 교차점에 위치하며, 중국, 러시아,

몽골 등과의 철도 및 송유관 연결 등으로 동북아 교통 및 물류의 중심지로 부상한다.

넷째, 통일한국은 지나친 민족주의의 발현을 경계한다. 통일로 인한 민족적 자존감 및 동아시아 문화의 강조는 자칫 잘못하면 통일한국을 극단적 국수주의의 함정에 빠뜨릴 수 있다. 민족주의가 국내 정치의 수단으로 사용되던 악습이 되풀이되지 말아야 한다. 역내 영토분쟁은 평화적으로 해결되어야 하며, 민족감정에 치우친 감성적 접근은 자제되어야 한다. 이를 위하여 통일한국은 역내 정치, 경제, 사회, 문화 제반 영역에서 상호교류를 촉진하고 네트워크를 확대시킴으로써 국수적 민족주의의 발현을 미연에 차단하도록 노력한다. 통일한국은 개방성을 추구하는 바, 국수적 민족감정에 치우쳐 중국 및 러시아 등의 디아스포라에 대한 영향력을 확대하려하지 않을 것이다.

다섯째, 통일한국은 비핵국을 지향한다. 통일한국은 통일과정에서 북한이 개발하였던 핵을 제거하고, 인류가 '핵 없는 세계'를 향해 전진하는데 있어 성공적인 모델국가가 된다. 아울러 통일이후에도 국제규범에 따라 비핵정책을 고수한다. 통일한국이 핵무기를 보유하면, 동북아 지역에서 일본 및 대만으로 핵 도미노 현상이 발생하게 될 것이다. 역내 국가들의 핵무기 경쟁은 통일한국의 안보 이익에 결코 바람직하지 않다.

여섯째, 통일한국은 역내에서 미국과 중국 간 건설적 · 합리적 중재자로 자리매김한다. 통일한국은 미국, 일본과의 전통적 우호 관계를 지속적으로 유지한다. 앞서 언급한데로 통일한국의 가치가 민주주의와 시장경제에 방점이 찍혀 있기 때문에, 미국과 일본은 통일한국의 자연스러운 안보 파트너이다. 그러나 통일한국은 미국 및 일본과의 긴밀한 군사 · 안보관계를 유지하면서도 중국과의 군사 · 안보 협력도 증진시켜 나간다.

통일한국은 한·미·일 대(對) 중·러의 '적대적 세력균형' 구도를 지양한다. 대신에 통일한국은 한·미·일, 한·중·일, 한·미·중, 한·미·호, 한·일·호 등 다양한 소 다자 네트워크를 작동시키면서, 해양세력과 대륙세력이 상호보완적으로 공진하도록 미·중·일·러를 설득한다.

일곱째, 통일한국은 '적대적 세력 균형'의 진영논리를 극복하고, 보편적·국제적 규범을 강조하는 군사·안보·경제 중견국이다. 남북한 군사대치가 해소된 이상 적절한 규모의 군축을 감행하고, 안보정책을 투명하게 유지한다. 또한 호주, 캐나다 등 통일한국과 유사한 규모의 군사·경제 중견국과 연대하여, 역내 안보 질서가 대립적 경합으로 특징지어지지 않도록 건설적·미래지향적 중견국 외교를 전개한다.

제4장

북한 문제 해결을 위한
쟁점과 과제

제Ⅳ장
북한 문제 해결을 위한 쟁점과 과제

제1절. 서 론

남북한의 대립 · 대결이 지속되는 상황과 중국의 급격한 부상에 따른 국제 질서의 재편, 즉 힘의 분포 변화는 한국의 통일환경을 어렵게 하고 있다. 한국이 국제질서 변화에 큰 영향을 미치기 어려운 상황에서 남북관계의 개선 및 발전을 통해 적극적인 이니셔티브를 발휘함으로써 외교안보의 자율성을 확대해야 할 것이다. 남북관계 경색이 장기화되면서 구조화되는 상황은 현재의 국제질서 하에서 한국의 대외적 입지를 더욱 어렵게 만들기 때문이다. 즉, 한국은 미국과 중국 간 대립 · 갈등이 격화되고, 미국이 일본의 집단적 자위권 행사 범위 확대를 지지하는 등과 같은 어려운 대외환경을 극복하기 위해서라도 남북관계 개선 및 발전이 필요한 것이다.

한국은 새로운 방향에서 국제질서 변화에 능동적으로 대처하면서 남북관계 개선 및 발전을 적극 추동할 필요가 있다. 한국은 남북관계의 개선 · 발전을 통해 한반도에 대한 미중의 개입을 완화하는 동시에 한반도 정세를 선제적이고 주도적으로 끌어갈 수 있을 것이다. 나아가 남북관계 개선 · 발전은 한국이 북미 대화 및 관계 진전을 위한 분위기 조성과 명분

제공에 긴요할 수 있다. 특히, 북핵 문제를 포함한 이른바 '북한 문제' 해결은 남북관계 개선 · 발전을 위한 목표인 동시에 남북관계 개선 · 발전과 병행돼야 하는 과제이다. 이러한 점에서 미중을 비롯한 동북아 주요국의 입장을 한국이 수렴해갈 필요가 있다. 본 장에서는 북한 문제 해결을 위한 주요 쟁점과 이에 대한 동북아 주요국의 이해관계 및 해결해야 할 과제를 제시하고자 한다.

제2절. 북한 문제 주요 쟁점

2011년 12월 김정일 국방위원장이 사망한 이후 김정은 당 중앙군사위원회 부위원장이 권력을 세습한 북한의 장래 문제는 동아시아의 불안정성을 증대시키는 중요 요인으로 대두되고 있다.[1] 북한 문제가 동아시아의 불안정 요인이 되는 가장 큰 이유는 김정은 제1위원상의 권력이 그의 선대가 보여줬던 것과 같이 '절대적'이지 못하다는 것이다.[2] 이로 인해 한국을 비롯한 동아시아 주요국들은 북한이 대외적 고립 및 경제난이 지속되는 상황에서 핵개발을 지속하면서 효율적인 개혁 · 개방을 추진하지 않고 생존할 수 있는지에 대해 의구심을 품고 있다.[3]

그러나 김정은 제1위원장은 권력승계에 관한 학습과정 없이 권력을 세습한 뒤 '젊고, 경력이 일천해 제대로 된 리더십을 발휘할 수 없을 것'이라는 세간의 평가에 반해, 시간이 지날수록 독자적인 권력체제를 공고히 해가는 것으로 보인다. 특히, 김 제1위원장은 잦은 인사를 통해 김정일 시

---

1) 김학성, "미 · 중관계의 변화 전망과 북한의 '자주적 생존 전략'의 미래," 『세계지역연구논총』, 31-1 (2013), 111쪽 참고.
2) 이영권, "김정은 정권의 안정성 연구" (동국대 대학원 북한학 박사학위논문, 2015); 임재천, "북한 지도자 리더십 비교: 성장과정 및 사상적 기반, 정당성, 리더십 특징을 중심으로," 조선대 동북아연구소, 『동북아연구』, 29-1 (2014) 등 참고.
3) 북한 체제의 내구력과 관련된 논의는 전현준 · 허문영 · 김병로 · 배진수, 『북한 체제의 내구력 평가』 (서울: 통일연구원, 2006); 김성철 · 정영태 · 오승렬 · 이헌경 · 이기동, 『북한 사회주의체제의 위기수준 평가 및 내구력 전망』 (서울: 민족통일연구원, 1996); 서재진, 『북한의 경제난과 체제 내구력』 (서울: 통일연구원, 2007) 등 참고.

대의 주요 권력 엘리트들을 퇴장시키고, 자신의 권력세습을 뒷받침했던 장성택 숙청 등을 통해 자신의 친위세력을 등용하면서 세대교체를 점차 완성해가고 있다.[4] 북한의 새로운 권력 엘리트들은 김정은을 중심으로 일정하게 공생관계를 형성하면서 자신들의 특권적 지위를 계속 유지하기 위해 김정은의 권력을 더욱 공고하게 할 것이다.[5] 또한 김정은 제1위원장은 노동당 정치국 회의 및 중앙위 회의, 당 중앙군사위 회의 등을 통해 주요 정책 및 인사를 결정함으로써 제도적 측면에서도 리더십을 확고히 해가고 있다.[6] 즉, 현재 북한은 김정은의 권력을 절대화해감으로써 과거 김일성·김정일이 누렸던 수령제를 답습하면서 김정은의 권력기반을 안정적으로 구축하는 데 집중하고 있다.

한편 김정은 정권은 '핵보유를 기반으로 경제발전에 힘을 쏟겠다'고 주장하지만 내부적으로 동원할 수 있는 재원이 고갈된 지 오래이고, 지속적인 핵개발로 인해 외부로부터의 투자 유치도 어려운 상황에서 단기적으로 경제발전을 기대하기는 어려운 것이 사실이다. 이러한 상황에서 북한은 국제사회에 정상국가로서 동참하기 위한 개혁·개방보다는 재래식·비재래식 군사력을 동원한 각종 군사적 도발을 자행하며 한반도의 긴장을 고조시키고 있다. 이러한 북한의 행위는 한반도와 동아시아 지역의 안보를 위태롭게 하며 불안정성을 증대시키고 있다.

이러한 맥락에서 북한 문제를 해결하기 위해 제기되는 주요 쟁점들을 △북핵 문제 △북한의 체제 안전 우려 문제 △북한의 개혁·개방 문제 등으로 압축하고자 한다. 이외에도 북한 문제 해결을 위한 쟁점이 많지만, 상기의 3가지 쟁점은 매우 중요하다고 판단된다. 특히, 북핵 문제는 남북관

---

4) 이헌경, "김정은 권력세습과 통치권력 강화: 역사적 함의와 정적 제거," 경희대 인류사회재건연구원, 『Oughtopia』, 29-1 (2014) 참고.
5) 장용석, "김정일 시대 평가와 김정은 시대 전망," 『국회입법조사처 간담회 발표자료』 (2012), 2쪽.
6) 김갑식, "김정은 정권의 수령제와 당·정·군 관계," 『한국과 국제정치』, 30-1 (2014); 김일기, "김정은 시대 북한의 권력이동: 당 중앙군사위원회와 국방위원회를 중심으로," 한국동북아학회, 『한국동북아논총』, 17-4 (2012) 등 참고.

계의 진전을 가로막는 최대의 장애가 되고 있다. 북핵 문제가 해결 국면에 진입하지 못한다면 남북관계의 본질적인 개선 · 발전이 이뤄지기 어렵기 때문이다. 지난 남북관계의 역사에서 잘 알 수 있는 것처럼, 북핵 문제를 비롯한 한반도의 정치 · 군사적 문제의 진전이 없는 상황에서 남북한 간 경제 · 사회문화적 교류 · 협력의 확대 및 활성화는 한계를 가질 수밖에 없다.

또한 북한이 핵개발을 지속하면서 핵능력을 고도화하는 이유로 외부, 특히 미국으로부터의 체제 안전 위협을 지목하고 있다는 점에서 북한의 체제 안전 우려 문제를 살펴볼 필요가 있다. 이는 북한이 핵능력 고도화를 멈추고, 궁극적으로 북핵 문제 해결 여건을 조성하도록 하는 주요한 문제이기 때문이다. 한편 북한의 체제 안전에 대한 우려 문제는 북한이 본격적으로 개혁 · 개방에 나서지 못하는 주요 이유로 거론되는 것이기도 하다. 따라서 북한이 개혁 · 개방으로 나아가기 위해서는 북한 체제 안전과 함께 외부 환경의 개선이 필요하다. 그러나 남북한이 첨예하게 대결하는 상황에서 북한이 대외환경을 개선하기는 어려울 것이다. 즉, 남북관계 개선이 전제되어야만 북한의 대외환경이 개선될 수 있는 것이다. 북한이 개혁 · 개방을 본격화하기 위해서라도 남북관계의 개선 · 발전이 반드시 이뤄져야할 것이다.

1. 북핵 문제

북한은 3차례의 핵실험과 장거리 미사일의 시험 발사 등을 통해 핵능력 고도화를 추진하고 있다.[7] 북한은 2012년 4월 개정 「헌법」에 스스로를 핵보유국이라고 명기했으며, 2013년 3월에는 노동당 중앙위원회 전원회의를 개최하고 '경제건설 및 핵무력 건설 병진노선'을 김정은 시대의 국가 전략으로 채택했다.[8] 그러나 2008년 12월 이후 6자회담이 제대로 열리

---

7) 북한의 미사일과 관련된 내용은 장철운, "남북한의 지대지 미사일 경쟁 연구: 결정요인 및 전력을 중심으로" (북한대학원대 북한학 박사학위논문, 2014); 장철운, "남북한의 지대지 미사일 전력 비교: 효용성 및 대응 · 방어 능력을 중심으로," 「북한연구학회보」, 19-1 (2015) 등 참고.

8) 「노동신문」, 2013년 4월 1일자.

지 않는 가운데 북핵 문제의 주요 당사국인 미국의 오바마 행정부는 '전략적 인내' 전략을 고수하고 있다. 동시에 북한의 핵능력 고도화에 따른 국제사회의 대북제재는 지속되고 있고, 북한이 아무런 변화를 보이지 않는 상황에서 한국 정부가 선제적으로 유화적인 대북정책을 추진하기는 어렵다.

향후 북핵 문제가 해결 국면에 진입하지 못하고, 북한이 핵능력을 더욱 고도화한다면 남북관계 개선 및 발전을 통한 한반도 평화 정착은 어려워질 것이다. 이럴 경우, 한국과 미국 등을 비롯한 국제사회는 북한에 대한 제재와 압박을 더욱 강화하는 긴장 국면이 지속되면서 상호 대립이 심화될 가능성이 크다. 북한이 핵개발 고도화를 지속해 자발적인 핵 포기·폐기 가능성을 내보이지 않는다는 것은 남북관계 개선을 사실상 봉쇄하는 것이라고 할 수 있다. 남북한이 중·장기적인 미래 비전을 공유할 수 없는 상황에서 남북관계 개선·발전은 쉽지 않을 것이다.

북한은 2006년 10월과 2009년 5월, 2013년 2월 등 3차례에 걸쳐 핵실험을 단행하면서 핵능력을 점차 강화해왔다. 대체로 1차 핵실험에 비해 2차 핵실험의 폭발력이 4배 이상, 3차 핵실험이 2차 핵실험에 비해 2배 이상 강력해진 것으로 판단된다.[9] 북한은 2008년 6월 플루토늄 38.5kg을 보유하고 있으며, 31kg을 무기급으로 만들었고, 이 가운데 26kg을 핵폭탄 제조에 사용했다고 미국에 신고한 바 있다.[10] 북한은 제1차 핵실험에서 2kg을 사용했고, 무기급으로 변환하지 않은 7.5kg의 플루토늄은 보관하고 있다고 주장했다. 북한 영변 핵시설을 여러 차례 방문했던 미국의 저명한 핵전문가 지그프리드 해커(Siegfried S. Hecker) 박사도 5MWe 흑연감속로에서 36~53kg의 무기급 플루토늄이 생산됐을 것으로 추정한 바 있다.[11] 북한은 고농축 우라늄 프로그램에

---

9) 함형필, "3차 핵실험 이후 북한 핵능력 평가: 사실상의 핵보유국인가?," 한국국방연구원, 『동북아안보정세분석』(2013.3.10), p. 3.
10) 『연합뉴스』, 2008년 7월 4일자.
11) Siegfried S. Hecker, "Lessons learned from the North Korean Nuclear crises," Daedalus (Winter 2010), p. 55.

의한 핵무기 개발도 추진 중이며, 보유하고 있는 탄도 미사일 등에 핵무기를 탑재하기 위한 소형화·경량화도 진행 중인 것으로 알려졌다.[12]

그러나 북한이 핵무기를 탄도 미사일에 탑재할 수 있는 능력을 지녔는지에 대해서는 아직은 비관론이 우세하다. 해커 박사는 '미국과 소련은 수차례 반복된 실험을 통해 미사일에 탑재할 수 있는 핵탄두 개발에 성공했다'며 '북한이 3차례의 핵실험만으로 미사일에 장착할 수 있는 수준의 소형화된 핵탄두를 만드는 것은 거의 불가능하다'는 견해를 밝힌 바 있다.[13] 패트릭 벤트렐(Patrick Ventrell) 미국 국가안보회의(NSC) 대변인은 2015년 5월 북한이 '핵타격수단의 소형화·다종화 단계'를 주장하자 "북한은 그런 능력이 없다"고 일축했다.[14] 이러한 점들을 종합적으로 감안하면 북한이 3차례의 핵실험 등을 통해 핵무기 경량화를 위한 연구·개발에 매진하고 있는 것으로 보인다.

북한은 '경제건설 및 핵무력 건설 병진노선'을 김정은 시대의 국가전략으로 내세운 이후 후속조치 가운데 하나로 영변 5MWe 흑연감속로의 재가동 및 우라늄 농축 프로그램 가동을 선언했다. 이는 무기급 플루토늄 및 고농축 우라늄 방식을 통한 핵능력 강화를 천명한 것으로 이해할 수 있다.[15] 영변 5MWe 원자로가 최대출력으로 운전될 경우 매년 약 11kg 정도의 플루토늄을 생산할 수 있으며, 북한이 과거와 같이 열출력 8~12MW에서 운전할 경우 매년 약 5~6kg의 플루토늄 생산이 가능할 것으로 추정된다.[16] 또한 2,000개의 원심분리기를 가동하면 매년 20kT 폭발력을 지니는 핵무기 1~2개를 재조할 수 있는 고농축 우라늄 생산이

---

12) 국방부, 『2014 국방백서』 (2014), 28쪽.
13) 지그프리드 해커, "북한의 핵능력과 향후 6자회담을 위한 제언." 동아시아연구원. 『Smart Q&A』. 2013-08 (2013.9.30.).
14) 『연합뉴스TV』, 2015년 5월 21일자.
15) 『조선중앙통신』, 2013년 4월 2일자.
16) 이은철, 『북한 핵과 경수로 지원』 (서울: 서울대학교출판부, 1996), 26~28쪽; 국방부, 『대량살상무기(WMD) 문답백과』 (2004), 28쪽.

가능하다.

별다른 조치가 취해지지 않은 채 시간이 계속 흐른다면 북한의 핵능력은 점차 강화될 것이 자명하다. 북한은 핵무기 보유고를 증대하는 동시에 핵무기의 생존성을 극대화하고자 할 것이다. 이 과정에서 북한은 미국의 선제 핵공격 가능성을 거론하며 자신들의 행위를 정당화하려고 할 것이다. 북한은 핵무기의 생존성을 극대화하기 위해 핵 투발수단의 다양화를 추구하는 동시에 상대방의 미사일 공격 및 폭격 등을 방어하고 이에 대응하기 위해 방공능력 및 공군력을 강화할 것이다. 북한은 지대지 탄도미사일뿐 아니라 폭격기, 잠수함 등에 핵무기를 장착·배치할 수 있으며, 소형 핵무기 개발을 추진할 수 있고, 레이더 및 정찰기 등의 감시를 피하기 위해 지하에 핵미사일 발사를 위한 사일로(silo)를 구축할 수도 있을 것이다.

그러나 앞서 언급한 것처럼, 이 같은 북한의 핵능력 강화는 핵무기 비확산 체제를 유지하고 있는 국제사회에 대한 중대한 도전인 동시에 동북아 지역의 불안 요인이면서 남북관계의 개선 및 발전을 저해하는 장애가 될 것이다. 이러한 맥락에서 북핵 문제는 북한 문제 해결을 위한 가장 큰 쟁점이라고 할 수 있다.

2. 북한의 체제 안전 우려 문제

북한의 대외환경은 탈냉전 이후 소련 해체 및 동구 사회주의권 국가들의 체제 전환으로 냉전시대에 비해 매우 악화된 것이 사실이다. 특히, 북한과 전통적 우호관계인 중국이 2000년대 후반 미국과 어깨를 나란히 하는 국제사회의 주요 행위자, 이른바 'G2'로 부상하면서 북한과의 관계에 있어 전통적인 사회주의 국가들 간 동맹 관계가 아닌 일반 국가 간 관계를 지향하고 있다. 북중관계는 북한의 제3차 핵실험 단행 등 북핵 문제 심화로 소원해졌으며, 고위급 인사의 상호 방문 등 교류·협력 측면에서도 과거보다 불편한 상황이 지속되고 있다. 그러면서도 중국의 시진핑 지도부는 북중관계의 급격한 퇴보를 원치 않고 북한 체제의 존속을 전제로 자국의 이익을 극대화할 수 있는 효율적인 대북정책을 모색하고 있다.[17]

한편 미국은 클린턴 및 부시 W. 행정부 말기 일시적으로 북한과의 관계개선을 추진한 적이 있지만 성과를 내지는 못했다. 오바마 행정부는 북한에 대한 관여정책을 추진하지 않고 '전략적 인내'를 고수하고 있다. 특히, 미국은 북핵 문제 해결을 위해 지원·협력보다는 압박을 주요 방법으로 활용하며 북한이 먼저 비핵화 관련 조치를 가시적으로 취하기 전에는 협상에 나설 수 없다는 방침을 유지하고 있다. 이와 함께 북한의 핵·미사일 시험 등으로 국제사회의 대북제재가 지속·강화되는 흐름도 북한의 대외환경 개선이 이뤄지기 쉽지 않은 여건으로 작용하고 있다. 북핵 문제와 관련해 이러한 분위기와 여건, 여기에 북한의 각종 도발 등으로 남북관계 정체가 장기화되고 상호 불신이 심화돼 대립·갈등 국면이 지속되고 있다.

한국의 대북정책 역시 북한의 대외환경에 영향을 미쳤다. 노태우 정부 이후 한국은 큰 맥락에서 '대북 관여(engagement)정책'을 추진한 것으로 평가할 수 있다.[18] 노태우·김영삼 정부는 상대방을 경쟁자로 보고, 대화를 통한 상대측의 정책 변화를 추구하면서 상호주의, 합의이행에 보상하지 않기, 상대에 대한 공개 비판도 서슴치 않는 전략을 취했다. 김대중·노무현 정부는 독일 통일 및 유럽 통합의 경험에서 교훈을 찾아 기능주의 이론에 입각한 '접촉을 통한 북한 변화'를 내세우며 김정일 정권에 대한 포용정책을 추진했다. 김대중 정부는 북한을 동반자인 동시에 경쟁자

---

17) 문흥호, "시진핑 집권 이후 중국의 대북정책: 동맹관계와 정상관계의 선택적 균형," 『중소연구』, 38-3 (2014), 32쪽.

18) 전재호, "민주화 이후 '보수' 정부의 대북정책 연구: 노태우, 김영삼, 이명박 정부를 중심으로," 『신아세아』, 20-2 (2013); 신종대, "김대중, 노무현 정부의 대북정책과 국내정치: 문제는 "밖"이 아니라 "안"이다," 『한국과 국제정치』, 제29권 2호 (2013) 등 참고.

로 보면서 대화를 통한 상대측의 정책 변화를 추구하되, 비대칭적 상호주의를 내세우는 전략을 추진했다. 노무현 정부는 김대중 정부의 전략을 계승해 북한을 협력자로 보면서 상대측의 정책에 대한 조정을 통해 현상유지 및 대화를 강조하는 전략을 취했다.

그러나 이명박·박근혜 정부는 김대중·노무현 정부가 추진한 대북 포용정책이 북한의 변화를 유도하지 못하고, 북한의 핵무기 개발에 필요한 시간과 재원만 지원해주는 결과가 됐다고 비판했다. 이러한 이유에서 이명박 정부는 북한의 '진정한' 변화를 전제로 한 대북압박과 남북한 간 협력의 병행을 통한 변화를 내세웠다. 그러나 이명박 정부는 대북압박에 중점을 두어 협력이 이루어지지 않았다. 박근혜 정부는 북한을 적인 동시에 대화상대로 규정하면서 상호 신뢰형성의 중요성을 강조하는 '한반도 신뢰 프로세스'를 내세우고 있다.

이처럼 북한을 둘러싼 대외환경이 개선될 가능성이 보이지 않고, 한국의 대북정책 역시 일관성이 유지되지 않는 상황에서 북한의 체제 안전 우려, 즉 북한이 인식하는 위협은 더욱 강화되고 있는 것이 사실이다. 북한이 갖는 체제 안전에 대한 우려는 남북한 간 힘의 전이 및 동북아 힘의 균형 변화에 기인하는 것이라는 점에서 한국과 미국, 중국 등이 주요 행위자라고 할 수 있다.[19] 북한에 비해 압도적인 한국의 경제력은 사실상 남북한 간 체제 경쟁이 종식됐다고 인식하게 함으로써 북한이 '흡수통일'에 대한 우려를 갖게 하고 있다. 특히, 한국은 다양한 지대지 미사일을 비롯한 신무기를 개발하는 동시에 최신예 전투폭격기 및 조기경보통제기, 대탄도탄 요격 미사일 등의 전력을 강화하고 있다. 이 같은 한국의 지속적인 군사력 증강을 북한은 현실적 위협으로 인식할 것이다.

정권과 체제, 국가의 존속을 강조하는 북한 입장에서 가장 큰 위협은 북

---

19) 함택영, "동북아 핵의 국제정치," 『한반도포커스』, 13 (2011), 18쪽.

한이 주장하는 것처럼 미국이라고 할 수 있다. 북한은 주한미군의 존재와 한미연합군사훈련의 정례적인 실시, 한국군에 대한 전시 작전통제권의 미국 보유, 한국에 대한 미국의 확장 억제력 제공 등을 군사적 위협으로 인식하고 있다.[20] 특히, 북한은 미국이 북한을 핵무기로 공격할 수 있는 충분한 능력을 보유하고 있다는 점을 체제 안전에 대한 심대한 위협으로 인식하고 있다. 북한이 자위적 조치라고 주장하며 추진하는 핵·미사일 개발 및 각종 군사 행위에 대응하는 국제사회의 대북제재를 미국이 주도하고 있는 것도 북한이 체제 안전 우려를 갖게하는 주요 요인이라고 할 수 있다.

북한의 체제 안전 우려는 북중관계의 변화로 인해 강화될 수도 있다. 중국의 대한반도 정책 변화에 따라 북한이 중국으로부터 버려질 수도 있다는 우려가 북한 내에 존재할 수 있다. 중국이 현재의 구조적인 조건에서는 '순망치한(脣亡齒寒)' 관계에 있는 북한을 포기하는 전략적 선택을 할 것으로 보이지는 않는다.[21] 그렇지만 중국이 북한을 포기할 가능성 자체까지 부인하기는 어려운 것이 사실이다. 특히, 중국은 북한의 핵무기 개발에 대해 미국이 주도하는 국제사회의 대북제재 조치에 간헐적으로 찬성하고 일부 조치에 동참함으로써 북한이 중국으로부터 버림받을지도 모른다는 이른바 '방기'의 우려를 야기하기도 한다.

북한은 이러한 대외환경의 악화를 이유로 거론하며 핵·미사일 능력 강화 등 독자적인 군사력 증강만이 스스로 체제 안전과 생존을 보장할 수 있는 길이라고 주장하고 있다. 김정은 제1위원장은 2013년 3월 당 중앙위 전원회의에서 "최근 여러 나라들에서 벌어진 비극적 사태는 자기 힘이 강하지 못하면 나라의 자주권과 민족의 존엄을 수호할 수 없고 인민의 행복

---

20) 함택영, "북핵문제 해결과 한반도 평화체제의 모색: 미·중관계와 북한의 안보위협 인식," 『현대북한연구』, 17-2 (2014), 273~278쪽 등 참고.
21) 김흥규, "시진핑 시기 중국 외교와 북중관계," 제주평화연구원, 『JPI 정책포럼』, 2015-4 (2015.4.3.), 7쪽.

과 번영도 이룩할 수 없다는 것을 보여주고 있다"며 "우리는 대국들을 쳐다보면서 강력한 자위적 국방력을 갖추지 못하고 제국주의자들의 압력과 회유에 못 이겨 이미 있던 전쟁 억제력마저 포기하였다가 종당에는 침략의 희생물이 되고만 발칸반도와 중동지역 나라들의 교훈을 절대로 잊지 말아야 한다"고 강조했다.[22] 이러한 맥락에서 북한의 체제 안전에 대한 우려를 개선하는 것이 북한 문제를 해결하기 위한 주요 쟁점 가운데 하나라고 할 수 있다.

3. 북한의 개혁 · 개방 문제

그동안 북한은 사회주의 계획경제 체제를 기반으로 '자립적 민족경제 건설 노선'을 지향하며, 소련과 중국 등으로부터 원유 등 전략물자를 국제시세보다 낮은 가격에 공급받아 경제를 운영해왔다. 이로 인해 북한 경제에서 무역이 차지하는 비중이 10%를 넘지 않았다. 북한은 외자 유치를 통한 경제발전을 도모하기 위해 1984년 「합영법」 제정, 1991년 나진 · 선봉 경제특구 설치 등을 추진했지만 제도 및 시설 미비와 '모기장식 개방' 등으로 별다른 성과를 거두지는 못했다.

1994년 7월 김일성 사망 이후 총체적 경제난을 극심하게 겪은 북한은 2002년 시장 기능의 부분적 도입 등을 주요 내용으로 하는 '7.1 경제관리개선조치'를 단행하고, 신의주 특별행정구 및 금강산관광지구 · 개성공업지구 설치 등을 추진했다. 북한이 7.1조치를 단행할 수 있었던 배경 중의 하나로 2000년 남북정상회담에 따른 남북한 교류 · 협력의 활성화 및 북미 공동코뮤니케 합의, 2002년 북일관계 진전 등과 같은 대외환경 개선을 거론할 수 있다. 신의주 특별행정구 설치는 무산되었으나, 금강산관광 및 개성공단 건설이 남북한 간 경제협력 사업으로 추진되면서 일정하게 성과를 거뒀다.

---

22) 『노동신문』, 2013년 4월 1일자.

북한 당국은 7.1조치 이후 시간이 지나면서 계획경제 부문이 시장에 의존하는 정도가 심화되자 2005년 10월 이후 다시 시장을 통제하기 시작했다. 이후 북한 당국은 경제난 해결을 위해 노력하면서도 체제 변화에 대한 우려로 시장의 통제와 방임을 반복하는 양상을 보였다. 이는 북한 당국이 체제 안정 및 정착에 자신감을 갖고 있지 못하며, 개혁·개방을 할 수 있는 여건을 형성하지 못했다는 점을 보여주는 것이라고 할 수 있다. 북한은 개혁·개방을 추진함에 있어서 내부 변화에 영향을 미칠 수 있는 대외환경 변화에 민감하게 반응할 수밖에 없다. 이와 같이 북한은 대외 여건이 개선돼 내부 변화에 대처할 수 있는 자신감이 생겼을 때, 개혁·개방과 관련된 일련의 조치를 취했다는 특징을 나타내고 있다. 이는 개방을 통한 경제적 이익이 핵포기에 따른 안보 부담을 상쇄할 만큼 체제 유지에 유리하다고 판단할 때 북한의 태도 변화가 가능하다는 주장을 뒷받침하는 것이라고 할 수 있다.

한편 2008년 금강산관광이 사실상 중단되고, 2010년 잇달아 발생한 천안함 및 연평도 포격 사건으로 남북관계가 급격히 경색되면서 한국의 대북제재가 이어지자 북한은 중국에 대한 무역의존도 심화가 불가피해졌다. 1999년 북한 대외무역에서 북중무역이 차지하던 비중은 25%였으나, 2014년에는 90%로 급증했다.[23] 이러한 가운데 김정은 정권은 '인민 생활 수준 향상'을 내세우면서 김일성·김정일 시대에 비해 경제 변화를 적극 추진하고 있다. 북한은 2013년 5월 29일 「경제개발구법」을 제정하고, 같은 해 11월과 이듬해인 2014년 7월 총 20개에 달하는 경제개발구를 신설한다고 발표했다. 이와 함께 북한은 '우리식 경제관리방법'을 내세우며 농업과 상·공업 등에서 새로운 경제조치를 내놓고, 일부 지역에서 시험·추진하고 있는 것으로 알려졌다.

---

23) 『연합뉴스』, 2015년 6월 5일자.

상·공업 부문의 조치로 알려진 '5.30조치'는 공장·기업소에 경영의 자율성을 확대해 일부 생산품의 시장가격 판매를 허용하고, 판매 수입 가운데 국가 몫을 납부한 이후에는 이익금을 자율 처분할 수 있도록 허용한 것으로 전해졌다.[24] 농업 부문의 조치는 협동농장에 투입되던 15~20명 규모의 분조 내에서 3~5명 규모의 포전담당책임제를 실시하고 국가 몫 납부 후 현물 분배를 실시하는 것이 주요 내용이라고 한다.[25] 2015년 7월 발표된 미국 의회조사국(CRS: Congressional Research Service) 보고서는 "작년(2014년) 발표된 일련의 임시 경제개혁이 일부 북한 주민들의 생활수준을 향상시킨 것으로 보인다"며 "북한 산업과 농업에 시장원리를 적용하려는 개혁조치들이 북한 경제성장의 기회를 창출하고 있다"고 전했다. 보고서는 "도시에는 관리자들이 봉급을 정하고 고용과 해고를 할 수 있도록 허용했고, 농촌에서는 농부들이 수확의 많은 부분을 가져가고 생산 인센티브를 늘리는 등의 개혁조치가 취해졌다"며 "김정은 정권이 공인되지 않은 대부분 소기업이나 노점상 등 지하경제를 허용하고 있다"고 설명했다.[26]

또한 북한은 2014년 5월에 나선특구 외자유치를 위한 지원기구를 설립했으며, 1개월 뒤에는 원산·금강산 일대를 '국제관광특구'로 지정하는 등 개방과 관련된 관광 활성화에 집중하고 있다. 또한 김정은 체제는 '체육강국'을 강조함으로써 주민들의 자긍심 고취 및 사회적 활력을 도모하기 위해 각종 국제경기대회에 지속적으로 참가하고 있으며, 주요 국제경기대회를 평양에 적극 유치하고 있다.

김정은 시대 들어 추진하는 경제적 변화의 폭과 수준이 과거에 비해 확

---

24) 『세계일보』, 2014년 6월 28일자; 양문수, "김정은 시대 경제관리 개선조치의 실태와 평가: 2012~2014년," 『북한연구학회보』, 18-2 (2014), 64~65쪽.
25) 『연합뉴스』, 2015년 3월 15일자.
26) Emma Chanlett-Avery, Ian E. Rinehart, Mary Beth D. Nikitin, and Sungtae Park, North Korea: U.S. Relations, Nuclear Diplomacy, and Internal Situation (CRS Report R41259, July 21, 2015); 『연합뉴스』, 2015년 7월 27일자.

대·심화된 것은 사실이지만, 여전히 제한적인 수준으로 평가된다. 북한은 김정은 정권의 공고화에 역점을 두면서 개혁이라기보다는 변화에, 개방이라기보다는 개발에 중점을 두고 경제정책을 추진하는 것으로 보인다. 왜냐하면 개방 지역이 주로 해안지역이거나 북·중 접경지역에 '점'의 형태로 한정돼 있고, 개혁 조치가 시장 기능을 제도권 내로 수용하는 것으로 나타나기 때문이다.

김정은 정권은 국가와 체제, 정권을 유지하는 것에 가장 우선적인 목표를 두면서 새로운 지도자의 등장에 따른 체제의 안정적 정착에 집중하고 있다. 김정은 정권은 만약 여건과 환경이 조성되지 않은 상태에서 개혁·개방을 본격적으로 추진할 경우 발생할 수 있는 체제 위협적인 요인들을 우려하고 있다. 북한은 제대로 준비가 갖춰지지 않은 상황에서 서구 문물 및 자본이 급속하게 유입된다면 북한이 체제의 근간으로 유지해왔던 수령 절대주의 및 계획경제체제가 뿌리째 흔들릴 수 있다는 점을 걱정하고 있는 것이다.

그렇지만 북한이 언제까지나 폐쇄적인 경제체제를 고수할 수만은 없을 것이다. 북한이 경제 개선에 필요한 재원을 대내적으로 충당하기는 쉽지 않다는 점에서 속도를 조절할 수는 있겠지만, 결국 개혁·개방에 나설 수밖에 없을 것이다. 그러나 북한은 현재 남한과의 대립, 국제적인 대북 제재·압박, 외부세계와의 단절 국면 등 진정한 개혁·개방을 추진하기 어려운 환경에 처해있다. 중국이 1970년대 말 미국 및 일본과의 관계 정상화를 통해 외부환경을 개선함에 따라 본격적으로 개혁·개방을 추진할 수 있었던 것처럼,[27] 북한도 대외환경을 개선한 뒤 진정한 개혁·개방을 통해 경제 발전을 이루고자 할 것으로 보인다.

---

27) 정성장, "김정은 체제의 경제 개혁·개방 전망과 과제," 『국가전략』, 18-4 (2012), 83~84쪽.

제3절. 주요 쟁점에 대한 동북아 주요국의 이해관계

1. 북핵 문제에 대한 이해관계

북한은 6자회담 무용론을 제기하며 '핵 없는 세계'가 실현될 때까지 비핵화는 없다고 주장하는 등 국제사회에서 '사실상(de-facto)의 핵보유국' 지위 인정을 지속적으로 추구하고 있다. 김정은 국방위원회 제1위원장은 2013년 3월 '경제건설 및 핵무력 건설 병진노선'을 국가전략으로 채택한 당 중앙위 전원회의에서 "핵무기가 세상에 출현한 이후 근 70년간 세계적 규모의 냉전이 오랜 기간 지속되고 여러 지역들에서 크고 작은 전쟁들도 많이 있었지만 핵무기 보유국들만은 군사적 침략을 당하지 않았다"며 "강위력한 핵무력 위에 평화도 있고 부강번영도 있으며 인민들의 행복한 삶도 있다"고 강조했다.[28] 즉, 북한은 비핵화에 관한 의지보다는 핵보유국 지위 획득에 대한 의지를 강화하고 있는 것이다.

북핵 문제는 남북관계 개선 및 발전뿐 아니라 동북아의 평화, 안정적인 국제질서 유지를 위해 반드시 해결되어야만 하는 사안이다. 북핵 문제에 대해 한국, 미국, 중국, 일본, 러시아는 '대화와 협상을 통해 해결'해야 한다는 기본원칙에는 공감대를 갖고 있다. 북핵 문제 해결을 위한 6자회담 참가국 가운데 북한을 제외한 5개국은 6자회담이 열리지 못하는 가운데 탐색적 성격의 대화를 지속적으로 진행하고 있다. 그러나 6자회담 재개 결정 등과 같이 북핵 문제 해결에 관한 중요한 계기를 만들어내지 못하는 상황이 2008년 말 이후 이어지고 있다.

특히, 북핵 문제 해결의 주요 당사자라고 할 수 있는 미국의 오바마 행정부는 지난 20여 년 간 이뤄진 양자·다자 간 협상에서 실질적인 성과를 거두지 못했다고 평가하고 있다. 미국은 북한의 '先 비핵화 관련 태도 변화'를 촉구하는 이른바 '전략적 인내' 전략을 취하며 적극적인 해결에 나서

---

28) 『노동신문』, 2013년 4월 1일자.

지 않고 있다.[29] 중국은 북핵 문제가 중국의 주변지역인 한반도 및 동아시아의 평화와 발전에 걸림돌이 되는 중요한 문제인 동시에 국제사회의 핵무기 비확산 체제에 대한 도전이라는 입장을 견지하고 있다. 그러면서도 북핵 문제 해결을 위해 과거와 같은 적극적인 중재자의 모습을 보이지 못하고 역할에 있어서 일정하게 한계를 드러내고 있다.

북한을 포함한 6자회담 참가국은 모두 북핵의 확산이 이뤄져서는 안 된다는 공감대를 갖고 있다. 미국은 북한이 핵개발을 지속하고, NPT 및 IAEA에서 탈퇴한 것이 국제적인 핵무기 비확산 체제에 대한 중대한 도전이라고 간주하고 있으며, 중국과 러시아 등도 같은 생각이다. 또한 국제사회는 북한이 이란 등 일부 중동 국가와 핵 관련 기술 협력을 진행하는 것으로 의심하고 있다. 이러한 의심의 근거는 북한이 국제사회의 눈을 피해 파키스탄 등으로부터 핵 관련 기술 및 물자를 이전받아 핵개발 프로그램에 착수했으며, 이란 등 일부 중동 국가들과 핵무기와 밀접한 관계에 있는 지대지 탄도 미사일 개발 프로그램 관련 협력을 진행한 것이다.[30] 파리에 본부를 둔 이란 반정부 단체 이란국민저항위원회(NCRI)도 북한의 핵무기 전문가들이 2015년 4월 이란의 군사 관련 시설을 방문하는 등 정기적인 협력 관계를 유지해왔다고 주장했다.[31]

특히, 국제적인 대량살상무기 비확산 체제를 주도하는 미국은 북핵의 '수직적(vertical)' 확산보다는 '수평적(horizontal)' 확산 방지에 더욱 많은 관심을 갖는 것으로 보인다. 수직적 확산은 무기의 성능이나 질·양이 고도화·증대되는 현상을 지칭하고,[32] 수평적 확산은 핵무기 및 관련 기술 등이 다른 국가에 이전돼 핵국가가 증가하는 상황을 의미한다. 일부

---

29) 이윤식, "오바마 행정부의 대북정책: 평가와 전망," 『평화학연구』, 14-4 (2013), 116~122쪽.
30) Daniel A. Pinkston, The North Korean Ballistic Misiile Program (Washinton D.C.: U.S. Government, 2008); 김주삼, "북한의 대 중동군사외교: 전략무기체계를 중심으로," 조선대 동북아연구소, 『동북아연구』, 25-2 (2010).
31) 『국민일보』(인터넷판), 2015년 5월 28일자.
32) 류광철·이상화·임갑수, 『외교 현장에서 만나는 군축과 비확산의 세계』 (서울: 평민사, 2005), 21~22쪽.

에서는 북한이 다른 불량국가 또는 테러단체 등에 핵무기 또는 핵개발 관련 기술 및 물자를 이전하는 상황을 미국이 일종의 레드라인으로 설정하고 있다고 의심하기도 한다.[33] 이로 인해 미국이 북한의 자체적인 핵무기 고도화를 제지하기 어려운 현실을 감안해 북핵 문제 해결을 위한 노력을 적극적으로 기울이지 않는다는 주장이 제기되는 것이다.[34]

북한과 전통적으로 우호적 관계를 맺고 있는 중국과 러시아는 북한이 핵무기 개발에 나선 이유가 체제 안전에 대한 우려 때문이라는 북한의 주장이 나름의 합리성을 갖고 있다고 보고 있다.[35] 북한의 기본입장은 미국의 핵위협 등 대북 적대정책에 대응하기 위한 자위력으로 핵무기를 개발·보유했다는 것이다. 중국과 러시아는 북핵 문제를 해결하기 위해 북한이 주장하는 체제 안전에 대한 위협을 일정하게 해소해 줄 필요가 있다고 생각한다. 이러한 중국과 러시아의 입장은 한반도 및 동북아 지역에 대한 미국의 군사적 영향력을 축소시킴으로써 양국의 국가이익을 확대하려는 목적도 내재하고 있는 것으로 보인다. 또한 중국과 러시아는 북한이 핵개발을 원자력 발전 등과 연계하고 있다는 점 등을 감안해 북한의 핵 포기·폐기를 유도하기 위해서는 북한이 필요로 하는 것을 제공해야 한다는 입장을 견지하고 있다.

2015년 7월 타결된 이란 핵협상은 북핵 문제 해결을 위해 시사하는 바가 적지 않다. 고농축 우라늄 방식을 이용한 이란의 핵개발 문제는 2002년 8월 국제사회에 본격적으로 제기됐다. 특히, 이란 핵문제는 2005년 집권한 강경파 마무드 아흐마디네자드(Mahmoud Ahmadinejad) 정권이 농축 재개와 성공을 선언하면서 2006년 이후 4차례의 유엔 안보리

---

33) 홍현익, 『미국의 적성국과의 관계 정상화: 중국·베트남·리비아·미얀마 사례의 북·미 관계 정상화에 대한 함의』(성남: 세종연구소, 2014), 49쪽.

34) 양무진, "북핵문제의 경과와 쟁점, 그리고 정책적 제언," 『현대북한연구』, 16-3 (2013), 127쪽.

35) 박동훈·강용범, "중국의 대북정책 논리와 북중관계," 국가안보전략연구소, 『국제문제연구』, 11-3 (2011), 130쪽; 구본학, "주변 4강 및 북한의 신대외정책과 한국의 중장기 안보전략," 『국방정책연구』, 28-4 (2012), 26쪽.

제재 결의를 적용받는 등 해결의 실마리를 찾지 못했다. 그러나 2013년 온건파인 하산 로하니(Hassan Rouhani) 정권이 출범하면서 협상을 통한 문제 해결로 방향을 선회했다. 그리고 2013년 10월 이란 핵문제 해결을 위한 협상에 다시 본격 진입한 뒤 21개월 만에 이란의 평화적 우라늄 농축 활동을 제한적으로 허용하는 대신 미국과 EU 등 국제사회가 취하고 있는 대이란 제재를 해제하기로 합의했다. 이 과정에서 지정학적으로 이란과 특수한 관계에 있는 러시아가 중재자 역할을 적극적으로 한 것으로 알려졌다.[36]

　반면, 미국은 지금까지 북핵 문제 해결을 위한 보상으로 북한에 제공된 중유 등 경제적 지원이 결과적으로 북핵 문제 해결에 아무런 기여도 하지 못했다고 평가하고 있다. 미국은 북한이 아무런 태도 변화를 보이지 않는 상황에서 북한에 먼저 경제적 보상을 제안·제공할 생각이 없다는 점을 분명히 하고 있다. 대신 미국은 강력한 외교적 압박과 경제적 제재를 통해 북한이 핵을 포기해야만 하는 환경을 만들기 위한 노력을 지속하고 있다. 미국은 북한의 핵·미사일 개발 지속 및 재래식 군사력을 이용한 위협이 한반도와 동북아 안보를 위협하는 불안 요인 가운데 하나라고 생각한다. 따라서 북한이 자신들의 체제 안전을 위협하는 행위라고 주장하며 중단을 요구하는 한미연합군사훈련, 미사일 방어체계 구축, 대북제재 등을 중단할 이유가 없다는 입장이다. 한국과 일본 역시 이러한 미국의 입장에 동의하며, 북한이 먼저 북핵 문제 해결을 위한 긍정적인 태도 변화를 보여야 한다는 입장이다.

2. 북한의 체제 안전 우려 문제에 대한 이해관계

　탈냉전 및 독일 통일이라는 국제정세의 급격한 변화 속에서 한국이 중국 및 소련과의 관계 정상화에 성공한 반면 북한은 미국 및 일본과의 관

---

36) 서주석, "이란 핵협상 타결과 북한 핵," 「IFES 현안진단」, 30 (2015) 참고.

계정상화에 성공하지 못했다.[37] 북한은 2000년대 초반 남북관계 개선 및 EU 등 서방 국가들과 국교를 수립하며 전방위 외교를 펼쳤지만, 미국과의 관계 개선에 성공하지 못하면서 큰 성과를 거두지는 못했다. 이러한 상황과는 별개로 한반도의 군사적 대치는 현재에도 지속되고 있으며, 한국과 미국은 냉전기부터 실시해오던 대규모 한미연합군사훈련, 대북제재, 미군의 한국 및 일본 주둔을 지속하고 있다. 한·미·일은 이 같은 활동을 지속하면서 북한의 재래식 군사력을 이용한 각종 도발, 핵실험 및 미사일 시험 발사 등이 한반도 및 동북아의 안보 딜레마를 심화하는 주요 요인이라고 강조하고 있다. 한·미와 미·일은 군사동맹에 기초한 각종 활동의 목적이 북한의 체제를 위협하기 위한 것이 아니라 북한이 도발하려는 의지를 갖지 못하게 하고, 만약 북한이 도발한다면 이것이 성공하지 못하도록 하는 것이라고 설명한다. 한·미·일은 현재와 같은 북한의 대외적 고립 및 체제 안전 우려 심화가 국제구조의 변화에 북한이 적응하지 못했기 때문에 발생한 것으로, 북한이 자초한 것이라고 생각하는 경향이 강하다.[38]

그러나 북한은 자신들의 체제 안전에 대한 우려를 강조하며 '자위력'을 명분으로 핵·미사일 개발 등 군사력 강화를 지속하고 있으며, 이것이 다시 한·미·일의 군사적 대응을 불러일으키는 악순환이 반복되고 있다. 한·미·일과 북한 사이의 안보 딜레마를 해소하기 위해서는 북한이 도발을 중지하고 한·미·일이 북한의 체제를 위협하는 행동을 하지 않는 등과 같은 상호 위협 감소를 기반으로 모두가 공존할 수 있는 방법을 찾아야 한다. 이를 위해 북한이 정치·군사적 문제, 이른바 '근본문제'의 해결을 통해 생존을 도모하겠다고 주장하는 것에 관해 동북아 주요국이 조금 더

---

37) 최완규·이무철, "북한의 대외정책과 국제협력: 탈냉전 이후 '피포위' 의식의 심화와 세계체제로의 편입 노력을 중심으로," 『평화학연구』, 9-1 (2008), 96쪽.
38) 와다 하루끼 지음, 고세현 옮김, 『역사로서의 사회주의』(서울: 창작과비평사, 1994), 139쪽 참고.

실질적 논의를 집중할 필요가 있다. 왜냐하면 북한이 주장하는 근본문제를 동북아 주요국이 해결하는 과정에서 북한 문제 해결의 단초를 마련할 수 있기 때문이다.

한편, 한국에 있어 북한의 체제 안전 우려 문제, 즉 북한의 생존 문제는 '사활적 이익'에 큰 영향을 줄 수 있는 사안이다. 만약 북한이 갑자기 붕괴한다면 한국이 이를 감당하기에는 엄청난 부담이 발생할 수 있기 때문이다. 미국은 기본적으로 북한과 적대 관계를 형성하고 있지만, 북한의 생존 문제가 미국의 '사활적 이익'에 해당하는 것이라고 간주하지는 않는다. 다만, 미국은 북한의 생존 문제가 미국의 국익을 확대 또는 축소하게 하는 변수 가운데 하나일 수 있다는 인식을 갖고 있다.[39] 미국 일부에서는 북한이 '말썽구러기'로 존재하는 것이 한반도 및 동북아 지역에서 미국의 국익을 확보·극대화하는 데 도움이 된다는 생각을 갖고 있기도 한 것으로 보인다.[40] 일본은 북한의 생존 문제가 '사활적 이익'은 아니지만 국익에 적지 않은 영향을 미칠 수 있는 '핵심적 이익'과 관계된 사안이라고 간주하고 있다.[41]

중국은 북한과의 지정학적 관계에 근거해 북한의 생존 문제에 많은 관심을 갖고 있다.[42] 중국은 북한이 체제를 유지하는 상황에서 말썽을 일으킬 경우 원하지 않는 한반도의 불안정에 '연루'될 수 있다는 점을 가장 크게 우려하는 것으로 보인다. 또한 중국은 북한이 생존하지 못하고 한국 중심으로 한반도가 통일될 경우 주한미군이 북한 지역에까지 주둔하게 돼 미국과 직접 군사적으로 대결하는 상황이 전개될 것에 대한 우려를 갖고 있다. 러시아도 전통적인 우호협력관계에 기반해 북한의 생존 문제에 많

---

39) 배정호 외, 『한반도 통일에 대한 동북아 4국의 인식』 (서울: 통일연구원, 2013), 17~38쪽.
40) 서재정 지음, 이종삼 옮김, 『한미동맹은 영구화하는가: 군사동맹에서의 군사력, 이해관계 그리고 정체성』 (서울: 한울, 2009) 참고.
41) 방호엽, "북한의 핵미사일 개발과 일본방위정책과의 상관관계," 한일군사문화학회, 『한일군사문화연구』, 17 (2014), 135~140쪽.
42) 김흥규, "한반도 통일에 대한 중국의 입장 분석과 정책제언," 『수은북한경제』, 여름호 (2014), 1~25쪽.

은 관심을 갖고 있다. 러시아는 북한이 생존하지 못할 경우 동북아 지역에서 자신들의 영향력이 더 줄어들 수 있다는 점을 염려하는 것으로 보인다.[43]

이와 같이 한국은 북한의 생존 문제, 즉 북한의 체제 안전 우려 문제에 가장 많은 이해관계를 갖고 있다. 따라서 한국은 북한이 제기하는 정치·군사문제 우선 해결의 근본문제 논의를 통해 북한의 체제 안전 우려 문제를 해결하는 과정에서 북한이 핵을 포기·폐기하고 대외관계 개선을 바탕으로 개혁·개방을 본격화할 수 있도록 유도해야 할 것이다. 한국은 또한 중국과 일본, 미국, 러시아 등 동북아 주요국이 북한과 공존하고 북한을 국제사회의 정상적 일원으로 끌어내기 위한 노력을 기울이는 데 주도적인 역할을 해야 할 것이다. 박근혜 대통령도 2014년 3월 독일 드레스덴에서 한 연설을 통해 "우리는 동북아 평화협력구상을 발전시켜 북한의 안보 우려도 다룰 수 있는 동북아 다자안보협의체를 추진해 나갈 수 있을 것"이라고 강조했다. 이를 통해 한국은 주변 강대국의 합종연횡에 끌려가지 않고, 한반도 정세를 평화와 번영, 통일에 유리한 방향으로 선도해 갈 수 있을 것이다.

3. 북한의 개혁·개방 문제에 대한 이해관계

한국과 미국, 중국을 비롯한 동북아 주요국들은 북한이 개혁·개방을 본격화함으로써 고질적인 식량난을 비롯한 경제난을 해결하고, 정상국가의 면모를 회복해야 한다는 데 이견이 없다. 특히, 개성공단을 제외한 남북한 간 경제적 교류·협력이 사실상 전면 중단된 이후 북한의 대외무역을 독점한 중국은 북한의 개혁·개방에 적지 않은 영향을 미치고 있다.[44] 남북경협을 위한 제도 개선에 미온적이었던 북한도 몇 년 전부터 중국의

---

43) 박정민, "푸틴 이후 러시아의 대외정책과 대북정책," 『북한연구학회보』, 14-1 (2010), 201쪽 참고.
44) 정성장, "김정은 체제의 경제 개혁·개방 전망과 과제" 참고.

요구를 반영해 외부로부터의 투자유치를 위한 제도들을 정비하고 있다. 북한은 2011년 이후 특구법을 비롯한 대외경제협력 관련 법률들을 대대적으로 보완 및 확충했고, 황금평·위화도 및 나선과 같이 중국 주도로 개발하는 경제특구에서는 자유로운 경제활동과 함께 통행·통신·통관 등 '3통 문제'도 비교적 원활하게 보장하고 있다.[45] 또한 북중경협에 참여하는 중국의 중앙정부, 지방정부, 기업들은 북한에 끊임없이 제도 개선을 요구하고 있어 시장 관행들의 제도화를 비롯한 북한의 개혁·개방에 많은 영향을 미치고 있다. 러시아 역시 체제 전환 이후 극동지역 개발과 연계해 남북러 나진-하산 물류 사업 등 북한의 개방에 영향을 미치는 사업들을 지속적으로 발굴·추진하고 있다.[46] 그러나 점진적으로 확대되고 있는 북중 및 북러 간의 경제협력이 북한을 진정한 개혁·개방으로 유도하고 있다고 평가하기는 어려운 것이 사실이다.

박근혜 정부는 이른바 '작은 통일'에서 '큰 통일'을 지향한다는 구상을 내세우며 북한과 사회·문화적인 부문에서의 교류·협력 및 지원 등을 통해 상호 간 신뢰를 쌓고, 북한의 진전된 비핵화 조치가 이뤄지는 과정에서 대규모 경협에 나설 수 있다는 입장을 견지하고 있다. 미국과 일본 역시 북한과의 본격적인 경제협력 사업은 핵문제 해결과 함께 북한과의 관계 정상화가 이뤄져야 가능하다는 입장을 유지하고 있다. 미국과 일본에 있어 북한이 갖는 경제적 가치는 작은 시장규모, 낮은 소비수준, 저발전된 생산능력 및 인프라 등으로 단기적 측면에서 수익을 창출하기 어려운 상황이다.[47]

만약 북한이 진정성 있는 개혁·개방을 추진할 경우, 이것이 성공하기 위해서는 미국을 비롯한 국제사회가 취하고 있는 각종 대북 경제제재가

---

45) 이상근·송문지, "북중경협 강화와 한반도의 미래: 북중경협이 북한 개혁·개방과 통일에 미치는 영향을 중심으로," 『국가전략』, 20-2 (2014), 117~118쪽.
46) 임채완, "북한 개혁·개방과 중국·러시아의 역할," 『대한정치학회보』, 11-3 (2004), 46~48쪽.
47) 홍현익, 『미국의 적성국과의 관계 정상화』, 51~52쪽.

해제되어야 한다. 그러나 북한의 핵·미사일 개발이 지속된다면 국제사회의 대북제재가 해제되기는 어려울 것이다. 미국은 6.25전쟁 발발 이후 북한에 매우 다양한 범위와 수준의 각종 경제제재를 중복해서 적용하고 있으며, 북한의 핵·미사일 개발이 본격화된 뒤 미국의 대북 경제제재는 더욱 강화됐다.[48] 한국과 일본 역시 미국과 국제사회의 대북제재가 지속되는 상황에서 북한의 개혁·개방 및 이의 성공에 영향을 미칠 정도로 독자적 제재를 완화하기는 쉽지 않을 것이다. 중국과 러시아는 북한의 핵·미사일 개발에 따른 국제사회의 제재에 과거보다는 참여하고 있지만, 이에 구애받지 않고 북한과의 협력 사업은 양자관계에 기초해 지속하고 있다.

미국은 북한이 개혁·개방을 한다면 협조하고 지원할 것이라는 의사를 밝히고 있다. 오바마 대통령은 2012년 11월 19일 미얀마 양곤대학에서의 연설을 통해 '북한이 핵개발을 중단하고 미얀마처럼 민주적 개혁과 개방을 시작하면 민주화와 경제 개발 노력 등을 지원하겠다'고 했다.[49] 그러나 미국의 이러한 제안이 북한의 핵무기 포기 및 폐기를 전제로 하고 있다는 점에서 현실화되기는 쉽지 않을 것으로 보인다. 한편 미국과 한국 등이 북한 지도층의 변화를 직접 유도하거나 이러한 변화를 전략적으로 지원하고 지속적으로 중국, 러시아 등과 협력해 노력한다면 북한을 개혁·개방으로 끌어낼 수 있을 것이다. 현재 북한 지도층은 대내외에서 발생하는 경제적 이익을 독점하고 있기 때문에 개혁·개방을 통한 변화에 큰 관심을 갖지 않을 가능성이 크다.[50] 게다가 이러한 방법은 궁극적으로 북한이 유지·강화하고자 하는 수령제 및 일당독재 체제의 변화를 수반할 수밖에 없다는 점에서 수용하기가 쉽지 않을 것이다. 따라서 우리가 주변국

---

48) 임갑수·문덕호, 『유엔 안보리 제재의 국제정치학』 (파주: 한울, 2013); 홍순식, "미국의 대북경제제재 실효성: 리비아 사례와 비교," 『동아연구』, 53 (2007).
49) 『연합뉴스』, 2012년 11월 20일자.
50) 박형중, "북한은 왜 '붕괴'도 '개혁·개방'도 하지 않았을까?," 『현대북한연구』, 16-1 (2013), 63쪽.

들과의 긴밀한 협력을 토대로 북한의 바람직한 변화를 유도하기 위한 단계적 전략을 마련해 지속적으로 추진할 때, 변화의 가능성을 모색할 수 있을 것이다. 이 문제 역시 주변국들의 이해관계에 결부되어 있지만, 북한의 변화 방향에 대한 공감대를 만들어갈 수 있다면 결코 어려운 일만은 아닐 것이다.

제4절. 새로운 남북관계 패러다임 모색

중국의 급속한 부상에 따른 국제사회에서의 역할 확대로 국제질서와 한반도를 둘러싼 동북아 정세는 냉전 및 탈냉전 초기와 근본적으로 달라졌다. 냉전기 미국과 구소련은 한반도를 이데올로기적 · 군사적으로 첨예하게 대립하는 전초기지로 여겼지만, 현재 국제질서의 구조적 변화를 주도하는 한 축인 중국은 한반도에 매우 큰 이해관계를 갖고 있다. 이로 인해 북한 문제가 단순히 한반도에 국한된 성격에서 벗어나 주변 강대국의 이해관계가 엇갈리는 성격으로 국제화됨으로써 해결 방향을 모색하기 쉽지 않은 상태가 됐다. 여기에 북한의 핵능력 강화는 북한이 핵보유국이 아닌 시절 제시됐던 기존 남북관계 패러다임의 유용성을 상실하게 했다. 북한이 추구하는 사실상의 핵보유국 위상은 안보와 경제 가운데 어느 한 측면만을 중요시 하는 접근을 통해서는 북한 문제를 근본적으로 해결하기가 어렵다는 예상을 가능하게 한다. 즉, 우리는 현재와 미래를 대비하고 만들어가는 관점에서 기존의 남북관계 패러다임과 질적으로 차별화되고 현실에 부합하는 새로운 패러다임을 모색해야 하는 상황에 놓여 있는 것이다.

한국은 북한이 단계적으로 체제 전환을 통해 '연착륙(soft landing)'하기를 원하며,[51] 이를 달성하기 위해 탈냉전 이후 북한과 비정치적 · 비군

---

51) 이수석 · 현성일 · 한규선, 『김정일 이후 북한의 연착륙을 위한 한국의 대응전략 연구』(서울: 국회 외교통상통일위원회, 2008), 21~22쪽.

사적 부문에서부터 점진적으로 관계를 발전시켜 나가는 방향에서 대북정책을 추진해왔다. 노태우 정부 이후 역대 한국 정부가 밝힌 대북정책 기조나 원칙 또는 방향은 크게 다르지 않았다. 그때그때의 상황 변화를 감안해 강조점을 달리하고 당면목표에서 정부에 따라 차이를 보였지만, 한반도에 평화를 정착시키고 남북관계를 화해·협력 관계로 전환시켜 통일의 토대를 마련하려는 데 대북정책의 목적을 두고 있다는 점은 공통적이었다. 점진적·단계적 통일의 과정을 밟아나가면서 민족공동체를 회복함으로써 통일을 이룩한다는 데 대해 국민적 합의를 이루고 있는 것이다.[52]

한국 정부가 그동안 추진한 포용정책, 포용과 압박을 병행하는 정책이 별다른 성과를 거두지 못함에 따라 새로운 대안을 강구해야 하는 상황이다. 최근 한국 정부가 강조하고 있는 '선 핵문제 해결, 후 남북관계 개선' 전략은 이미 실효성이 크지 않음이 증명됐다. 특히 이 전략은 당초 기대했던 것과는 정반대의 결과인 북핵 문제 악화와 북한의 3대 세습체제 강화, 북한의 대중국 의존도 심화를 초래했다. 따라서 남북한을 비롯한 한반도의 대내외 환경과 국제질서 구조가 재편되는 등 상당히 변화된 상황에서 우리는 새로운 남북관계의 패러다임을 모색하지 않으면 안 되는 국면에 있는 것이다.

남북관계의 역사를 감안했을 때, 당장의 성과를 거두기는 어렵지만 상황 악화를 방지하면서 단계적인 해결책을 모색해하기 위해서는 '대화·협력을 통한 해결'이 기본이 될 수밖에 없다. 대북 포용정책에 관해 '남북관계의 진전을 가져왔지만 북한의 일방주의에 끌려다녔다'는 비판이 있었다. 그러나 비포용정책도 북한의 자세를 고치는 '학습효과'는 있었지만 남북관계를 파탄시켰다는 비난을 피하기 어렵다. 특히, 비포용정책은 북한의 변화를 강제할 수 없을 뿐 아니라 한반도 정세가 남북한의 차원을 넘어

---

52) 김형기, "남북관계와 대북정책의 변화: 대결과 협력은 선택인가?," 『KDI 북한경제리뷰』, 15-4 (2013), 58쪽.

국제화돼 버린 결과를 초래했다는 점에서 다른 방식과 관점에서의 접근이 긴요하다.[53]

특히, 북한 문제 해결을 위해 풀어내야 하는 많은 과제 가운데 북한 문제 해결의 근본이 되고, 남북관계 개선·발전 및 통일로 나아가는 과정에서 반드시 해결되어야만 하는 관건적 과제는 바로 북핵 문제이다. 북한이 핵보유국임을 주장하며 핵능력을 강화하는 상황에서 북핵 문제를 해결하지 않고서는 북한 문제를 본질적으로 해결하기 어려우며, 남북관계 개선·발전 및 통일 등과 같은 한반도의 미래를 상상하기 어렵다. 또한 북핵 문제는 동북아의 평화와 안정을 저해하는 중요한 문제 중에서 하나이며, 한반도와 주변국들 간 관계에 있어 협력을 증진하고 공동체로 진일보하는 데 있어 가장 큰 장애요소가 될 것이 자명하다. 따라서 북핵 문제에 대한 북한의 인식과 대응에 대해 구체적으로 살펴볼 필요가 있는 것이다.

대부분의 전문가들은 북한이 핵개발을 통해 궁극적으로 얻으려 하는 것이 정권의 생존과 경제 발전이라는 점에 이견을 보이지 않는다. 북한은 미중 등 동북아 지역 내 역학관계 변화를 감안하면서 누구에게 어떠한 방식으로 정권의 생존을 보장받아 정상국가로 나아갈 것인지를 고민하며 북핵 문제 양상을 변화시켜온 것이 사실이다. 즉, 약소국인 북한은 강대국인 미국과 중국의 관심을 북핵 문제에 집중시킴으로써 북핵 문제의 경로를 변화시켜 나가고 있는 것이다. 이 과정에서 북한은 핵개발의 의도를 보다 정교하게 세분화하면서 주도적으로 북핵 게임의 규칙을 바꿔왔다. 북한은 북핵 문제가 국제사회의 주요 이슈로 대두된 초기에는 자신들의 생존을 위한 억지와 대미 협상용에 무게를 두고 북미 수교 및 평화체제 수립을 요구했다. 그러나 현재 북한은 핵개발을 카드로 활용하며 미국으로부터 생존을 보장받기보다는 미중 간 전략적 관계 변화 속에서 독자적 생

---

53) 장달중, "새로운 남북관계 패러다임의 필요성," 현대경제연구원, 『통일경제』, 102 (2011), 10~15쪽.

존을 위한 핵무기 보유에 방점을 찍고 있는 것으로 보인다.[54]

북한은 1990년대의 제1차 북핵 위기와 2000년대 초반의 제2차 북핵 위기, 2008년 이후 6자회담이 공전되는 가운데 핵개발에 주력하고 있다. 냉전 말기 북한은 미국과 적대적 관계가 지속되는 가운데 몰락의 길을 걷는 소련과 미국에 견주기 어려운 국력을 보유한 중국으로부터 확실한 안전보장을 받을 수 없었기 때문에 핵개발을 본격화했다. 특히, 북한은 탈냉전으로 소련과 동구 사회주의권이 붕괴하자 '핵을 가진 국가는 미국이 쉽게 공격하지 못한다'는 인식을 갖게 됐으며, 핵개발을 통한 안전보장을 추구했다. 이 시기 북한은 비핵화와 한반도 평화체제를 공식적으로 연계하지는 않았지만, 자신들의 생존을 보장하는 한반도 평화체제가 비핵화를 위한 나름의 충분조건인 것으로 이해했다.

북미 간 「제네바 기본합의」 타결 이후 해결국면으로 진입하는 듯 하던 북핵 문제는 2002년 10월 미국이 북한의 우라늄 농축 의혹을 제기하면서 양상이 급격하게 변화했다. 2008년 말 북핵 문제 해결을 위한 6자회담이 중단되기 이전까지 북한은 양자 · 다자 간 협상에서 핵개발을 카드로 사용하며 안보와 경제적 지원 획득이라는 포괄적 패키지를 상대방에 요구했다. 이 시기 북한은 미국으로부터 근본적으로 생존을 보장받고, 이를 발판으로 정상국가화를 모색하기 위해 미국과의 대화 · 협상에 방점을 찍었다. 탈냉전으로 미국이 국제질서의 유일한 초강대국이 된 상황에서 북한은 표면적으로 미국을 적대적으로 대하면서도 실제로는 생존을 보장받고 경제를 발전시키기 위해 미국의 지원이 필요하다는 사실을 인정할 수밖에 없었다. 결국 북한은 핵개발을 통해 미국으로부터 정권의 생존과 정상국가화를 보장받아야 한다는 목표를 세웠고, 이를 위해 미국과의 수교, 한반도 평화체제 수립 등을 추진했던 것이다.

---

54) 함택영, "북핵문제 해결과 한반도 평화체제의 모색," 278~279쪽.

이처럼 북한의 대미 인식은 '적'과 '위협'에서 안전을 보장받고 정상국가화에 대한 지원을 받는 것으로 변화했다. 이러한 인식 변화가 가능했던 결정적 계기는 「제네바 기본합의」였다고 할 수 있다. 제1차 북핵 위기 해결 과정에서 북한은 핵개발을 카드로 활용해 미국과 직접 대화하면서 북미관계 개선을 통한 안보 우려 해소, 중유 및 경수로 등 지원을 통한 경제난 해소 등 정치·경제적 이익을 취할 수 있는 기반을 마련했다.[55] 특히, 북한은 미국과 2000년 조명록·올브라이트 상호 방문을 통해 북한 미사일 문제의 해결방안을 모색하는 등 양국 간 안보 우려 해소를 위한 접점을 찾는 과정에서 자신들이 주장하는 한반도 평화체제 문제에 대한 미국의 태도 변화를 체감했다.

나아가 북한은 제2차 북핵 위기를 해결하기 위한 6자회담에서 국제질서에 대한 중국의 영향력 확대와 미중관계 변화 등을 적극 활용하며 미국에 체제 보장을 요구했다. 북핵 문제 해결을 위한 이정표라고 할 수 있는 「9.19 공동성명」과 이의 이행을 위한 단계적 조치인 「2.13 합의」, 「10.3 합의」로 이어지는 과정에서 북한은 과거 소련과 중국 사이에서 줄타기 외교를 했던 것처럼 미국과 중국 사이의 정치적·외교적 공간을 활용할 수 있다고 판단했다. 이에 따라 북한은 국제질서에 대한 영향력을 급속하게 확대하는 중국을 카드로 활용하며 미국에 북미 간 거래를 제안하기도 했다. 2007년 3월 김계관 북한 외무성 부상이 헨리 키신저 전 미국 국무장관을 만난 자리에서 "미국은 북한의 전략적 가치를 알지 않느냐", "중국을 견제하려면 북한을 끌어 안아라"라고 말하며 북한이 미국의 대중 견제에 협조할 수 있다는 의사를 내비친 것이 대표적 사례이다.[56]

그러나 2008년 이후 북한은 북핵 상황을 다시 변화시키고 있다. 북한

---

55) 북한은 「제네바 기본합의」를 통해 2003년까지 200만kW 경수로 제공, 첫 번째 경수로 완공 시까지 매년 50만의 중유 제공 등 경제적 대가를 보장받음으로써 핵을 미국과의 협상카드로 십분 활용했다.
56) 『동아일보』, 2007년 6월 23일자.

은 2008년 김정일 위원장이 뇌졸중으로 쓰러졌다가 일어난 뒤 후계체제 구축을 급속하게 진행하며 내부적으로 정치 · 사회적 안정을 필요로 했다. 이러한 상황에서 2009년에는 미국과 중국이 전략경제대화를 시작하며 이른바 'G2' 시대로 일컬어지는 새로운 국제질서를 본격적으로 모색하기 시작했다. 이는 국제질서 측면에서 안보 · 경제적으로 미국이 중국을 압도하지만 동북아 지역에서는 미중의 전략적 균형이 이뤄졌거나 일부 부문에서 중국이 미국을 앞서가는 상황을 미국이 용인한 것으로 해석할 수 있다. 이 같은 내부적 요인과 주변 안보환경 변화에 적응하기 위해 북한은 핵을 체제생존을 위한 최후의 수단으로 인식하고, 핵개발 및 보유에 대한 전략에 변화를 가한 것으로 보인다. 특히, 미국의 아시아 재균형 정책으로 동북아에서 미국과 중국 간 갈등이 불가피하다는 점에서 2012년 발생한 북한의 3차 핵실험은 북한이 동북아 지역 내 역학관계 변화를 유인한 것이라기보다는 오히려 이러한 변화를 반영한 북한의 전략적 행동이었을 개연성이 크다.

북한은 2008년 말 6자회담이 사실상 중단된 이후 불능화 작업을 전면 중단하고 비핵화 대화를 거부하면서 핵무기 보유국 지위 확보를 강조하기 시작했다. 2009년부터 북한은 장거리 로켓 시험 발사(2009.4.5), 2차 핵실험 단행(2009.5.25), 우라늄 농축 시설 공개(2010.11.12) 등 핵개발과 관련된 일련의 노력을 가속화했다. 이러한 북한의 전략적 노선 변화는 김정은 정권 들어 더욱 확실하게 나타나고 있다. 북한은 2012년 미국과의 「2.29 합의」를 파기하고 장거리 로켓 발사를 강행(2012.4.13)했고, 「헌법」을 개정하면서 전문에 핵보유국임을 명시했으며, 장거리 로켓 재발사(2012.12.12)에 이어 3차 핵실험(2013.2.12)을 감행했다. 북한은 3차 핵실험을 단행한 지 1개월 뒤에 외무성 대변인 담화를 통해 "경제적 혜택과 교환하기 위한 흥정물로 핵을 보유했다고 생각하는 것은 오산"이라고 주장했다.[57] 특히, 북한은 김정은 시대의 전략노선으로 '경제건설과 핵무력 건설 병진노선'을 채택하고, 이를 법·제도적으로 뒷받침하기 위한 차원에서 「자위적 핵보유국의 지위를 더욱 공고히 할 데 대하여」 등을 법령으로 채택했다.

　그들의 주장대로 앞으로 북한은 핵억제력을 유지하면서 제한적인 개방조치를 취해나가는 길을 선택할 개연성이 크다. 이러한 맥락에서 앞으로 북한은 핵을 보유한 상태에서 개혁·개방 문제도 체제가 붕괴하지 않도록 내구력을 확보하는 데 진력하면서 속도를 조절할 것으로 보인다. 북한이 과거의 6자회담 등에서 언급한 한반도 평화체제는 더 이상 비핵화를 위한 필요충분조건이 아니라 단지 필요조건일 뿐이다. 이제 북한이 미국으로부터 바라는 것은 핵포기에 따른 일련의 경제적 보상이나 정전협정의 평화협정 대체 등과 같은 조치에 그치지 않고 있다. 북한은 미국이 구상하는 동북아의 미래 속에서 자신들의 존재와 체제를 인정하고 보장해 달라는 것으로 요구사항을 확대하고 있다. 지금까지 서술한 북핵 상황 변화와 그 속에서 주요국들의 관계를 도식화하면 〈그림 Ⅳ-1〉과 같다.[58]

---

57) 『노동신문』, 2013년 3월 17일자.
58) 이를 도식화하는 데에는 이론적으로 냉전시기 미국, 소련, 중국의 관계를 분석하기 위해 디트머(Lowell Dittmer)가 제시한 '전략적 삼각관계(strategic triangle)' 개념을 참고하여 재구성하였다. 디트머(Dittmer)에 따르면 전략적 삼각관계는 세 행위자 사이의 '교차게임의 일종'으로 삼각관계의 유형은 세 행위자의 관계에 따라 세 행위자간의 우호관계를 유지하는 '삼자 동거(the menage a trois)', 주요 행위자와 다른 두 행위자 사이의 호감과 다른 두 행위자 사이의 적대관계를 말하는 '로맨틱 삼각관계(romantic triangle)', 두 행위자들이 호감을 갖고 그 두 행위자 각각이 또 다른 한 행위자에게 적대감을 갖는 '안정적 양자결혼(stable marriage)'의 세 가지로 구분하였다. Lowell Dittmer, "The Strategic Triangle: An Elementary Game-Theoretical Analysis," World Politics, 33-4 (1981), pp. 485~515.

<그림 IV-1> 북핵 상황 변화에 따른 주요국 관계 변화

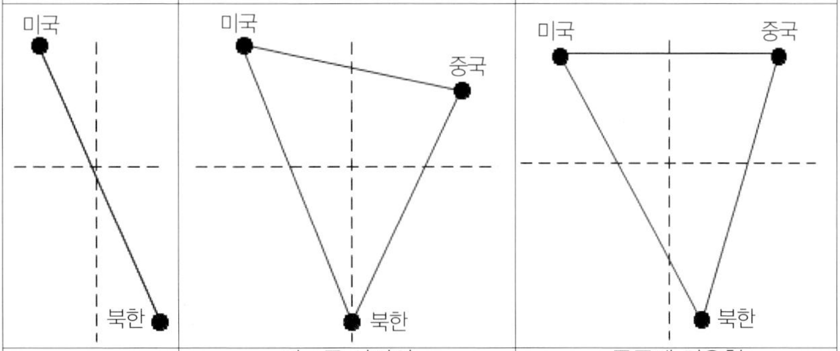

제1차 북핵 위기	제2차 북핵 위기	2008년 이후 현재까지
북 · 미 대립형	미 · 중 사이의 북 · 중 · 미 부등변 역삼각형	중국에 치우친 북 · 중 · 미 부등변 역삼각형
억지용	협상용 〉 보유용	협상용 〈 보유용
대외(미)위협 차단	미국을 향한 미 · 중사이 줄타기	독자 생존 모색
평화체제⊃비핵화	평화체제⊇비핵화	평화체제⊂비핵화

　　북한 체제의 보장과 핵개발의 상관관계 변화 과정을 살펴보면, 북한은 현재의 체제안전뿐 아니라 미래에도 생존이 보장된다는 점을 확실히 인식할 수 있어야만 핵을 포기할 것이다. 이러한 맥락에서 제2차 북핵 위기 기간 6자회담에서 제시된 비핵화와 한반도 평화체제의 연계는 북한이 2008년 이후 지속적으로 주장하는 것처럼 현재 상황에서 적실성을 상실한 것일 수 있다. 왜냐하면 김정은 체제는 핵을 협상에 활용하기보다는 보유 그 자체에 방점을 찍으면서 세계의 비핵화가 달성될 때에만 핵포기 및 폐기가 가능하다고 주장하고 있기 때문이다. 북한이 주장하는 세계의 비핵화는 현재의 위협뿐 아니라 미래에 발생 가능한 위협요소까지 제거하고 안전을 보장해야 한다는 의미이지만, 이는 미국뿐 아니라 주변국들이 수용할 가능성이 없다.

　　앞으로 북한은 핵보유에 따른 딜레마에 직면할 것이다. 북한은 이러한 딜레마 때문에 지속적으로 체제안전 보장을 강조하는 것이다. 김정은 체제가 인민경제 향상에 주력하며 경제난 극복을 강조하고 있지만, 구조적 요인에 기인하는 북한의 경제난은 개혁·개방 등 근본적인 대처를 통해서만 극복할 수 있다. 그러나 북한이 핵을 보유한 상황에서는 외부로부터의 경제 협력 및 지원을 기대하기 어렵다. 그렇다고 북한이 개혁·개방을 통한 경제 개선 및 발전을 위해 핵을 쉽게 포기하지는 않을 것이다. 핵과 대외적인 협력 문제 외에도 북한은 내부 체제적인 근본문제 때문에도 개방을 서둘러 추진하기가 어렵다. 향후 김정은 체제가 안정적으로 지속되고 정상국가로 가는 길에서 중대한 결단을 내려야 하는 딜레마와 과제를 어떻게 해결해 나갈 것인지가 주목된다.

북핵 문제와 북한의 체제 안전 우려 문제, 북한의 개혁·개방 문제 등 이른바 '북한 문제'를 한 꾸러미에 넣어 상호연관성을 극대화하고, 남북한과 동북아 주요국이 함께 접점을 모색해나가는 것을 하나의 대안으로 생각해 볼 수 있다. 한국만의 안보를 위한 정책은 결국 남북한의 군비경쟁 및 '안보 딜레마'에 직면하게 된다는 점에서 소모적이다. 따라서 한국은 국제 및 동북아 질서 변화를 감안하면서 남북한이 함께 안보를 추구할 수 있는 이른바 '공동 안보'를 위한 정책을 북한에 제안하고 협의·추진할 필요가 있다. 한국은 북한의 변화와 이에 대한 한국의 지원이 남북한의 공동 안보를 위한 길이라는 논리로 북한과 주변국을 설득하고, 이를 위한 구체적인 정책을 협의·추진할 수 있을 것이다. 이러한 맥락에서 한국은 북한에 대해 (신)기능주의적 접근 방식을 지속하는 동시에 그동안 소극적이었던 정치·군사적 문제 해결을 위한 논의를 보다 적극적으로 추진할 필요가 있다.

지금까지 한국은 북한과 정치·군사적 사안, 즉 이른바 '근본문제' 논의에 많은 관심을 두어 오지 않았다. 한동안 한국이 비정치적·비군사적 사안을 중심으로 대북 관여정책을 적극적으로 추진한 결과, 일정하게 남북관계가 개선·발전하고 북한이 변화한 것은 사실이다. 그러나 남북한 간의 정치·군사적 문제가 경제·사회문화적 교류·협력의 장애로 작용한 경우가 적지 않았다. 따라서 보다 근원적으로 남북관계가 발전하고 북한이 변화하기 위해서는 남북한 간 정치·군사적 문제가 해결되어야만 한다. 남북한 사이의 정치·군사적 문제 해결과 경제·사회문화적 교류·협력이 상호 긍정적 영향을 미치며 선순환할 때 한반도의 진정한 평화와 번영, 통일에 한 걸음 다가설 수 있는 것이다.

한편 경제 재도약을 위한 돌파구가 필요한 한국 입장에서 북한과의 경제협력을 통한 공동 번영은 새로운 경제 발전의 동력이 될 수 있다. 북한역시 경제 발전을 위한 외부로부터의 투자 유치가 절실하지만, 체제의 특성 및 체제 안전 문제와 핵·미사일 개발 등으로 대외적 경제협력이 쉽지않은 상황이다. 이러한 상황에서 한국이 주도해 남북한 모두에 이익이 되면서도 실행하기 쉬운 사업의 협력부터 시작하고, 점진적으로 북한 경제재건에 기여하는 사업 등으로 사업 범위를 확대하는 방향에서 정책을 추진할 수 있을 것이다. 북한 경제가 발전할 수 있는 실현 가능한 로드맵을북한 및 국제경제기구 등과 협력해 추진할 수 있을 것이다.

남북한 공동 번영 사업 추진은 북한이 개혁·개방을 추진할 수 있는 계기가 될 것이다. 한국이 북한의 개혁·개방을 적극적으로 지원할 경우 다른 나라들의 대북투자를 유도해 북한의 개혁·개방을 성공으로 이끌 개연성이 작지 않다. 이러한 남북한 공동 번영 사업은 남북한 모두에 이익인동시에 남북한의 국제적 경쟁력을 강화하는 방안이면서 통일을 향한 한반도 경제공동체 건설의 토대가 되는 것이다. 즉, 남북한이 보다 긴 안목에서 한반도의 미래 비전을 공유하면서 공동 안보·번영을 추진하는 과정은북한 문제 해결에도 긍정적 영향을 미칠 것이며, 이는 궁극적으로 한반도의 평화통일로 이어지는 디딤돌이 될 것이다.

제5장

한반도 미래 구상

제 V 장
한반도 미래 구상

제1절 서 론

역사적 측면에서 살펴보면, 한반도는 주변 강대국들과의 관계 속에서 통일외교안보 정책의 자율성을 거의 갖지 못했던 것이 사실이다. 북방정책을 통해 소련 및 동유럽 사회주의권 국가들과의 관계 개선과 대북 포용정책을 추진하면서 어느 정도 자율성을 확대하는 정도였다. 그러나 중국이 국제사회의 주요한 행위자로 급부상한 현재 한반도는 미중의 국익이 첨예하게 대립하는 지점이 됐다. 국제질서 및 동북아 정세의 급격한 변화 속에서 주변 강대국들이 자신만의 국익을 앞세우는 상황에서 한반도는 어떠한 것도 쉽게 선택하고 결정하기 어려운 여건에 놓여 있다. 주변국들의 이러한 태도는 우리가 한반도의 바람직한 미래를 일궈나가고 통일을 지향해 가는 과정에서도 바뀌지 않고 나타날 것이며, 이는 한반도의 통일에 장애로 작용할 것이다. 우리는 통일의 편익이 주변국들에도 이익이 된다는 논리를 제시하며 주변국들이 통일을 지지하도록 해야 할 것이다. 그렇게 하기 위해서는 북핵문제를 포함한 북한 문제를 반드시 해결해야만 한다. 새로운 패러다임을 통해 남북관계를 개선 및 발전시켜 분단을 극복함으로써 한반도와 동북아의 평화와 번영을 모색할 수 있을 것이다.

소련의 붕괴와 동유럽 사회주의권 국가들의 체제전환으로 냉전체제가 해체된 지 25년이 지났음에도 불구하고 동북아에서는 아직 협력과 공존의 분위기가 제대로 정착되지 못하고 있다. 1·2차 세계 대전이 벌어졌던 유럽에서는 1951년 유럽석탄철강공동체가 만들어지고, 1958년에는 유럽경제공동체와 유럽원자력공동체가 설립됐다. 세 공동체는 1967년 유럽공동체로 통합되었고, 1992년에는 유럽연합(EU)이 설립되었으며, 1999년 유로화를 도입하는 등 지속적으로 협력과 통합 과정을 이어갔다. 그러나 동북아 주요국인 한국과 중국, 일본은 경제적 상호 의존도를 높여가면서도 정치·군사적 협력에서 일정하게 한계를 드러내면서 협력과 경쟁을 병행하고 있다. 특히, 2000년대 후반 중국이 국제사회의 주요 행위자로 등장하고, 2015년 들어 일본이 보통국가화를 본격 추진하는 등 역사·영토 문제로 국가 간 갈등이 확대되면서 대립하는 양상을 보이고 있다.

이러한 가운데 탈냉전으로 북한은 대부분의 우방국을 잃은 상황에 직면하게 되었다. 미국이 홀로 주도하는 국제질서가 형성되자 북한은 미국이 우려하는 국제사회의 WMD 확산 문제에 도전하는 방식으로 미국과의 관계 개선을 추진해 나갔다. 북한은 1980년대 말부터 국제사회에 제기되기 시작한 자신들의 핵개발을 통해 미국에 접근, 체제 안전 보장 및 경제적 지원을 얻어내기 위한 협상 카드로 활용했다. 이 같은 북한의 접근에 따라 1990년대 초반 북한과 미국 사이의 양자대화가 이뤄졌다. 북한은 제1차 북핵 위기를 해결하기 위한 미국과의 대화를 통해 체제 안전 보장과 경제난 해소를 위한 지원을 요구했다. 이 시기 북한은 미사일 문제를 놓고도 미국과 양자대화를 진행했으며, 한반도 평화체제 문제에 대해서는 한국, 미국, 중국 등과 4자회담을 하기도 했다. 북한은 미국과 1994년 10월 21일 제1차 북핵 위기 해결 로드맵인 이른바 「제네바 기본합의」를 체결했다. 이를 통해 북한은 핵시설을 동결하고 궁극적으로 폐기하는 대신 미국과의 관계정상화 및 중유·경수로 지원 등을 받기로 하였다. 그러나 2002년 10월 미국이 북한의 우라늄 농축 프로그램 의혹을 제기하면서 「제네바 기본합의」의 이행이 중단됐다.

북한이 고농축 우라늄 방식으로 핵무기 개발을 추진한다는 의혹으로 시작된 이른바 제2차 북핵 위기는 북·중·미 3자회담을 거쳐 남·북·미·중·일·러 등 동북아 주요 6개국이 참여하는 6자회담에서 해결책을 모색하게 됐다. 2003년 8월부터 2008년 12월까지 총 6차례에 걸쳐 진행된 6자회담 본 회담 가운데 2005년 9월 열린 제4차 회담에서 북핵 문제 해결의 이정표라고 할 수 있는 「9.19 공동성명」이 채택됐다. 「9.19 공동성명」의 주요 내용은 북한의 핵무기 및 핵프로그램 포기, 북한의 평화적 핵이용 인정, 북미 및 북일 관계 정상화, 5개국의 대북 에너지 지원, 한반도 평화체제 협상 별도 진행 등이다. 이처럼 북한은 제2차 북핵 위기 해결 과정에서도 미국으로부터의 체제 안전 보장 및 경제적 지원을 얻어내려 했다. 이와 함께 북한은 2000년 이후 이뤄진 남북한 간 화해·협력 국면을 이용해 한국으로부터 경제적 실리를 취하고자 했다.

그러나 2008년 이명박 정부는 북한이 핵개발을 계속 추진하는 상황에서의 남북한 간 교류·협력이 제대로 이뤄지기가 어렵다고 판단했다. 미국의 오바마 행정부 역시 유사한 맥락에서 '전략적 인내' 정책을 고수하고 있다. 한미가 이러한 입장을 견지하는 사이 북한은 연이은 핵실험 단행과 장거리 로켓 발사를 통해 핵능력을 고도화시켰으며, 핵보유국임을 자처하며 사실상 핵을 포기하지 않겠다는 의지를 강조하고 있다. 한미와 북한의 이 같은 입장 대립은 상호 간 깊은 불신에 따른 것으로, 북한은 상황 전개 및 향후 이뤄질지 모르는 협상에서의 주도권을 확보하기 위해 대화 제의와 위협을 병행하는 '화전(和戰)' 양면 전술을 사용하고 있다. 이처럼 북핵 문제를 포함한 북한 문제가 점점 해결이 쉽지 않은 상황으로 치닫게 되면, 북한은 수세적·방어적 입장에서 통일보다는 독자 생존을 위한 분단 고착화를 추진할 가능성이 커질 것이다.

탈냉전 이후 우리 정부의 대북정책은 크게 보면 관여정책이라고 할 수 있지만, 관여 방법에 있어서 일관성을 유지하지 못했다. 이로 인해 우리 정부의 대북정책이 북핵 문제 해결이나 남북관계 개선 측면에서 실질적으로 이룩한 성과는 거의 없다고 해도 과언이 아니다. 더구나 대북정책과 밀접하게 연관되는 외교정책 역시 중국의 부상에 따른 국제질서 및 동북아 정세의 변화로 어려운 상황이다. 미국과 중국 중심의 국제질서 및 동북아 정세가 한동안 작동하고, 북핵문제 해결에 적지 않은 시간이 소요될 것이라는 점에서 우리는 보다 긴 안목에서 새로운 통일외교안보 정책의 패러다임을 준비해야 할 것이다. 이를 통해 주변국의 대한반도 인식 변화를 유도함으로써 우리가 주도하는 한반도의 평화와 안정, 나아가 통일에 주변국이 협조하게 해야 한다. 사실상 아무런 조치도 취하지 않으면서 북한의 변화만 기다릴 경우, 북한이 독자 생존을 모색하며 감내할 수 있는 변화를 지속 추진할 것이라는 점에서 우리가 성취하는 것은 거의 없을 것이다. 그리고 일부에서 신냉전체제라고 언급하는 국제질서 및 동북아 구조가 공고화되면 한반도 분단을 타파하기가 더욱 어려워질 것이라는 점에서 우리가 보다 능동적인 역할을 적극적으로 할 필요가 있다.

지난 역사에만 매몰되어서는 미래를 꿈꾸고 실현시켜 나가기가 어렵지만, 역사에서 교훈을 찾지 못할 경우에는 더욱 그러할 것이다. 한반도와 동북아에 침전되어 굳어지고 있는 대립과 갈등의 역사를 넘어 바람직한 미래로 가기 위한 남북한 및 동북아 지역 내 국가 간 협력만이 바람직한 변화를 만들어낼 수 있다. 이는 어느 한 국가만을 위한 것이 아니며, 남북한과 주변국 모두에게 이익을 가져다 줄 것이다. 특히, 한반도의 경우에는 남북한 공동 협력이 이뤄져야만 주변 강대국이 개입할 여지가 작아진다. 이를 위해서는 국가 간 잦은 대화와 접촉, 교류 · 협력을 통한 신뢰 구축이 무엇보다 필요하다. 만약 협력의 토대가 마련되지 않으면 한반도와 동북아에서 나타나고 있는 정치 · 군사 · 안보적인 대결과 갈등이 지속될 것이며, 이는 결국 경제적 · 사회문화적 교류 · 협력에도 악영향을 미칠 것이다.

제2절 한반도와 동북아 미래를 위한 도전

1. 한반도와 동북아 미래의 제약요인

현재 한반도와 동북아[1] 질서에는 미래를 향한 역동적 번영의 가능성이라는 하나의 축과 불확실한 미래에 대한 불안정성이라는 다른 한 축이 자리잡고 있다. 21세기 들어 급속하게 이뤄진 정보통신과 교통의 발전은 세계화[2] 속에서도 오히려 지리적 인접성을 중요시하고 지역주의[3]의 확산을 가져왔다. 동북아 지역 역시 한 · 중 · 일 간 3각무역체제 형성과 중국의 급속한 경제성장을 바탕으로 세계 3대 경제권(EU, NAFTA, 동북아)으로 부상했다.[4] 이처럼 동북아는 세계 어느 지역 보다 빠르게 경제발전을 구가하는 지역이지만, 여전히 냉전적 질서가 남아 있으며 급격한 군비경쟁과 북핵문제 등 안보위협 요인이 산재한 지역이다. 유럽은 이미 안보질서의 협력 차원을 넘어 하나의 거대한 국가로 통합되어 가고 있는 반면,

---

1) 동북아에 대한 한국, 중국, 일본의 인식에 차이가 있다. 중국의 동북아는 일반적으로 동북3성과 그 주변이란 주변부 인식이 강한 반면 일본은 국가 보다 영역 즉, 동북3성, 북한, 남한, 극동러시아, 몽골을 지칭하는 것이 일반적이고 과연 일본이 동북아에 속하는 것인가에 대해서는 명확하지 않다. 따라서 여기서는 한반도, 일본과 중국이란 영역을 의미한다.

2) '역사적 현상'으로서의 세계화의 기원에 대해서는 여러 견해들이 존재하지만 세계화는 최근 지구적 사회변동을 이해하려는 개념으로 긍정적 측면과 부정적 측면을 모두 갖고 있는 양면적인 과정이다. 김성환, 『세계화론』 (서울: 지문당, 2010) 참조.

3) "지역"은 그 지역현실을 구성하는 인간활동의 공간적, 시간적 움직임을 물리적인 범주 속에 담아두려는 추상적 시도일 뿐이며, 따라서 지역적 영역(regional realm), 경계(boundary)의 설정은 그 자체로 지식체계에 따라 또 역사적 상황(지정학적, 경제적, 문화적 조건)에 따라 변한다. "지역"은 신축적인 이미지 공간이며, 이는 의식/관념과 이익의 클러스터링(clustering)의 과정을 통해 인식되고, 그 속에서 일종의 동일성을 갖는 공동체의식이 생성되거나 서로 다른 의식이 경합된다.

4) 이재기, 『경제통합론』 (서울: 한올출판사, 2005) 참조.

동북아는 여전히 안보 개념이 개별국가 차원에서 정의되고 있다.

한반도와 동북아의 미래는 다양한 제약요인을 안고 있다. 동북아 미래를 위해 지역 내 다자주의의 필요성이 절실하지만 동북아 지역주의 발전을 저해하는 많은 요인들로 인해 다자주의가 발현되지 못하고 있다. 무엇보다 한반도 분단 상황으로 인한 위협요인과 불안정성은 동북아 지역주의의 형성을 저해하는 중요한 원인 중에 하나이다. 이처럼 한반도 분단과 동북아 지역주의의 빈곤을 지속하게 하는 가장 큰 요인은 동북아와 한반도가 갖는 역사적 경험과 지정학적 한계라고 할 수 있다. 동북아 역내국가들 간에는 첨예한 갈등의 역사적 경험과 전통적 안보이익 중시 속에 신뢰와 협력이 쉽게 이뤄지지 않고 있다.[5]

역사적으로 동북아는 한·중·일이 전략적 방향에서 충돌해 반목하는 시기에는 혼란스러웠지만, 3국 간 전략적 방향이 조화·제어되는 시기에는 안정을 유지했다. 그러나 2차 대전 이후부터 지금까지 지속되는 냉전적 안보구도 속에서 동맹 중심의 쌍무적 관계 유지는 성숙한 지역주의로의 발전을 어렵게 만들고 있다. 역내 국가 간의 경제적 상호의존이 증대함에도 불구하고 정치·안보 협력이 뒤처져 있는 현상이 지속되는 것이다. 정치, 군사, 영토, 역사 등의 전통적 안보문제가 지속적으로 야기되는 가운데에서 민족주의 부활 및 지역 패권 대립으로 오히려 불안정이 점증되고 있다. 여전히 배타적 민족주의 및 역내 국가들 간 갈등과 경쟁으로 인한 양안 간 위기, 영토분쟁, 해양 관할권 분쟁 등 지역분쟁 발생 가능성이 상존하고 있다. 특히, 최근 미일동맹을 축으로 냉전형 질서를 통해 국익을 유지하고 현 위기를 타개하려는 일본의 국가전략은 한반도와 동북아의 희망적 미래에 장애가 되고 있다.[6]

---

5) 박경석, 『동북아시아의 협력과 갈등의 역사』(서울: 동북아시대위원회, 2005) 참조.
6) 손기영, "일본의 "보통국가"로의 전환과 동북아 안보협력을 위한 한국의 전략: 지역안보협력과 "국가정체성 이슈"의 연계(linkage)를 중심으로," 『국제관계연구』, 19-1 (2014), 115~141쪽.

또한 동북아에서 한반도가 갖는 지정학적 공간에 대한 편견은 한반도를 동북아의 중심이 아닌 주변부라는 지리적 숙명론에 매몰되게 하였다. 한반도와 지정학의 잘못된 만남은 한반도를 중국대륙의 위계적 · 부속적 위치로 인식하게 하는 소국주의와 역사적 결정주의, 패배주의에 빠지게 만들었다.[7] 그동안 한반도는 몽고의 일본정벌, 임진왜란 때 정명가도의 전략적 배후나 병참기지 등으로 활용되면서 대륙세력과 해양세력 간 충돌과 대립의 공간이자 통과의 공간으로 여겨져 왔다.[8] 이로 인해 한반도는 지정학적 전략의 방향성을 상실하고 스스로 반도국가의 삶을 선택해 버렸다.[9] 여기에서 지정학적 전략의 방향성이란 국익이 발현되는 방향으로 국가의 역량이 집중되는 것과 같은 외향적 방향뿐 아니라 국가발전의 동력이 유입되는 내향적 방향을 포괄하고 있다. 즉, 한반도는 대륙지향성과 해양지향성의 혼돈 속에 발전전략의 방향성을 찾지 못하는 것이다.

이어서 동북아 지역 문제가 갖는 한계와 한반도 문제의 종속변수화를 동북아에서 다자주의가 발현하지 못하는 원인으로 지적할 수 있다. 역사적으로도 한반도를 둘러싼 국가들은 개별국가 차원의 지정학적 전략을 고수하며 영합적(Zero-sum) 상대적 이익을 추구해 왔다. 앞으로도 주변국들은 한반도 문제를 개별국가 차원의 자기충족적 합리화 전략의 기제로 인식하고 거래하려 할 가능성이 작지 않다.[10] 이러한 측면에서 가장 우려스러운 것은 미중관계의 변화이다. 중국의 부상은 동북아 역내질서라는 구조적인 측면에서 볼 때, 미중 또는 중일 간 갈등구도를 형성하여 지역 내 불안정성이 심화될 가능성을 내포하고 있다. 여기에 미국과 중국의 대

---

7) 과거 중국의 전통적인 한반도에 대한 인식은 천조예치체계(天朝禮治體系)의 중심인 중국왕조 이익의 일부분이며 예속국가로 간주했다. 윤휘탁, 『신 중화주의』 (서울: 푸른역사, 2006), 34쪽.

8) 청 · 일, 러 · 일, 중 · 일 전쟁과 한국전쟁이 대표적이다. 이삼성, 『미래의 역사에서 미국은 희망인가?』 (서울: 당대, 1995), 296~297쪽.

9) 코사카 마사타카(高坂正堯)는 일본이 섬나라가 아니라 해양국가라며 섬으로 주저앉아 있을 것인가, 바다로 나아갈 것인가라는 질문을 던지고 해양국가로서 일본의 현실주의적 국가전략을 주장하고 있다. 코사카 마사타카(高坂正堯) 저, 김영작 외 공역, 『해양국가 일본의 구상』 (서울: 일조각, 2005) 참조.

10) 최문영, 『한국을 둘러싼 제국주의 열강의 각축』 (서울: 지식산업사, 2005), 37~38쪽.

한반도 정책은 미국의 대중정책, 중국의 대미정책과 긴밀히 연관되어 한반도 문제는 점차 미중관계의 종속변수화가 심화될 수 있다.[11]

동북아의 미래는 한반도의 운명과 직결된다. 과거 동북아의 갈등과 대립의 역사 속에서 가장 큰 피해와 희생을 강요당한 곳이 한반도였다. 그럼에도 한반도는 현재의 미중 경쟁 구도에서도 지정학적 요충지의 성격을 여전히 유지하고 있다. 이로 인해 미중 양국은 한반도의 분단 구조 및 향후 변화 과정을 자국의 이익에 유리하도록 다양한 전략적 계산을 할 개연성이 크다. 한반도 통일 여부와 통일한국의 외교적 지향은 미중 양국의 핵심적 고려 사항이라는 점에서 향후 미중관계 변화는 한반도와 동북아 미래를 결정할 가장 중요한 요인임에 틀림없다.

북핵문제 역시 한반도와 동북아 미래에 장애가 되는 중요한 요인이라고 할 수 있다. 북핵문제는 현안인 동시에 중·장기적 문제로 한반도 평화 정착 뿐 아니라 동북아의 평화와 안정, 나아가 역내 다자안보협력 실현과 직결되는 사안이다. 이제 더 이상 북한이 핵을 내세우는 전략적 목표가 미국과의 대화나 미국에서 대북정책의 우선순위를 높이기 위한 관심끌기용이 아니라는 사실을 직시해야 한다. 북한은 '경제·핵무력 병진노선'을 내세우면서 이것이 일시적인 대응책이 아니라 항구적인 전략적 노선임을 거듭 강조하고 있다. 그러면서 북한은 핵억제력이 '만능의 보검'이기 때문에 경제적 혜택과 바꾸기 위한 흥정물로 삼지 않겠다고 주장하고 있다.[12] 이러한 상황에서 북한이 여전히 미국에 대화를 요구하는 것은 중국을 고려하는 가운데 미국과 정리할 문제가 남아있기 때문이다. 다시 말해, 북한이 중국을 통해 미국과 문제를 해결하겠다는 의도를 갖고 있는 것으로 보아야 한다. 그러나 이제 북한은 단독으로 핵보유를 강행함으로써 중국에 대한 고려나 미국과의 협상을 통해 체제 안전 문제와 경제 지원을 획득

---

11) 윤대규, 『북한에 대한 불편한 진실』(파주: 한울아카데미, 2013), 65쪽.
12) "핵전쟁 위험부터 근원적으로 제거해야 한다," 『로동신문』, 2015. 5. 5.

하려는 것이 아니라 독자 생존 방식을 추구하려는 것으로 보인다. 따라서 북한은 앞으로 미국 등과의 협상이나 중국의 지원을 크게 기대하지 않을 개연성이 크다. 이러한 추세는 북한의 핵보유가 기정사실화되면 더욱 두드러질 것이며, 북한은 이전과는 다르게 핵보유국이라는 새로운 지위에서 본격적으로 협상을 다시 시작하고 한국, 미국, 중국 등과 새로운 관계를 설정하려고 할 것으로 보인다.[13)]

북한은 중국의 부상에 따른 미중관계 변화를 인지하고, 앞으로 더 이상 미국이 아닌 중국을 활용하는 전략으로 선회할 가능성이 크다. 이는 향후 북한이 미국으로부터 체제 안전을 보장받지 않겠다는 의지의 표명인 동시에 남북관계에 있어서 한국의 경제지원 및 협력에 매달리지 않겠다는 것이다. 그러나 미중관계는 과거 미소관계와 같이 대립과 갈등의 영합적 관계가 아닌 협력과 경쟁의 비영합(Non Zero-sum) 관계이다. 북한은 이러한 점을 감안해 중국이 언제든지 자신들을 버릴 수 있다고 보면서 완전한 대중 의존을 거부하고 일정부분만 기대어 가겠다는 의도를 내보이고 있다. 결국 북한은 핵을 미국과의 협상용이 아닌 미중 간 전략적 관계 속에서 스스로 생존하기 위한 보유용에 무게를 두고 있는 것으로 이해된다. 즉, 북한의 핵보유는 중국의 지원 없이도 한반도에서 핵균형을 달성함으로써 북한 스스로 체제 안전을 확보하려는 시도인 것이다.[14)]

2. 새로운 접근의 필요성: 지전략적(Geostrategy) 접근

한반도 분단 상황을 지속케 하는 동시에 동북아 지역주의를 저해하는 요인을 극복하고 한반도와 동북아의 바람직한 미래를 만들어 가기 위해서는 우선 이 지역에 패배주의적 성격을 덧씌워 온 지정학적 틀에서 벗어날 필요가 있다. 즉, 탈지정학적 패러다임으로의 전환이 필요한 것이

---

13) 이관세, "분단 70년, '새로운 남북관계' 설정해야," 「IFES 현안진단」, 24 (2015).
14) 김동엽, "평화체제와 비핵화: 북한의 북핵게임 체인지 "My Way"," 「2013년 북한연구학회 하계학술발표논문집」(2013), 88~92쪽.

다. 이제 한반도와 동북아는 지정학에 따른 운명에 임기응변적으로 대처하는 방식에서 벗어나 지리적 개념을 전략적으로 접근해 활용하는 '지전략(Geostrategy)'적 틀에서 접근해 나가야 한다. 기존의 지전략은 '전략(戰略) 지정학' 또는 '지정학에 입각한 국가의 전략'으로 지정학 틀 속에서 전략을 구상하고 추진하는 개념으로 이해되어 왔다.[15] 그러나 국가전략은 단순히 전통적인 안보와 정치 이슈만이 아니라 경제, 사회, 문화 등 비전통적 안보의 영역은 물론이고 인간안보와 같은 새로운 영역으로의 확대를 필요로 하고 있다. 따라서 본 장에서 언급하는 지전략은 지정학(Geopolitics)과 지경학(Geoeconomics), 지안보학(Geosecurity), 지문화학(Geoculture) 등 다양한 영역을 포함하고 융합한 개념이다. 즉, 지전략적 국가전략은 지정학을 바탕으로 한 전통적 안보중심의 국가주의에 기반한 국가전략을 넘어 다양한 영역에서 지역차원의 공존 전략을 의미하는 것이다.[16]

한반도와 동북아에서의 지전략적 패러다임 전환은 지리적 영토에서 전략적 영토로 개념을 확장하여 개방된 국경 및 통합된 지역으로 진화하고 한반도와 동북아 국가들을 하나로 결합시키는 것을 의미한다. 이는 곧 제한된 국가안보의 한계성을 인간안보의 영역으로 확장하여 한반도와 동북아 국가의 융합을 통해 지역주의의 잠재성을 현실로 전환 가능하게 할 것이다. 한반도와 동북아 국가의 융합은 지전략적 상상력을 통해 동북아 지

---

15) 지전략(Geostrategy)이란 용어는 브레진스키(Zbigniew Brzezinski)에 의해 널리 알려졌다고 해도 틀린 말은 아닐 것이다. Zbigniew Brzezinski, "America's New Geostrategy," foreign Affairs, Spring 1988; "A Geostrategy for Eurasia," foreign Affairs, Sep./Oct (1997) 참조. 보다 상세한 소개는 Brzezinski Institute on Geostrategy를 참조할 것. http://csis.org/program/brzezinski-institute-geostrategy. 기존의 지정학을 바탕으로 한 지전략적 국가전략 역시 어떠한 종류의 전략보다 강한 설득력을 지니고 있다. 브레진스키는 대표적 저작인 "거대한 체스판"에서 '미래의 세상을 만들어 나아갈 (미국)학생들에게 이 책을 바친다.'라고 밝히고 있다. Z. 브레진스키 저, 김명섭 역, 『거대한 체스판』 (서울: 삼인, 2000) 참조.
16) 중국의 예쯔청 교수는 독립적 자주전략에서 공동발전전략으로 변화한 지역차원의 지정학적 전략을 제시하고 있으나 여기서는 한발 더 나아가 지정학을 포함한 다양한 영역을 포함한다. 예쯔청 저, 이우재 역, 『중국의 세계전략』 (서울: 21세기북스, 2005) 참조.

역을 동적 입체 공간인 하나의 거대한 풍선으로 형상화할 수 있다. 동북
아라는 거대한 풍선은 한반도와 동북아 국가들을 공동의 운명을 지닌 단
일 유기체로 보는 것이다.

2차 대전 이후 지금까지 한반도를 포함한 동북아는 〈그림 Ⅴ-1〉과 같이
한반도와 동북아를 각각 조이는 고리와 외부에서 누르는 힘에 의해 제대로 된
모양을 갖지 못하고 있다. 남북분단의 고리와 해양의 고리(한일, 북일관계),
그리고 대륙의 고리(한중, 북중관계)로 인한 지역 내 동력 흐름의 차단과 쌍
무적 관계 중심으로 지역성이 제한되어 왔다. 남방 3각과 북방 3각, 중일관
계는 해양과 대륙 간 고리의 이중적 고리로 지역성을 더욱 어렵게 하는 요인
으로 작용하고 있다. 미국과 구소련이 한국과 북한의 발전에 중요한 역할을
수행한 것은 사실이지만, 미소 간 대결은 한반도 분단과 동북아 지역주의의
변형을 가져온 중요한 외압이다. 이러한 동북아 풍선의 일그러짐과 짓눌림이
한반도 분단의 지속과 동북아 지역주의의 빈곤으로 나타나는 것이다.

〈그림 Ⅴ-1〉 한반도의 분단과 동북아 지역주의의 빈곤

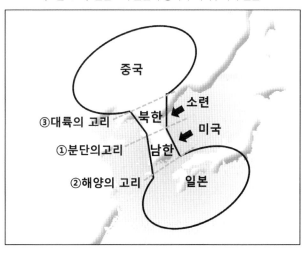

결국 동북아라는 풍선을 제대로 부풀리기 위해서는 동북아 역내 핵심

행위자로서 남북한, 중국, 일본 간 상호관계의 중요성을 새롭게 인식할 필요가 있다. 그리고 현재 남북한과 중국, 일본 간 유무형의 관계 흐름을 제약하는 남북분단의 고리와 해양의 고리, 그리고 대륙의 고리를 제거해야 한다. 미국은 지리적 위치에도 불구하고 여전히 한반도와 동북아 문제의 주요한 행위자이자 핵심당사국이다. 러시아 역시 과거와 달리 역내 영향력이 약화되었으나 지위와 역할을 다시 확대할 기회를 모색 중이라는 점에서 또 하나의 주요한 행위자로 고려해야 한다. 결국 한반도를 포함한 동북아라는 풍선이 제대로 된 모양을 갖추기 위해서는 내부의 남북한, 중국, 일본의 결합과 외부에 미국, 러시아의 관계와 역할 재정립이 필요하다.

3. 동북아 풍선의 비상(飛上)

현재 〈그림 Ⅴ-1〉과 같이 일그러지고 짓눌린 위기의 동북아를 제 모습으로 만들어 비상시키기 위해서는 우선 한반도와 동북아를 조이고 있는 남북분단의 고리와 해양의 고리, 대륙의 고리를 제거할 필요가 있다. 이 고리들을 동시에 제거하는 것은 현실적으로 매우 어려울 것이다. 고리의 제거는 '어떠한 고리부터 제거할 것인가'하는 우선순위의 문제도 중요하지만 제거 과정을 중첩시킴으로써 상호 제거에 긍정적인 영향을 미치는 승수효과를 기대할 수 있다. 이를 위해서는 고리를 느슨하게 연성화하고 차츰 확대해 나가는 노력이 있어야 한다. 그러나 남북분단의 고리에 변화가 없는 상황에서 해양이나 대륙의 고리가 먼저 열리는 것은 우리로서는 매우 우려스러운 상황일 수 있다. 해양이나 대륙의 고리가 열리는 것은 미중관계를 중심으로 새로운 해양세력인 남방 3각과 대륙세력인 북방 3각관계의 형성을 의미한다. 이는 해양과 대륙의 고리가 제거된 것이 아니라 남북한 분단의 고리가 곧 해양과 대륙 간 고리와 하나가 된다는 점에서 한반도가 영구분단 될 가능성이 커진다. 해양이나 대륙의 고리가 먼저 열릴 경우, 그 영향으로 인해 남북분단의 고리가 사라질 수도 있다. 그러나 남북한이 분단 극복을 주도하지 못하고 외세에 의해 이뤄지는 것이라는 점에서 외세에 의존해 맞이했던 광복과 분단의 쓰라린 과거를 반복할 수 있다.

결국 한반도 영구분단이나 지난 역사를 반복하지 않기 위해서는 남북분단의 고리를 우선적으로 제거해나가야 한다. 〈그림 Ⅴ-2〉와 같이 중심부를 차지하는 한반도는 대륙과 해양의 양면을 모두 가지고 있다.[17] 분단의 고리를 확대·제거해나가는 남북한은 물론 지역 내 국가들의 노력을 통해 남방 3각, 북방 3각이라는 지역 내 분열을 해소하고 대륙과 해양의 고리가 보다 빠르고 긍정적이며 안정적인 방향으로 열리게 할 수 있다.

〈그림 Ⅴ-2〉 한반도 분단 해소와 동북아 지역주의 확산

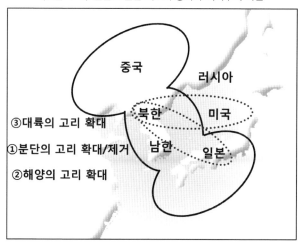

동북아라는 풍선을 제대로 부풀리기 위해서는 풍선을 누르고 있는 외부 힘의 변화도 끌어내야 한다. 현 시점에서 외부 힘은 미국만을 의미하는 것은 아니다. 동북아 내에서 러시아의 역할 변화 및 관계도 고려할 필요

---

17) 한국은 대륙이자 해양이다. 한국이 가진 대륙과 해양의 양면의 정체성이 우리의 운명을 규정한다. 배기찬, 『코리아 다시 생존의 기로에 서다』 (서울: 위즈덤하우스, 2005) 참조.

가 있기 때문이다. 중요한 것은 여기에서 말하는 외부 힘의 변화가 동북아에서 미국이나 러시아의 배제를 의미하는 것은 아니라는 점이다. 외부 힘의 변화는 과거 한반도 분단의 책임과 동북아 지역주의를 누르고 있는 부정적인 힘을 축소시켜야 한다는 뜻이다. 한반도 분단을 극복하고 동북아 지역주의가 발전하는데 긍정적인 역할을 할 수 있는 외부 힘을 이용해 역내외 국가들 간 이해관계를 재정립해 나가도록 해야 하는 것이다. 결국 고리의 제거와 외부 힘과의 관계 변화는 〈그림 Ⅴ-3〉과 같이 한반도를 중심으로 동북아 내에서 해양과 대륙의 발전 에너지가 뒤섞이는 공간 마련을 가능하게 할 수 있다.

〈그림 Ⅴ-3〉 한반도 통일과 동북아 중심시대 비전

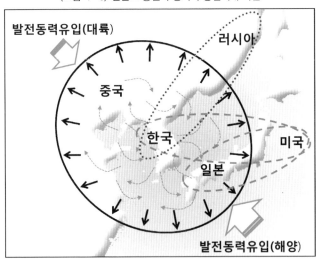

한반도의 미래와 동북아의 앞날은 서로 밀접한 관계를 맺고 있다. 한반도 분단 극복 없이는 평화와 번영의 동북아 지역주의를 기대하기는 어렵다. 남북관계를 통한 동북아 안정, 남북한 중심의 동북아 협력과 함께 한반도 통일은 동북아가 세계의 중심으로 성장하기 위해 반드시 필요하다. 그러나 한반도 통일과 동북아 중심 시대 형성의 우선순위를 논하는 것은

무의미하며, 순차적 달성이나 결과가 아닌 견인 주체와 과정상 상호 긍정적 영향의 선순환이 중요하다. 결국 한반도 통일과 동북아 시대 형성을 위한 전략은 병행적으로 추진되어야 한다. 이는 고리의 제거와 외부 힘과의 관계 변화 프로세스를 통해 한반도를 분단과 통과의 길목에서 연결과 결합의 공간으로 승화되어야 가능하다. 동북아는 해양과 대륙세력 간 충돌의 전장에서 대륙과 해양 에너지를 결합하는 거대한 용광로이자 발전소로 변화해 나가야 하는 것이다.

제3절 한반도와 동북아 미래를 위한 구상

1. 신뢰와 균형의 한반도 미래 구상

한반도와 동북아 미래를 제약하는 도전요인은 미중관계와 북핵문제, 그리고 역내 국가들 간의 갈등 등이라고 할 수 있다. 이를 해결하고 한반도와 동북아의 미래를 위한 구상을 현실화하기 위해서는 무엇보다 남북한이 중심이 되어 한반도 문제를 주도하고 동북아 안정을 견인해 나갈 필요가 있다. 미중 간 경쟁과 갈등이 심화되면 한반도 문제에 대한 남북한의 입지나 발언권은 현저히 약화될 우려가 있다. 냉전 종식 이후 우리에게 열렸던 자율적 북방정책과 대북정책 공간이 반대로 급격히 축소되고, 북한이 중국에 의존해 미국과 직접 상대하고 우리가 배제되어 지위와 역할이 불투명한 상황에서의 한반도 미래 구상은 사상누각일 수밖에 없다. 한반도 문제는 당사자인 남북한이 주도적으로 해결하기 위해 확고한 상호의존적 신뢰를 바탕으로 남북관계를 안정적으로 발전시키는 것이 최우선적으로 필요하다. 우리는 남북관계 정상화를 통해 대북 레버리지를 확대하고, 한반도 문제와 동북아에서의 전략적 입지를 확보하는 것이 중요하다.

이를 위해서는 무엇보다 미중의 대한반도 개입 전략에서 탈피하고, 한반도 문제의 독자성 확대를 통해 '한반도 중심형' 미래전략을 만들어가야 할 것이다. 또한 한반도와 동북아 평화 안정에 남북한 공동 리더십의 승수효과가 발휘되도록 북한과 협력해 나갈 필요가 있다. 미중관계 변화와 동북아 국가들 간의 갈등 속에서 남북한이 문제를 주도하기 위해서는 한반도와 동북아 내에서 신뢰와 균형의 개념을 보다 구체화할 필요가 있다. 먼저 한반도와 동북아 국가들 간의 다차원의 신뢰 수준 확대가 필요하며 남북한 및 역내 국가들 간 상호 믿음에 대한 확신을 넘어 미래를 함께 열어갈 수 있는 공동이익의 영역을 확대할 필요가 있다. 즉, 남북한 간 안보와 경제 영역의 병진적 상호 신뢰가 필요한 것이다.

지금까지 우리가 추진한 대북정책은 북한에 일방적인 안보 문제 해결을 요구하거나 경제적 혜택을 주고 안보를 얻으려는 불균형적인 거래였다. 이러한 정책은 북한에 학습 효과만 높여주고 우리가 취한 실익은 거의 없었다. 북한은 남북한 간 경제 교류 · 협력이 자신들의 체제에 잠재적 위협요인이 될 수 있다는 판단 하에 대북 포용정책의 침투성을 차단하고 경제적 실리를 챙기는 순치(馴致) 작업을 해왔다. 이에 따라 우리는 앞으로 안보와 경제적 신뢰의 불균형을 해소하고 남북한 간 경제분야 교류 · 협력의 진전과 함께 안보 분야의 병행 접근으로 신뢰구축의 확대 및 심화를 가능하게 해야 할 것이다. 동북아 역내 환경도 협력적 관계 보다 여전히 안보 문제에서 국익을 중요시하면서 대립 · 갈등하는 형국이다. 따라서 역내 국가들 간에도 안보와 경제 영역을 포괄하는 상호의존적 신뢰 형성이 필요하다.[18]

> 신뢰 ① : 남북한 간 안보—경제의 병진적 상호 신뢰 형성
> ② : 역내 안보와 경제 영역을 포괄하는 상호의존적 신뢰 형성

---

18) 일본 히토야마총리(2009.8~2010.5)의 '동아시아공동체 구상'은 '미국과는 균형, 아시아국가들과는 협력'을 내세운 경제를 중심으로 하여, 중국의 부상에 대응한 미국의 안보이익과 충돌하여 미국의 협조를 얻어 내지 못하였다.

다음으로 남북관계와 동북아 협력의 중층적 균형을 추진해 나가야 한
다. 이를 위해 우리의 대북정책과 외교정책의 균형을 포함하여 남북관계
와 역내 국가들 간 협력의 균형 및 정렬이 요구된다. 남북관계에 있어서
는 기존의 안보와 경제의 이분법적 접근이나 경제-안보, 안보-안보의 단
선적인 교환방식 만으로는 지속가능한 남북관계 발전에 한계가 있다. 경
제와 안보 문제의 분리가 아닌 상호연계 및 균형적인 병행 접근 전략이 필
요한 것이다. 남북관계 개선과 동북아 협력의 균형은 견인의 주체와 우선
순위의 동일함이 아니라 남북관계 개선을 우선적으로 추진하되 동북아 국
가들과의 협력과 조화 및 선순환적인 연결을 의미한다.

균형 ① : 남북한 간 안보–경제 문제 병행 접근의 균형
　　② : 남북관계 개선과 동북아 협력의 조화

남북관계와 동북아 국가들 간에 신뢰 형성과 균형의 조화를 추구하는
것은 결국 앞서 제시한 '지전략적 접근'을 통해 한반도와 동북아 미래를 설
계하는 것이다. 남북한 간의 관계는 과정이 필요한 것으로 어려움이 있어
도 중단하지 않고 지속적으로 추진할 때 진정성과 신뢰를 만들어낼 수 있
다. 무엇보다 새로운 변화를 뛰어넘을 수 있는 신뢰의 토대가 형성되고
장기적인 안목에서 지속적으로 추진하는 것이 중요하다. 신뢰와 균형을
바탕으로 통일 지향적인 남북관계로 발전해 나가기 위해 우리는 대북정
책과 북한에 대한 정체성에 일관성을 부여해야 한다. 또한 북한이 우리에
대한 정체성을 단순히 적이나 대화, 경쟁상대가 아닌 '신뢰할 수 있는 협
력자'로 인식하게 만들 필요가 있다. 남북관계에 있어 경직된 상호주의 원
칙에서 탈피하고 북한에게 신뢰를 요구하기에 앞서 유연한 상호주의 원칙
을 탄력적으로 적용하여 선제적 신뢰를 보여줌으로써 북한의 호응을 유도
해 나가야 한다.

〈그림 Ⅴ-4〉 한반도 미래 구상 추진전략

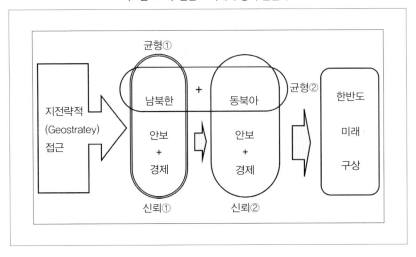

2. 한반도와 동북아 미래를 위한 추진전략

지전략적 상상력을 통한 한반도 통일과 동북아 시대 미래 구상의 단계별 추진전략은 〈그림 Ⅴ-5〉와 같이 3단계로 구분할 수 있다.

〈그림 Ⅴ-5〉 한반도 통일과 동북아 시대를 위한 3단계 전략

1단계	2단계	3단계
남북한 분단고리 확대	남북한 분단고리 제거	남북한 분단고리 완전 제거
해양/대륙 고리의 느슨함 ⇒	해양/대륙 고리의 확대 ⇒	해양/대륙 고리의 제거
외부 힘의 영향력 축소	외부 힘의 긍정적 역할 변화	외부 힘과 관계의 발전적 재정립
남북관계 정상화	한반도 공동체	한반도 통일국가
동북아 시대 기반 조성	동북아 협력 심화	동북아 시대 구축

1단계는 남북관계 정상화와 동북아 시대의 기반 조성 단계이다. 우선 남북한이 주도적으로 상호의존적 변화를 통해 남북관계를 정상화하여 남

북한 간 분단의 고리를 최대한 확대해 나가는 것이 중요하다. 이를 위해서는 남북관계를 북핵문제와 분리해 추진하는 지혜가 필요하다. 북핵문제에 남북관계를 종속시킴으로써 핵문제에 진전이 없으면 남북한 간에 아무 것도 할 수 없는 상황을 초래해서는 안 될 것이다. 이러한 방식으로 북한 핵포기에 모든 정책을 올인 해서는 결코 안 될 것이다. 이렇게 할 경우에는 결국 남북관계와 북핵문제 모두 해결하지 못하고 악화된 결과만 남게 될 것이다.

동북아 국가들 간에는 다양한 영역에서 다자관계로 확대하면서 불신과 대립의 역사적 유산을 타개하고 문화적 동질성 회복을 통해 해양과 대륙의 고리를 느슨하게 만들어 가야 한다. 동북아 지역 내 정보, 교통, 물류, 에너지, 환경 등 비전통 안보 영역에서의 분야별 네트워크 구축을 강화할 수 있을 것이다. 이를 위해 남북한은 해양과 대륙의 접속(Node)국가 역할을 수행해 나갈 수 있도록 해야 한다. 접속국가는 가교(Bridge)국가와 다르다. '가교'는 단선적인 연결과 고정성, 통과의 공간이라는 의미가 강하지만, 접속은 네트워크가 가지는 중층적 구조와 확장성을 강조한다. 역내의 중국과 일본, 그리고 미국과 러시아와의 관계를 고려할 때, 한국의 일방적인 접속국가 역할 수행보다는 조금 부족하더라도 남북한이 함께 접속국가의 역할을 분담해 나가는 것이 필요하다. 그리고 동북아 협력에 있어 미국의 지역 안정자 역할 및 영향력 행사 등 활동영역의 긍정적 축소를 모색하는 것 역시 어려운 문제이다. 기본적으로 미국은 동북아 지역주의가 미국에 '닫힌 지역주의'로 가는 것을 원치 않고 있다. 이러한 점을 감안해 '미국의 이해관계를 어떻게 반영할 것인가' 하는 문제는 역시 남북한이 함께 쓸 수 있는 카드가 되어야 한다.

2단계는 한반도 공동체 형성과 동북아 협력의 심화 단계이다. 이 단계에서는 무엇보다 남북한 주도의 북핵문제 해결과 한반도 평화체제 조성을 통해 한반도 공동체를 형성하여 남북한 분단의 고리를 실질적으로 제거하고 동북아 평화와 안정의 회복에 기여해야 한다. 동북아 지역 내 네트워크 통합 및 제도화를 통해 해양과 대륙의 고리를 확대하고, 한반도 공동체는 거점(Hub)국가 역할을 수행해 나가게 될 것이다. 특히, 북핵문제의 남북한 간 주도적 해결을 기본 틀로 확대된 동북아 다자안보협의체를 구성하고, 북한을 비롯한 모든 역내 국가의 합리적 안보위협을 제거하는 것이 중요하다. 이를 위해 동북아 협력에 있어 미국 역할의 점진적 변화와 러시아의 긍정적 참여를 유도해 나가야 한다.

3단계는 한반도 통일국가 건설 및 동북아 중심 시대 구축 단계이다. 완전한 한반도 통일국가 건설을 통해 남북한 분단의 고리를 완전히 제거하고 중견국가로서 역내 중일 간 균형자 역할이 가능할 것이다. 분단과 해양, 대륙의 고리를 완전하게 제거함으로써 남북한과 중국, 일본이 중심이 되는 동북아 지역을 형성하고 한미동맹, 미일동맹 등 양자관계의 발전적 재정립 및 미국과 동북아 지역의 건전한 동반자적 관계 형성을 통해 동북아 지역이 세계의 중심지역으로 부상하게 될 것이다.

동북아라는 풍선 역시 올바른 모양으로 부풀려져야 바르고 보다 멀리 세계를 향하여 비상(飛翔)할 수 있다. 결국 하나의 공동 운명을 지닌 동북아는 국제사회에서 가장 위대한 지역공동체로 거듭나 세계평화와 발전을 주도해 나가게 될 것이다. 그 중심에는 남북한이 하나된 한반도가 자리할 것이다. 그리고 한반도라는 내핵을 중심으로 동북아라는 지리적 범주를 확대해 나가야 한다.

제4절 한반도 미래 구상의 실현 과제

한반도 통일과 동북아 시대의 신뢰와 균형을 바탕으로 한 미래의 구상을 실현하기 위해 해결해야 할 과제들이 제기되고 있다. 새로운 통일외교 안보 패러다임의 필요성, 한반도 평화체제 구축 및 북핵문제 해결 병행 추진, 북한의 바람직한 변화 유도 방안 모색, 통일을 위한 전방위 외교 추진 등이다.

1. 새로운 통일외교안보 패러다임 마련

변화된 국제질서와 남북관계를 감안해 미래를 대비하고 현안을 해결하기 위해서는 새로운 통일외교안보 패러다임이 마련돼야 한다. 앞서 지적한 것처럼, 경제성장을 발판으로 국제적 영향력을 확대하는 중국은 미국과 어깨를 나란히 하는 국제질서의 주요 행위자로 부상했다. 이에 대응해 미국은 아시아 회귀 전략을 추진하면서 동아시아 지역에서 자국과 협력할 중요 파트너인 일본의 보통국가화를 적극 지원하고 있다. 이처럼 넓게는 동아시아, 좁게는 동북아가 국제질서 변화의 핵심 지역이 되고 있으며, 한반도 문제는 국제질서 변화라는 소용돌이의 한 가운데 위치하고 있다. 즉, 탈냉전으로 시작된 한반도 문제의 국제화가 최근 우리 앞에 현실로 다가온 것이다.

우리는 이러한 변화에 대한 종합적인 대응전략과 로드맵 마련이 절실히 요구되는 상황에 놓여 있다. 박정희 정부 이래 현재까지 한국이 지향해 온 통일외교안보 패러다임은 크게 북한과의 대립·경쟁 또는 북한과의 협력 등 2가지를 중심으로 하는 것으로 대별된다고 할 수 있다. 북한과의 경쟁을 중심으로 하는 패러다임은 냉전기에 적실성이 있었고, 북한과의 협력을 중심으로 하는 패러다임은 탈냉전 초기에 적실성이 있었던 것으로 평가된다. 그러나 현재의 국제질서 및 한반도 주변 환경은 냉전기 및 탈냉전 초기와 크게 다르다. 핵심은 물론 동북아 및 한반도에 강력한 영향력을 행사하는 중국이 국제질서 변화의 중요 행위자가 됐다는 것이다. 이러한 거대한 변화를 감안해 우리는 기존의 패러다임을 답습하기보다는 시야를 넓혀 미래의 번영을 보장하기 위한 새로운 패러다임을 모색해야만 한다.

새로운 통일외교안보 패러다임은 먼저 국제 및 지역 질서의 변화라는 구조적 측면에서 생각해 볼 수 있다. 전통적 안보 부문에서 경쟁과 갈등, 대립이 두드러지는 것처럼 보이는 미중관계는 비전통적 안보 및 경제 부문에서 협력이 더욱 강한 것이 사실이다. 중일관계 역시 영토, 영해 등 안보 부문과 역사 인식 부문에서는 갈등이 일어나고 있지만, 경제 및 민간 교류 부문에서는 협력이 원활하게 이뤄지고 있다. 이처럼 한반도의 주변 국들은 자국의 이익을 중심에 놓고 갈등과 협력을 취사선택하며 합종연횡하고 있다. 이러한 복잡다단한 국제 및 지역 구조는 기존의 패러다임처럼 주변국 가운데 어느 한 나라 또는 진영만 선택하는 것을 어렵게 하고 있으며, 미국과 중국은 모두 자신들의 입장에 한국이 동조해 줄 것을 강제하려 한다. 한반도 내 THAAD 배치와 관련한 미중의 태도가 대표적 사례이다.

이러한 측면에서 새로운 통일외교안보 패러다임은 구조적으로 동북아와 한반도의 평화와 안정에 기여하는 것을 목적으로 해야 할 것이다. 미중 간 경쟁과 갈등, 대립은 양국뿐 아니라 한반도의 평화와 안정에도 부정적일 수밖에 없다. 또한 불안정한 동북아 정세는 역내 국가들 간 비안보적·비군사적 부문, 즉 경제적·사회문화적 교류·협력의 발전도 제약할 것이다. 그러나 우리가 국제질서 및 동북아 정세의 구조에 큰 영향을 미치기는 어려운 것이 사실이다. 따라서 우리는 미중관계의 변화가 한반도에 미치는 부정적 영향을 최소화하고 긍정적 영향을 최대화할 수 있는 구조를 마련하기 위한 패러다임을 모색해야 한다. 이를 통해 한반도 정세를 안정적으로 관리하고 평화와 번영을 점진적으로 이뤄나간다면 동북아의 평화와 번영에도 기여할 수 있을 것이다.

구체적으로 한반도의 전쟁 종식과 동아시아 평화체제 구축을 본격화하는 문제를 생각해 볼 수 있다. 종전선언, 정전협정의 평화협정 전환 등을 통해 남북한과 미국, 중국이 얽혀있는 6.25전쟁을 실질적으로 종결하는 동시에 한반도와 그 주변에 새로운 질서를 만들어낼 수 있을 것이다. 이는 한반도뿐 아니라 동북아의 불안정성을 완화시켜 역내 국가 간 군비경쟁 및 확대를 억제토록 할 수 있을 것이다. 특히, 최근 들어 일본이 강력히 추진하는 보통국가화 문제, 중국이 경제적 성장을 발판으로 군사력을 급속하게 강화하는 문제 등을 보면 역내 군비경쟁은 동북아의 평화와 안정을 위해 반드시 해결해야 하는 과제이다. 이러한 측면을 고려할 때, 동(북)아시아 다자간 안보 · 경제협력체제 구축은 반드시 이뤄져야만 한다.

새로운 패러다임을 행위자 측면에서도 생각해 볼 수 있다. 안보적 측면에서 한국은 미국과, 미국은 일본과 공고한 동맹 관계를 형성하고 있다. 중국은 북한과 우호적 관계이며, 러시아와 전략적 협력 관계를 맺고 있다. 경제적 측면에서 미국과 일본, 한국은 중국과 매우 밀접한 관계에 있지만, 영토 · 역사 문제 등을 두고 한중과 일본이 갈등을 벌이고 있다. 이러한 상황을 감안해 우리는 동북아 지역 내에서 소다자 협력을 보다 적극적으로 확대하는 방향에서 새로운 통일외교안보 패러다임을 모색할 수 있을 것이다. 이것이 발전하면서 역내 다자간 안보 · 경제협력체제를 구축하고, 궁극적으로 동북아 공동체 형성으로 나아갈 수 있을 것이다. 이러한 환경과 구조가 형성될 때, 북한이 안전보장 및 경제발전을 위한 변화를 모색하고 이에 대한 지원이 가능해질 것이며, 북한이 국제사회에 정상적인 국가로 나서도록 유도할 수 있다.

이렇게 다양한 측면에서 새로운 패러다임을 모색하는 가운데 우리가 가장 중요하게 감안해야 하는 사항은 바로 북한 문제라고 할 수 있다. 북한

의 동참과 협력, 변화를 전제하지 않은 통일외교안보 패러다임은 실질적
인 의미와 효과가 없기 때문이다. 이는 곧 새로운 패러다임이 남북관계의
개선 및 발전을 전제해야 한다는 점을 뜻한다. 남북관계 개선·발전을 위
해서는 양측 당국 및 민간의 협력이 모두 이뤄져야 한다. 특히, 2008년
이후 지속되어 왔던 남북한 당국 간 관계 경색 국면은 양측 민간 부문의
교류·협력을 통해 해소의 실마리를 마련할 수 있을 것이다. 남북한 당국
간 관계도 첨예하게 대립하는 이데올로기적·안보적 사안보다는 기후,
재난·재해 복구, 환경, 보건·의료 등과 같이 대립적 성격이 적은 사안
들을 중심으로 물꼬를 틀 수 있을 것이다.

남북관계 개선 및 발전을 위해서는 중국의 역할도 매우 중요하다. 탈냉
전 이후 대외적 고립이 심화된 북한에게 중국은 안보적·경제적 측면 모
두에서 절대적인 존재라고 할 수 있다. 북중관계가 좋지 않다고 하더라
도 중국은 국제사회에서 북한의 입상을 대체로 대변해왔고, 북한의 경세
적 대중 의존도는 90%를 넘는 상황이다. 중국은 또한 한국과 경제적으로
밀접한 관계이면서 안보적 측면에서의 협력 범위도 점차 확대해가고 있
다. 따라서 중국은 남북관계 개선 및 발전을 위한 중재자의 역할을 충분
히 할 수 있다. 뿐만 아니라 중국은 정치·경제·군사·사회문화 부문 등
에 있어서 북한을 다변화시키는 데 무엇보다 밀접한 관계에 있으며, 가장
큰 영향을 미칠 수 있다. 우리가 새로운 통일외교안보 패러다임을 모색할
때, 중국의 이러한 여건을 반드시 감안해야 할 것이다.

북미관계 정상화도 북한 문제 해결을 위해 반드시 필요한 사안이다.
북한이 핵을 포기할 수 없고, 본격적인 개혁·개방에 나서지 못하는 이
유는 체제 안전 보장 문제 때문이다. 사회주의 정치체제를 유지하면서
계획경제체제를 포기하고 개혁·개방을 추진해 성과를 거두고 있는 중
국과 베트남은 미국과의 관계 개선이 이뤄진 뒤에야 개혁·개방을 본격

적으로 추진했다. 특히, 북미관계 정상화는 북한의 개혁·개방뿐 아니라 북핵 문제 해결의 핵심요건이기도 하다. 또한 북미관계 정상화는 북일관계 정상화로까지 이어져 북한 변화의 수준과 폭을 더욱 심화·확대할 수 있다.

2. 한반도 평화체제 구축 및 북핵문제 병행 해결

남북한 중심으로 한반도 평화체제가 구축되고 북핵문제가 해결되어야 한다. 이를 위해 남북한은 주도적으로 북핵문제의 완전한 해결과 한반도 평화체제의 구축을 통해 동북아 질서 재편에 능동적으로 참여하고 견인하는 전략을 추진해 나가야 한다. 현재의 한반도 정전체제가 동북아 세력균형의 산물이라는 점에서, 한반도 평화체제의 구축 과정은 동북아 질서 재편 과정과 직결되어 있다. 한반도 평화체제 구축이 미·중 주도의 동북아 신질서 재편 결과에 따라 좌우될 수도 있지만, 반대로 한반도 평화체제 구축을 통해 동북아 질서 재편 과정에 영향을 미칠 수도 있다. 한반도 평화체제는 남북한이 주축이 되어 이루어져야 하며, 실효성을 위해 미국과 중국의 참여를 보장하고 러시아에 참관 자격을 부여하는 방안도 가능할 것이다. 남북한이 한반도 평화체제와 동북아 군비통제를 주창하고 동북아 다자안보협력의 시발점으로 이용해 나가도록 정교한 전략을 마련해야 한다.

북핵문제 해결을 전제하고 남북한 간 군사적 긴장완화 및 신뢰구축이 이루어진 후 평화체제로 전환이 가능하다는 결과 중심의 순차적 추진에서 탈피해 병행 추진을 통한 선순환 효과를 지향해 나가야 한다. 6자회담에서 합의된 「9.19 공동성명」을 바탕으로 북핵문제의 해결과 함께 한반도 평화체제 구축, 북미 및 북일 관계정상화, 동북아 다자안보체제의 형성 등이 포괄적으로 추진됨으로써 동북아 질서의 재편까지도 가능할 수 있다. 이처럼 북핵문제는 한반도 평화체제의 구축뿐 아니라 미완 상태에 있는 관계정상화 및 동북아 다자안보체제와 긴밀히 연동되어 있다. 즉, 북핵문제가 어느 방향으로 해결되어 가느냐에 따라 우리 민족의 운명이 바뀔 수도 있는 것이다. 이제 막연히 한반도 평화체제가 구축되어야 한다는 주장은 북한의 비핵화를 더욱 어렵게 할 수도 있다.

누가 주도적으로 평화체제를 만들어 나가고 북한의 비핵화를 가능하게 할 것인가에 따라 비핵화의 가능성과 진행 경로가 달라질 수 있다. 따라서 북한 비핵화와 한반도 평화체제를 구축하는 과정에 남북한이 어떠한 위치에서 어떠한 관계로 어떠한 역할을 할 것인가가 매우 중요하다. 남북한이 주도하지 않을 경우 자칫 한반도 평화체제의 구축과 북한 비핵화가 분단 영구화로 귀결될 수도 있다. 한반도 평화체제 구축과 북핵문제 해결이 남북한 간 평화공존을 보장해 줄 수는 있지만, 통일까지 보장해 주는 것은 아니다. 한반도 평화체제 구축과 북한 비핵화가 민족의 자주적인 역량에 기초해 이루어지느냐 아니면 주변 강대국의 주도로 그들의 이해관계만을 충족하며 달성되느냐에 따라 결과는 엄청나게 달라질 수 있다.

현재 북핵문제와 관련해 북한과 미국, 중국으로 형성된 부등변 역삼각형의 구조가 지속되면서 한반도 평화체제 구축과 북핵문제 해결이 진행되도록 해서는 안 된다. 북한 비핵화와 한반도 평화체제 구축이 상호 시너지 효과를 내기 위해서는 다방면에 걸친 남북관계 개선과 병행 추진되어야 한다. 한반도 평화체제의 실효성을 확보하기 위해서는 남북한 간 정치·군사적 신뢰와 함께 경제적·사회문화적 교류·협력이 확대되어야 한다. 따라서 무엇보다 시급한 것은 우선 우리 스스로 독립된 하나의 꼭지점을 만들기 위해 남북관계를 적극적으로 개선해 나가는 것이다. 그리고 한반도 평화체제와 북한 비핵화 문제의 병행에 있어 우선순위를 조율하는 역할을 남북한이 함께 해나가야 한다. 남북관계 개선이 전제되지 않은 강대국에 의한 종전선언이나 관계정상화는 남북관계를 '차가운 평화(cold peace)'로 전락하게 할 가능성이 크다. 진정한 남북관계의 진전이 이루어진다면 한반도 평화체제 구축을 위한 형식적인 조치는 오히려 무의미한 것일 수도 있기 때문이다.

〈그림 V-6〉 한반도 평화체제와 비핵화 3단계

평화체제/비핵화 1단계	평화체제/비핵화 2단계	평화체제/비핵화 3단계
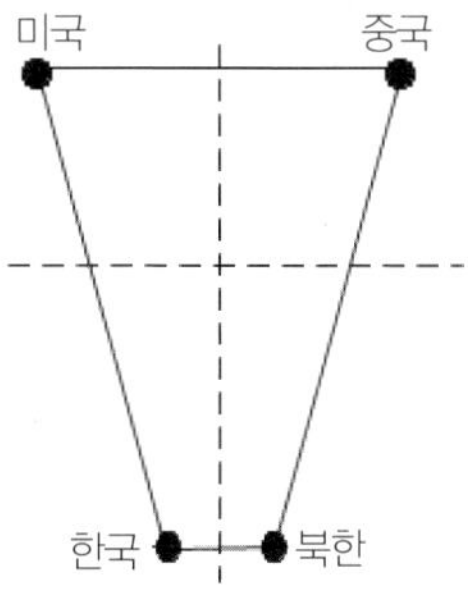 미국　　중국 한국　북한	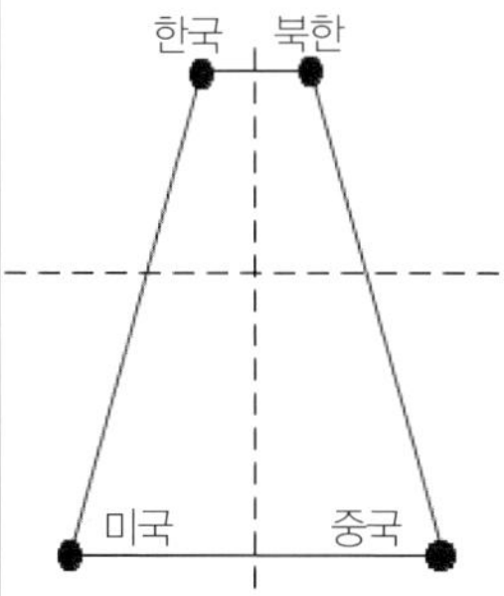 한국　북한 미국　　중국	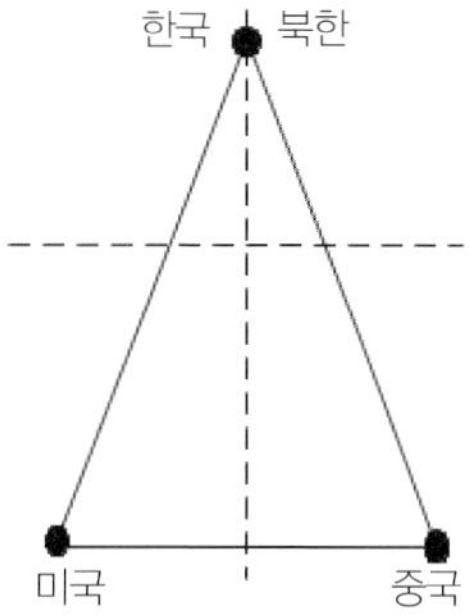 한국 북한 미국　　중국
남·북·미·중 불안정 마름모 (남북관계 개선)	남·북·미·중 안정적 마름모 (남북한 중심)	남북한·미·중 이등변 삼각형 (남북한 공동)
평화체제 추진	평화체제 구축	평화체제 완성
북핵 개발 중단 (미래핵)	북핵 시설 제거 (현재핵)	북핵 완전 폐기 (과거핵)
남북관계 정상화 동북아시대 기반 조성	남북한 공동체 동북아 협력 심화	한반도 통일국가 동북아 시대 구축

북한이 사실상 핵무기 보유국 지위 확보를 추구함에 따라 한반도 분단 구조의 고착화 및 대북 유화정책 추진에 대한 국민적 저항감이 확대될 것이라는 일부의 평가도 있다. 그러나 분단은 이미 70년 이상 지속되어 왔으며, 분단 구조의 고착화는 군사적인 측면뿐 아니라 정치, 사회, 경제, 문화적인 여러 측면에서 이루어지고 있다. 오히려 북한의 핵무기 보유국 지위를 공식적으로 인정하지 않으면서 북한과의 대화를 통해 군사적 긴장을 완화하고 평화공존을 제도화하는 한편, 중·장기적으로 한반도 비핵화와 평화통일을 지향하는 전략을 모색할 필요가 있다. 최근 타결된 이란

핵협상 과정을 면밀히 검토하면서 평화적 검증과 지속적인 실무협의가 가능했던 점 등을 북핵 문제 해결을 위한 협상에 참고할 필요가 있다.

3. 북한의 바람직한 변화 유도

북한이 국제사회에서 고립되고 수세적인 입장에서 체제 안전에 대한 우려의 심화로 대외관계 측면에서 협력보다 독자적인 생존 방식에 의존함으로써 발생하는 문제를 해결해 나갈 수 있는 방법을 모색해야 한다. 여전히 북한이 체제와 정권의 안전을 위협당하고 있다고 느끼는 한 핵무기를 포기할 가능성은 거의 없다. 그렇다고 현 시점에서 한반도 평화체제가 구축되고 북한이 미국·일본과 관계정상화를 이뤄 당면한 위협요인을 제거하더라도 북한의 비핵화가 실현될지는 미지수이다. 북한이 요구하는 안보와 생존은 현재의 보장이 아닌 미래를 포함한 영구적 보장이라는 측면에서 실현 가능성이 크지 않기 때문이다.

그럼에도 북한이 핵을 폐기할 수밖에 없는 환경을 조성하기 위한 전략을 마련하고 실행하기 위해서는 북한이 핵을 포기할 수 없다는 가정에 매몰되어서는 안 된다. 중국은 미국에 대해 '북한의 합리적인 안보 우려(resonable security concerns)'를 해소해야 북핵문제가 풀릴 것이라는 의견을 제시해 왔다는 점을 상기할 필요가 있다.[19] 이제 미국이나 중국이 아닌 우리가 주도적으로 북한의 체제 안전에 대한 우려를 해소해 나가는 노력이 필요하다. 한반도 평화체제의 구축과 북한 비핵화는 남북한이 함께 풀어나가야 할 최우선 과제이다. 한반도 평화체제 구축을 통해 북핵문제 해결을 넘어 동북아 평화협력으로 나아가도록 어느 때보다도 남북관계 개선에 역량을 집중해야 할 것이다.

---

19) 중국은 2009년 7월 제1차 미·중 전략대화에서 북핵문제의 해결을 위해서는 합리적인 안보 우려(reasonable security concerns)와 미북 직접대화(direct talks)가 필요하다고 미국 측에 제시하였다. "China urges U.S. to accommodate DPRK's "reasonable security concerns," Xinhua (July 29, 2013) 참조.

한국과 미국 등은 1990년대 중반 이후 국제사회의 주요 이슈로 대두된 북핵 문제를 해결하는 과정에서 이른바 '경제-안보 교환' 접근법을 추진했다. 1994년 10월 이른바 제1차 북핵 위기가 일단락되면서 이뤄진 북미 간 「제네바 기본합의」는 북한이 5MWe 흑연감속로 활동을 동결하는 대신 미국을 포함한 국제컨소시엄이 중유를 제공하고, 북한의 5MWe 흑연감속로를 국제컨소시엄이 제공하는 2,000MWe 경수로로 대체하는 것이 주요 내용이었다. 즉, 북한의 핵개발을 저지한다는 목표 달성을 위해 경수로와 중유라는 경제적 보상을 교환하는 방식이었던 것이다.

2002년 10월 시작된 이른바 제2차 북핵 위기 해결 과정 역시 '경제-안보 교환' 접근법이 적용된 경우라고 할 수 있다. 2차 북핵 위기 해결의 로드맵 역할을 하는 2005년 「9.19 공동성명」은 북한이 모든 핵무기와 현존 핵 프로그램을 포기하고 조속히 NPT 및 IAEA 안전조치 복귀를 공약하는 대신 북한을 제외한 6자회담 참가 5개국은 북한에 에너지 지원을 제공한다는 것이 핵심적 내용이었다. 특히, 「9.19 공동성명」에는 한국의 2,000MW 전력 공급 제안을 재확인한다는 내용이 포함돼 있다. 이는 2005년 6월 정동영 당시 통일부 장관이 방북해 김정일 국방위원장과의 면담에서 '북한이 6자회담에서 핵폐기에 합의하면 KEDO의 경수로 건설 공사를 종료하는 대신 한국이 독자적으로 200만kW의 전력을 3년 이내에 직접 송전하는 방식으로 제공하겠다'고 제안한 것을 6자회담에서 재확인한 것이다.[20]

그렇지만 핵보유국을 강조하는 김정은 체제가 기존의 6자회담 등을 통해 제시됐던 경제적 보상과 핵무기의 포기·폐기를 교환하는 방식을 더 이상 받아들이지 않을 것이 점차 명확해지고 있다. 김정은 제1위원장은 2013년 3월 당 중앙위 전원회의에서 "적들은 우리에게 핵무기를 포기하

---

20) 통일부, 『2006 통일백서』 (2006), 23쪽.

지 않으면 경제발전을 이룩할 수 없다고 위협 공갈하는 동시에 다른 길을 선택하면 잘 살 수 있게 도와주겠다고 회유도 하고 있다"며 "그럴수록 우리는 핵보검을 더욱 억세게 틀어쥐고 강성부흥의 활로를 열어나가야 한다"고 강조했다. [21] 이는 북한이 '경제-안보 교환' 방식을 통한 북핵 문제 해결에 나서지 않겠다는 의사를 분명히 한 것이라고 할 수 있다.

따라서 북핵 문제를 해결하기 위한 접근법으로 북한의 핵포기 및 폐기와 동북아 주요국들이 북한 체제의 안전 보장을 교환하는 방식을 고려해볼 필요가 있다. [22] 만약 한국과 미국, 중국, 일본, 러시아가 취하고 있는 현재의 대북정책이 변화하지 않는다면 북한 역시 현재의 정책을 지속적으로 추진·강화할 것이기 때문이다. 북한이 체제와 정권에 대한 안전을 위협당한다고 느끼는 상황에서 선제적으로 핵무기를 포기·폐기할 개연성은 크지 않다. 북한이 경제개발에 장애가 된다는 점을 잘 알면서도 핵개발을 지속하는 것은 김정은 체제의 안전보장이 가장 우선적인 사안이라고 판단하기 때문이다.

2015년 8월 4일 비무장지대 지뢰폭발 사건으로 인해 일촉즉발의 상황으로 군사적 긴장이 높아졌던 한반도는 남북 고위급 접촉을 통해 해결의 실마리를 찾았다. 2015년 8월 28일 『조선중앙통신』에 의하면, 김정은 제1위원장은 노동당 중앙군사위원회 확대회의에서 남북 고위급 접촉 결과에 대해 '남북관계를 화해와 신뢰의 길로 돌려세운 중대한 전략적 계기'라고 밝혔다. 그러면서도 김 제1위원장은 "벼랑 끝까지 닿은 교전 직전에 다시 되찾은 평화는 결코 회담 탁상 위에서 얻은 것이 아니다"며 "우리 당이 키워 온 자위적 핵억제력을 중추로 하는 무진막강한 군력과 일심단결된 무적의 천만대오가 있기에 이룩될 수 있었다"고 강조했다. 이처럼 북한은 남북 고위급 접촉 합의가 '자위적 핵억제력'이 있

---

21) 『노동신문』, 2013년 4월 1일자.
22) 조성렬, 『뉴한반도비전: 비핵·평화와 통일의 길』(서울: 백산서당, 2012), 123쪽.

었기 때문에 가능했다고 평가하며 핵능력 강화의 정당성을 분명히 하고 있다. 이러한 점으로 볼 때, 북한의 핵폐기는 매우 어려울 것으로 판단된다.

북한 체제의 안전이 보장되지 않을 경우, 북핵 문제의 해결은 요원해질 것이며, 북핵 문제가 동북아와 한반도의 불안정을 심화시킴으로써 지역의 평화와 발전을 저해하는 주요 요인으로 작용할 것이다. 김정은 정권은 집권 4년차를 맞는 현재까지 권력 공고화를 나름대로 진행하고 있으며, 「헌법」 등을 통해 핵보유국을 선언하고 핵보유를 체제 존립의 기반으로 대내외에 선전하고 있다. 결국, 북한뿐 아니라 한국과 미중 등이 함께 북핵 문제 해결을 비롯해 한반도 및 동북아의 안정을 증대시키는 방향으로 변화를 모색하는 방법이 취해져야 할 것이다. 한국과 미국, 중국 등이 북한을 핵 포기 · 폐기의 길로 유도하려면 무엇보다 북한이 핵개발을 추진한 주요 요인인 체제 안전에 대한 인식을 전환시키는 것이 필요하다. 이를 위해 미국과 한국 등은 북한이 제기하는 정치 · 군사적 문제 해결을 위해 보다 적극적인 논의를 통해 문제 해결을 위한 접점을 찾아야 할 것이다. 이러한 변화는 한국의 입장에서 남북관계를 중심으로 동북아 질서 변화를 추동할 수 있게 하는 것이기도 하다.

이 방안은 강대국 등 주변국 변화에 맞춰가는 수동적 대외정책이 아니라 우리에게 유리한 대외 환경을 능동적 · 자주적으로 조성하는 것이다.[23] 이 방안을 추진하는 데 있어서 반드시 고려해야 하는 문제는 북한 체제의 경직성과 북핵 문제 해결에 결코 짧지 않은 시간이 소요될 것이라는 점이다. 이는 북한이 제기하는 안보 위협을 제거하기 위해 한반도와 관련된 정치 · 군사적 문제를 해결하는 데 많은 인내와 노력이 필요할 것이라는 점을 암시한다. 이러한 접근을 현실화하기 위해서는 한국과 미중

---

23) 전재성, "통일전략과 대북전략의 조화 필요성," 제주평화연구원, 『JPI 정책포럼』, 2014-5 (2014. 3. 21.) 참조.

등 동북아 주요국이 포괄적이면서도 점진적 · 단계적 접근을 통해 북한이 수용할 수 있는 현실적인 대안을 마련해야 할 것이다.

첫째, 북한이 미국의 적대정책을 안보 위협으로 거론하며 핵 · 미사일 개발을 지속하고 있다는 점에서 미국이 '북한과 평화롭게 공존할 수 있음'을 선언하는 방안을 생각할 수 있다. 2000년 북한은 미국에 조명록 당시 군 총정치국장을 김정일 국방위원장의 특사로 보내 빌 클린턴 대통령과 메들린 올브라이트 국무장관, 윌리엄 코헨 국방장관 등과 회담한 뒤 "쌍방은 그 어느 정부도 타방에 대하여 적대적 의사를 가지지 않을 것이라고 선언"하는 등의 내용이 담긴 '북미 공동코뮤니케'를 발표한 바 있다.[24] 둘째, 북핵 문제 해결을 추동할 수 있는 방안 가운데 하나로 '북한이 핵무기를 포기 · 폐기하면 미국이 한국에 제공하는 핵우산 등 확장 억제력 제공을 철회할 수 있다'고 공약하는 것도 고려할 수 있을 것이다. 셋째, 조지 W. 부시 행정부가 북한을 테러지원국에서 제외한 경우에서 교훈을 찾을 수 있다. 즉, 북한의 도발적 행위가 없으면 상응하여 해당 내용과 관련된 미국의 독자적 제재와 국제사회의 제재 대상에서 단계적으로 북한을 해제하고, 국제금융기구 등 대외적인 경제 협력 및 지원이 가능하도록 하는 방안이다. 반대로 이를 위반했을 경우에는 더욱 강력한 제재와 압박을 가하는 것이다.

한편 한국은 압도적 경제력을 기반으로 한 '흡수통일'을 추구하지 않는다는 것을 분명히 하면서, 이를 실질적으로 뒷받침할 수 있는 신뢰 조성 조치를 추진할 수 있을 것이다. 이를 위해 북한에 대한 인도적 지원의 폭을 점차 확대하고, 민간 및 당국 차원의 비정치적 · 비군사적 교류 · 협력을 확대 · 심화하는 가운데 제도화를 통해 신뢰를 공고히 할 수 있을 것이다.[25] 또한 한국은 북한과 상호 군사적 위협 감소를 위해 단계적 군비통

---

24) 박건영 외, 『한반도 평화보고서: 한반도 위기극복과 평화정착의 방법론』 (서울: 한울, 2002), 256쪽.
25) 신기욱 · 데이비드 스트로브 · 조이스 리 지음, 박진경 옮김, 『남북관계, 어떻게 풀어야 하는가: 효과적이고

제 및 군축에 관한 협의를 지속적으로 진행해 관련 로드맵에 대해 상호 합의해 실질적으로 추진할 수 있을 것이다. 한국은 '선 군비통제, 후 군축'을, 북한은 '선 군축, 후 군비통제' 입장을 고수하고 있는데, 군비통제와 군축이 선후의 성격을 갖는 것이 아니라 상호 보완·발전적인 방향에서 수렴될 수 있다는 관점에서 군사 문제 해결을 위해 접근할 필요가 있다.

4. 통일을 위한 전방위 외교 추진

남북한 중심의 한반도 평화체제 구축과 북핵문제 해결을 위해 남북한은 전방위 외교를 추진해 나가야 한다. 과거 한·미·일 3자 동맹 구도에 갇혀 있던 냉전시대의 외교안보의 틀에서 탈피하여 한반도 평화체제 구축과 북핵문제 해결, 동북아 협력과 연결된 지역 설계와 다자주의를 추구하는 것이 핵심이다. 전방위 외교를 위해서는 한국 독자적인 미중 각국과의 양자관계도 중요하지만, 남북관계 수준에 따라 2(미중)+2(남북한), 2(미중)+1½(남북관계 개선), 2(미중)+1(한반도 공동체)의 다양한 외교 방식을 고려할 필요가 있다. 이와 함께 4개의 2+1(남북한+미, 남북한+중, 남북한+일, 남북한+러)를 비롯한 다양한 양자 및 다자간 협력체를 만들어 국가 간의 다양한 이해관계를 조정함으로써 강대국 위주의 동북아 질서가 갖는 경직성을 주도적으로 완화해 나가는 노력이 필요하다.

북핵문제의 해결을 위한 6자회담 당사국간 전략적 협상구도 역시 기존 미북 핵심당사자, 한중의 중추적 역할, 일본과 러시아가 지원하는 2+2+2 구도의 와해로 새로운 전략적 협상구도를 만들어나갈 필요가 있다. 한·미·일 중심의 3+3 구도는 오히려 북한으로 하여금 핵보유의 빌미를 줄 수 있고, 5+1 구도 역시 중국의 대북전략이 근본적으로 변화하지 않는 한 비현실적인 협상구도이다. 결국 미중의 G2 구도 속에 남북한이 주도하고 일본과 러시아가 지원하는 새로운 2+2+2 협상구도를 통해

___

지속 가능한 맞춤형 인게이지먼트』(서울: 한울, 2015) 참조.

6자회담을 재개하고 동력을 살릴 수 있을 것이다. 또한 신뢰와 균형 형성을 위한 프로세스의 진행도 가능할 것이다.

우리는 자구(self-defense) 체제를 핵심으로 하는 세계 속에서 생존을 위한 동북아 공동의 지역 전략과 지역 보편 이익을 추구하는 중견국 외교를 펼쳐 나가야 한다. 동북아의 전략적 가치 증대를 위한 협력과 개별 국가의 이익보다는 지역안정을 우선시하는 동북아 다자안보협력체제 구축을 궁극적 목표로 접근해 나가야 한다. 미중의 이해관계를 모두 고려하기가 어려워진 상황에서 미중관계에 연관된 문제에 대해서는 사안별 접근과 적정 수준의 관리 하에서 입장을 명확히 제시하고 전달하는 것이 중요하다. 미중 간 경쟁을 협력적으로 이끌 수 있는 지역 설계, 다자주의 협력을 추구하면서도 동맹과 지역협력, 경쟁과 협력, 정체성과 세계화 등 상충 요소들 간의 조화와 균형을 추구해 나가야 한다. 이를 통해 남북한은 분쟁과 갈등 및 위협 등을 사전에 방지하기 위해 조화와 균형을 기조로 하는 전방위 외교를 추진해 나가야 할 것이다.

이를 통해 한반도 통일에 대한 국제사회의 지지를 확보할 수 있도록 노력해 나가야 한다. 동북아 안보 상황을 바탕으로 미래 한미동맹 관계의 재정립과 주변국들의 한반도 통일에 대한 지지를 확보하는 노력이 필요하다. 통일과정에서부터 국제사회와 협력하여 통일의 비전과 편익을 함께 나누고, 한반도는 물론 동북아의 공동발전을 모색하면서 한반도 통일과 동북아 번영을 위한 지역협력의 제도화를 창출해 나가야 한다. 그리고 발전된 국력에 상응하는 국제적 위상 제고와 역할 증대로 역내 공동번영과 국제평화를 위한 실질적 기여활동을 강화해 나가야 할 것이다.

제5절 통일한국의 미래상

한반도의 미래와 동북아의 변화 전망에 대해서는 여전히 낙관론과 비관론이 교차하고 있다. 동북아 지역질서는 복합적이고 중층적 특징을 가진다. 따라서 우리가 구상하는 한반도와 동북아의 미래 역시 크게 갈등과 협력이 교차하면서 진행될 것이라는 점을 감안해야 할 것이다. 이를 통해 우리는 미래를 복합적이고 중층적으로 구상하고 신축적으로 실천하여야 할 것이다. 결코 우리만의 국익을 추구하거나 여기에 매몰되지 않고 동북아 공동의 평화와 번영을 선도하는 중심국가가 되기 위해 필요한 통일한국의 미래상을 만들어가야 한다.

첫째, 통일을 위한 '북한 끌어내기와 껴안기'를 주도할 '책임국가'의 모습이 구현되어야 한다. 북한의 참여와 스스로 변화할 수 있는 신뢰성 있는 환경을 제공해 줄 수 있는 유일한 국가가 한국이라는 사실을 북한에 인식시키는 것이 중요하다. 이는 과거 역사적 경험 속에 한반도 문제 해결과 통일에 있어 주체성과 정통성을 확립하기 위해 반드시 이루어야 할 모습이다.

둘째, 동북아 경제협력에 '상호보완적 관계'를 주도할 '촉진국가'이다. 동북아 지역의 상호 경쟁적 대결 구도의 중립적 위치에서 지리적 중심을 초월한 협력적 균형자 역할을 통일한국이 수행해야 한다. 한국의 기술과 인프라, 일본의 자본과 경영, 중국의 노동력과 자원에 의한 시너지 효과와 북한의 노동력과 자원, 잠재력을 통합할 수 있어야 한다.

셋째, 동북아 안보협력에 '공존 · 공멸적 관계'를 주도할 '조정국가'이다. 동북아 역시 역내 국가중심, 군사력 중심의 전통적 안보에서 인간안보를 포함하는 비전통적 안보로 안보영역이 확대되고 있다. 분단을 경험한 통일한국은 안정된 지역 안보환경과 지역 경제발전을 불가분의 관계로 인식하며, 역내에서 경제와 안보가 연계된 상호의존적 안보전략을 추진하는 조정국가의 역할을 할 수 있다.

넷째, 동북아 문화공동체 구성에 '공통적 문화형성'를 주도할 '규범국가'
가 되어야 한다. 이를 통해 통일한국이 중심이 되어 세계적 경쟁력을 갖
춘 고품격의 동북아 문화 가치를 창출해 나간다. 규범국가의 역할은 조화
로운 보편적 가치 추구를 통한 이질성 극복 및 동질성 창출로 동북아 평화
와 번영, 세계의 융성을 위한 문화공동체를 형성하는 것이다.

현재 동북아는 세계의 중심에 설 역사적인 기회를 맞이하였다. 그리고
이러한 전환기의 한 가운데에 한반도가 있다. 한반도와 동북아의 미래를
위해 남북한이 무엇을 어떻게 해야 하는지는 분명하다. 한반도의 통일된
미래와 동북아의 평화 번영을 위해 남북한이 함께 노력하는 동시에 누군
가를 변화시키기에 앞서 스스로가 어떠한 방향으로 변화해 나아갈 것인지
에 대한 끊임없는 성찰과 노력이 계속되어야 할 것이다.

이제 과거를 거울로 삼아 딛고 일어나 미래를 향해 보수ㆍ진보를 모두
아우르는 국민통합 차원에서 정책을 추진하기 위한 구체적 로드맵을 만들
어야 한다. 이를 통해 정권의 변화와 관계없이 일관성을 갖고 통일 준비
를 꾸준히 해나가야 한다. 이것이 광복ㆍ분단 70년이라는 역사의 무게가
우리에게 주는 과제이다. 남북관계와 동북아 정세 변화, 국제질서의 역
사적 전환을 우리가 주도하기 위한 통일준비를 본격적으로 해나가야 하는
것이다. 광복 100년이 되기 전에 통일이 이뤄져야 진정한 광복을 이룩했
다는 의미를 부여할 수 있을 것이다.

우리가 과거에 얽매이고 현실에 안주해서는 분단이라는 큰 벽을 넘을
수 없다. 북한의 도발에 대해 안보 차원에서 단호히 대응해나가되, 한반
도 평화정착을 위한 대화ㆍ교류의 병행을 보다 유연하고 창의적으로 해나
가지 않으면 변화를 만들 수 없다. 한반도의 희망찬 미래를 중심에 놓기
위해서는 북한의 바람직한 변화가 필수적이며, 이를 위해서는 지속적인

인내와 치밀한 전략이 필요하다. 우리는 긴 안목을 갖고 부단히 혁신하고 준비하며 단합함으로써 분단을 뛰어 넘어 통일로 나아가야 한다. 또한 동북아의 평화·번영과 관련된 우리의 어떠한 전략과 담론도 우리의 힘이 뒷받침되지 않으면 공허할 뿐이다. 자강(自强)이 무엇보다 중요하다는 사실을 결코 잊어서는 안 될 것이다.

한반도를 둘러싼 주변국들과도 관계 복원 및 발전을 통해 통일준비의 동력을 배가시켜 나가는 작업도 필요하다. 특히, 한·중·일의 3국관계는 동북아 평화와 안정의 핵심이다. 이러한 주변국과의 관계 개선과 교류가 확대되어 평화와 번영의 기반이 마련되지 않으면 북핵문제를 비롯해 북한 문제를 해결할 수 없으며, 북한을 변화시킬 수 없다. 남북관계에 대한 구상도 중요하지만 동북아와 국제질서라는 보다 큰 그림과 연동함으로써 숲과 나무를 함께 보는 정책 추진이 필요한 것이다. 가장 확실한 미래 예측은 비전과 전략을 갖고 우리 스스로가 미래를 만들어가는 것이다. 우리가 어떻게 하느냐에 따라 한반도의 미래는 결정될 것이다.

참고문헌

구본학, "주변 4강 및 북한의 신대외정책과 한국의 중장기 안보전략," 『국방정책연구』, 28-4 (2012).

김갑식, "김정은 정권의 수령제와 당·정·군 관계," 『한국과 국제정치』, 30-1 (2014).

김동엽, "평화체제와 비핵화: 북한의 북핵게임 체인지 "My Way"," 『2013년 북한연구학회 하계학술발표논문집』(2013).

_____, "한반도에서 북한 탄도미사일의 위협과 THAAD 효용성의 불일치," 경남대 극동문제연구소, 『제56차 IFES 통일전략포럼 자료집』(2014).

김상기, "기로에 선 한반도: 2010년대 미중관계 변화와 한국의 전략," 『한국정치학 회보』, 48-5 (2014).

_____, "미국의 재균형 전략과 한국의 선택," 『IFES 현안진단』, 10 (2014).

김상배, "한국의 네트워크 외교전략: 행위자-네트워크 이론의 원용," 『국가전략』, 17-3 (2011).

김영수, "한일회담과 독도 영유권: 샌프란시스코 강화조약과 한일회담 기본관계조약을 중심으로," 『한국정치학회보』, 42-4 (2008).

김일기, "김정은 시대 북한의 권력이동: 당 중앙군사위원회와 국방위원회를 중심으로," 한국동북아학회, 『한국동북아논총』, 17-4 (2012).

김주삼, "북한의 대 중동군사외교: 전략무기체계를 중심으로," 조선대 동북아연구소, 『동북아연구』, 25-2 (2010).

김창수, "부활하는 샌프란시스코 체제와 미일 가이드라인 개정," 『코리아연구원 특별기획』, 48 (2015).

김학성, "미·중관계의 변화 전망과 북한의 '자주적 생존 전략'의 미래," 『세계지역연구논총』, 31-1 (2013).

김형기, "남북관계와 대북정책의 변화: 대결과 협력은 선택인가?," 『KDI 북한경제리뷰』, 15-4 (2013).

김흥규, "시진핑 시기 중국 외교와 북중관계," 제주평화연구원, 『JPI 정책포럼』, 2015-4 (2015.4.3.).

_____, "한반도 통일에 대한 중국의 입장 분석과 정책제언," 『수은북한경제』, 여름호 (2014).

문흥호, "시진핑 집권 이후 중국의 대북정책: 동맹관계와 정상관계의 선택적 균형," 『중소연구』, 38-3 (2014).

박건영, "미중관계의 미래와 한반도의 통일: 전략적 실용주의의 관점," 이수훈 · 조대엽 편, 『한반도 통일론의 재구상』 (서울: 선인, 2012).

_____, "오바마의 주판과 긴 파장?: 재균형과 한반도에 대한 함의," 『한국과 국제정치』, 29-3 (2013).

박동훈 · 강용범, "중국의 대북정책 논리와 북중관계," 국가안보전략연구소, 『국제문제연구』, 11-3 (2011).

박병광, "국제질서 변환과 전략적 각축기의 미 · 중관계: 중국의 전략적 입장과 정책을 중심으로," 하영선 편, 『1972 한반도와 주변 4강 2014』 (서울: 동아시아연구원, 2015).

박재적, "한반도 통일 편익과 우려: 아 · 태지역 군사 · 안보적 세력균형의 관점에서," 배정호 · 봉영식 · 한석희 · 유영철 · 박재적 · 최원기, 『동북아 4국의 대외전략 및 대북전략과 한국의 통일외교 전략』 (서울: 통일연구원, 2014).

박정민, "푸틴 이후 러시아의 대외정책과 대북정책," 『북한연구학회보』, 14-1 (2010).

박창희, "중국의 군사력 증강 평가와 우리의 대응방향," 『전략연구』, 57 (2013).

박형중, "북한은 왜 '붕괴'도 '개혁 · 개방'도 하지 않았을까?," 『현대북한연구』, 16-1 (2013).

박홍서, "북핵위기시 중국의 대북동맹딜레마 관리 연구: 대미관계 변화를 주요동인으로." 『국제정치논총』, 46-1 (2006).

_____, "탈냉전기 중미간 '협조체제'의 출현?: 9.19 공동성명 후 북핵문제에 대한 중미간 협력." 『국제정치논총』, 47-3 (2007).

_____, "중국의 부상과 국제관계이론: '중국위협'에 관한 이론적 시각." 김태호 편, 『중국외교연구의 새로운 영역』 (서울: 나남, 2008).

_____, "중국의 부상과 탈냉전기 중미 양국의 대한반도 동맹전략: 동맹전이 이론의 시각에서."『한국정치학회보』, 42-1 (2008).

_____, "내재화된 위선? '중국적 세계질서'의 현실주의적 재해석."『국제정 치논총』50-4 (2010).

_____, "게임이론을 통해 본 중국의 대한반도 전략: 천안함, 연평도 사건을 중심으로."『중국연구』, 52 (2011).

_____, "자유주의 통치성의 출현과 인간안보: 인간안보에 대한 푸코주의적 접근."『국제정치논총』, 52-3 (2012).

_____, "국가는 왜 주민보호에 실패하는가? - 조선기 한반도 분쟁과 국가 의 반(反)인민적 행태를 중심 사례로."『한국정치학회보』, 47-2 (2013).

방호엽, "북한의 핵미사일 개발과 일본방위정책과의 상관관계," 한일군사문 화학회,『한일군사문화연구』, 17 (2014).

서주석, "이란 핵협상 타결과 북한 핵,"『IFES 현안진단』, 30 (2015).

손기영, "일본의 "보통국가"로의 전환과 동북아 안보협력을 위한 한국의 전 략: 지역안보협력과 "국가정체성이슈"의 연계(linkage)를 중심으 로,"『국제관계연구』, 19-1 (2014).

손병권, "오바마 행정부 등장 이후 미국의 대중정책: 아시아 공존의 상호인 정과 지속되는 긴장," 하영선 편,『1972 한반도와 주변 4강 2014』 (서울: 동아시아연구원, 2015).

송주명, "에너지이행과 국제천연가스질서: 셰일가스와 미국의 가스패권," 『한국정치연구』, 22- 2 (2013).

신종대, "김대중, 노무현 정부의 대북정책과 국내정치: 문제는 "밖"이 아니 라 "안"이다,"『한국과 국제정치』, 제29권 2호 (2013).

양무진, "북핵문제의 경과와 쟁점, 그리고 정책적 제언,"『현대북한연구』, 16-3 (2013).

양문수, "김정은 시대 경제관리 개선조치의 실태와 평가: 2012~2014년," 『북한연구학회보』, 18-2 (2014).

이관세, "분단 70년, '새로운 남북관계' 설정해야,"『IFES 현안진단』, 24 (2015).

이상근·송문지, "북중경협 강화와 한반도의 미래: 북중경협이 북한 개혁·개방과 통일에 미치는 영향을 중심으로,"『국가전략』, 20-2 (2014).

이신화, "비전통안보와 동북아지역협력."『정치학회보』, 42-2 (2008).

이영권, "김정은 정권의 안정성 연구" (동국대 대학원 북한학 박사학위논문, 2015).

이윤식, "오바마 행정부의 대북정책: 평가와 전망,"『평화학연구』, 14-4 (2013).

이헌경, "김정은 권력세습과 통치권력 강화: 역사적 함의와 정적 제거," 경희대 인류사회재건연구원,『Oughtopia』, 29-1 (2014).

이혜정, "미국 쇠퇴론의 쟁점과 실증적 분석,"『국제문제연구』, 11-2 (2011).

_____, "미일 가이드라인 개정과 전시작전통제권,"『코리아연구원 특별기획』, 48 (2015).

임재천, "북한 지도자 리더십 비교: 성장과정 및 사상적 기반, 정당성, 리더십 특징을 중심으로," 조선대 동북아연구소,『동북아연구』, 29-1 (2014).

임채완, "북한 개혁·개방과 중국·러시아의 역할,"『대한정치학회보』, 11-3 (2004).

장달중, "새로운 남북관계 패러다임의 필요성," 현대경제연구원,『통일경제』, 102 (2011).

장용석, "김정일 시대 평가와 김정은 시대 전망,"『국회입법조사처 간담회 발표자료』(2012).

장철운, "남북한의 지대지 미사일 경쟁 연구: 결정요인 및 전력을 중심으로" (북한대학원대 북한학 박사학위논문, 2014).

_____, "남북한의 지대지 미사일 전력 비교: 효용성 및 대응·방어 능력을 중심으로,"『북한연구학회보』, 19-1 (2015).

_____, "미국의 고고도 미사일 방어(THAAD): '사드',"『IFES 현안진단』, 17 (2014).

전재성, "2008년 경제위기와 미중관계의 변화, 한국의 전략,"『한국과 국제정치』, 28-1 (2012).

_____, "통일전략과 대북전략의 조화 필요성," 제주평화연구원, 『JPI 정책 포럼』, 2014-5 (2014.3.21.).

_____, "한국의 동아시아 지역전략과 한반도 전략의 현황과 과제," 하영 선 편, 『1972 한반도와 주변 4강 2014』(서울: 동아시아연구원, 2015).

전재성 · 주재우, "미중관계의 변화와 한국의 미래 외교 과제,"『EAI 국가 안 보패널 연구보고서』, 62 (2012).

전재호, "민주화 이후 '보수' 정부의 대북정책 연구: 노태우, 김영삼, 이명박 정부를 중심으로,"『신아세아』, 20-2 (2013).

정성장, "김정은 체제의 경제 개혁 · 개방 전망과 과제,"『국가전략』, 18-4 (2012).

정태헌, "17세기 북벌론과 21세기 반북론," 이수훈 · 조대엽 편, 『한반도 통 일론의 재구상』(서울: 선인, 2012).

조성훈, "제2차 세계대전 후 미국의 대일전략과 독도 귀속문제,"『국제 · 지 억언구』, 17-2 (2008).

지그프리드 해커. "북한의 핵능력과 향후 6자회담을 위한 제언." 동아시아 연구원.『Smart Q&A』. 2013-08 (2013.9.30.).

차상철, "미국의 극동정책과 아시아에서의 냉전의 기원,"『북미주학연구』, 11 (2002).

채재병 · 나용우, "동북아 지역질서 변화와 한국의 전략,"『한국정치외교사논총』, 34-2 (2013).

최완규 · 이무철, "북한의 대외정책과 국제협력: 탈냉전 이후 '피포위' 의식의 심화와 세계체제로의 편입 노력을 중심으로,"『평화학연구』, 9-1 (2008).

함택영, "북핵문제 해결과 한반도 평화체제의 모색: 미 · 중관계와 북한의 안 보위협 인식,"『현대북한연구』, 17-2 (2014).

_____, "동북아 핵의 국제정치,"『한반도포커스』, 13 (2011).

함형필, "3차 핵실험 이후 북한 핵능력 평가: 사실상의 핵보유국인가?," 한 국국방연구원,『동북아안보정세분석』(2013.3.10.).

홍순식, "미국의 대북경제제재 실효성: 리비아 사례와 비교,"『동아연구』, 53 (2007).

홍현익, "동북아 신냉전질서 형성 동향과 한국의 대응," 세종연구소,『정세와 정책』, 7월호 (2012).

황재호, "시진핑 시대 중국의 군사력 평가와 전망,"『전략연구』, 62 (2014).

국방부,『2014 국방백서』(2014).

_____,『대량살상무기(WMD) 문답백과』(2004).

그래엄 앨리슨, 필립 젤리코 씀, 김태현 옮김.『결정의 엣센스: 쿠바 미사일 사태와 세계핵전쟁의 위기』(서울: 모음북스, 2005).

김규륜 외,『대미·대중 조회외교: 국내 및 해외사례연구』(서울: 통일연구원, 2014).

김성철·정영태·오승렬·이헌경·이기동,『북한 사회주의체제의 위기수준 평가 및 내구력 전망』(서울: 민족통일연구원, 1996).

김성환,『세계화론』(서울: 지문당, 2010).

니얼 퍼거슨 씀, 김선영 옮김.『금융의 지배』(서울: 민음사, 2012).

데이비드 헬버스탬 씀, 정윤미·이은진 옮김.『콜디스트 윈터』(서울: 살림, 2009).

로버트 액설로드 지음, 이경식 옮김.『협력의 진화』(서울: 시스테마, 2009).

류광철·이상화·임갑수,『외교 현장에서 만나는 군축과 비확산의 세계』(서울: 평민사, 2005).

박건영 외,『한반도 평화보고서: 한반도 위기극복과 평화정착의 방법론』(서울: 한울, 2002).

박경석,『동북아시아의 협력과 갈등의 역사』(서울: 동북아시대위원회, 2005).

박명림,『한국전쟁의 발발과 기원1』(서울: 나남출판, 1996).

박영호·여인곤·조민·이기현·김성철,『평화통일을 위한 통일외교 전략』(서울: 통일연구원, 2011).

배기찬,『코리아 다시 생존의 기로에 서다』(서울: 위즈덤하우스, 2005).

배정호·박영호·박재적·김동수·김장호, 『한반도 통일에 대한 동북아 4국의 인식』(서울: 통일연구원, 2013).

브레진스키 저, 김명섭 역, 『거대한 체스판』(서울: 삼인, 2000).

서재정 지음, 이종삼 옮김, 『한미동맹은 영구화하는가: 군사동맹에서의 군사력, 이해관계 그리고 정체성』(서울: 한울, 2009).

서재진, 『북한의 경제난과 체제 내구력』(서울: 통일연구원, 2007).

신기욱·데이비드 스트로브·조이스 리 지음, 박진경 옮김, 『남북관계, 어떻게 풀어야 하는가: 효과적이고 지속 가능한 맞춤형 인게이지먼트』(서울: 한울, 2015).

예쯔청 저, 이우재 역, 『중국의 세계전략』(서울: 21세기북스, 2005).

와다 하루끼 지음, 고세현 옮김, 『역사로서의 사회주의』(서울: 창작과비평사, 1994).

원톄쥔 씀, 김진공 옮김, 『백년의 급진』(서울: 돌베개, 2013).

윤대규, 『북한에 대한 불편한 진실』(파주: 한울아카데미, 2013).

윤휘탁, 『신 중화수의』(서울: 푸른역사, 2006).

이삼성, 『동아시아의 전쟁과 평화 1, 2』(서울: 한길사, 2009).

_____, 『미래의 역사에서 미국은 희망인가?』(서울: 당대, 1995).

이수석·현성일·한규선, 『김정일 이후 북한의 연착륙을 위한 한국의 대응 전략 연구』(서울: 국회 외교통상통일위원회, 2008).

이은철, 『북한 핵과 경수로 지원』(서울: 서울대학교출판부, 1996).

이재기, 『경제통합론』(서울: 한올출판사, 2005).

임갑수·문덕호, 『유엔 안보리 제재의 국제정치학』(파주: 한울, 2013).

임혁백, 『한반도와 동아시아의 안보와 평화: 불가능주의에서 가능주의로』(파주: 한울아카데미, 2014).

전현준·허문영·김병로·배진수, 『북한 체제의 내구력 평가』(서울: 통일연구원, 2006).

조성렬, 『뉴한반도비전: 비핵·평화와 통일의 길』(서울: 백산서당, 2012).

조지 카치아피카스 지음, 원영수 옮김, 『한국의 민중봉기』(서울: 오월의 봄, 2015).

최문영, 『한국을 둘러싼 제국주의 열강의 각축』(서울: 지식산업사, 2005).

최수영 편,『중국의 창지투 개발계획과 한반도 경제』(서울: 통일연구원, 2012).
코사카 마사타카(高坂正堯) 저, 김영작 외 공역,『해양국가 일본의 구상』(서울: 일조각, 2005).
통일부,『2006 통일백서』(2006).
＿＿＿,『2015통일백서』(서울: 통일부, 2015).
통일연구원,『동북아 국제질서 전환기 한국의 전략적 딜레마와 통일·외교 정책 방향: 제7차 KINU 통일포럼』(2015).
＿＿＿,『북한인권백서 2015』(서울: 통일연구원, 2015).
홍현익,『미국의 적성국과의 관계 정상화: 중국·베트남·리비아·미얀마 사례의 북·미 관계 정상화에 대한 함의』(성남: 세종연구소, 2014).

구교형, "추궈훙 주한 중국대사 '사드 한·중관계 악영향'," 『경향신문』, 2014년 11월 26일자.
『국민일보』(인터넷판).
김호기, "한국사회 70년 지배한 분단체제." 『경향신문』, 2015년 4월 20일자.
『노동신문』.
박석원. "日 방위장관 "집단자위권으로 北 기지 공격할 수 있다", " 『한국일보』, 2015년 5월 18일자.
박 현, "미국 MD 전문가 "사드, 북한 미사일 요격 어렵다", " 『한겨레신문』, 2015년 6월 25일자.
『세계일보』.
"시진핑–푸틴 '한반도 비핵화와 평화·안정 수호할 것', " 『연합뉴스』, 2015년 5월 12일자.
『연합뉴스』.
『연합뉴스TV』.
윤상호, "주한대사 이어 中국방까지…"사드는 中염두에 둔 무기." 『동아일보』, 2015년 2월 5일자.
윤희일, ""징용은 강제노동이 아니다"…일본 자민당, 조선인 강제노동 부정 움직임 구체화," 『경향신문』, 2015년 7월 15일자.

『조선중앙통신』.

조준형, "시진핑, 오바마에 "댜오위댜오는 중국 핵심이익"," 『연합뉴스』, 2013년 6월 12일자.

"최경환 '위안화 직거래, 허브화 기틀될 것'," 『연합인포맥스』, 2014년 12월 1일자.

Alagappa, Muthiah, "The Study of International Order:An Analytical Framework", in M. Alagappa (ed), *Asian Security Order: Instrumental and Normative Features* (Stanford: Stanford University Press, 2003).

Brzezinski, Zbigniew, "America's New Geostrategy," *Foreign Affairs,* Spring (1988).

_____, "A Geostrategy for Eurasia," Foreign Affairs, Sep./Oct. (1997).

Cha, Victor, "Winning Asia: Washington's Untold Success Story," *Foreign Affairs,* 86-6 (2006).

_____, "Powerplay: origins of the US alliance system in Asia," *International Security,* 34-3, (2010).

Christensen, Thomas J. "Posing Problems without Catching Up:China's Rise and Challenges for U.S. Security Policy," *International Security,* 25-4 (2001).

Clinton, Hillary, "America's Pacific Century," *Foreign Policy*(November, 2011).

Dittmer, Lowell, "The Strategic Triangle: An Elementary Game-Theoretical Analysis," *World Politics,* 33-4 (1981).

Friedberg, Aron, "Will Europe's Past Be Asia's Future?" *Survival.* 42-3 (Jaunuary 2000).

Glaser, Bonnie S. and Brittney Farrar. "Through Beijing's Eyes: How China Sees the U.S.-Japan Alliance." *The National Interest.* May 12, 2015.

Goldstein, Avery, "First Things First: the Pressing Danger of Crisis Instability in US-China Relations," *International Security,* 37-4 (2013).

Hecker, Siegfried S. "Lessons learned from the North Korean Nuclear crises," *Daedalus* (Winter 2010).

Kang, David, "Getting Asia Wrong: The Need for New Analytic Frameworks." *International Security,* 27-4 (2003).

_____, "Hierarchy, Balancing, and Empirical Puzzles in Asian International Relations," *International Security,* 28-3 (Winter 2003/4).

Kang, Seonjou and James Meernik, "Civil War Destruction and the Prospects for Economic Growth," *Journal of Politics,* 67-1 (2005).

Layne, Christopher, "This Time It's Real: The End of Unipolarity and the Pax Americana," *International Studies Quarterly,* 56-1 (2012).

Lee, Ho-jin, "After the U.S.-China Summit: The Onus on the Two Koreas." Brookings, January 24, 2011.

Li, Mingjiang, "Rising from Within: China's Search for a Multilateral World and Its Implications for Sino-US Relations," in Mingjiang Li, ed. *China Joins Global Governance* (New York: Lexington Books, 2012).

Little, Richard, "Deconstructing the Balance of Power: Two Traditions of Thought," *Review of International Studies,* 15-2 (1989).

Miller, J. Berkshire, "Abe's North Korean Advances: Why Japan Has the United States and South Korea Worried?," *Foreign Affairs* (August 10, 2014).

Morrow, James, "Alliances and asymmetry: An alternative to the capability aggregation model of alliances," *American Journal of Political Science* (1991).

Nye, Joseph S. "The Twenty-First Century Will Not Be a "Post-American" World," *International Studies Quarterly,* 56-1 (2012).

Oh, Kongdan, "The Costs of Korean Division and the Benefits of Korean Unification of U.S. National Security," in Kyuryoon Kim and Jae Jeok Park, *Korean Peninsula Division/ Unification: From the International Perspective* (Seoul: Korea Institute of National Unification, 2012).

Park, Jae Jeok, "The US-led alliances in the Asia-Pacific: hedge against potential threats or an undesirable multilateral security order?." *The Pacific Review,* 24-2 (2011).

_____, "'General interests' as a rationale for the US–Republic of Korea alliance between 1998 and 2008," *Australian Journal of International Affairs,* 67-2 (2013).

_____, "The persistence of the US-led alliances in the Asia-Pacific: an order insurance explanation," *International Relations of Asia-Pacific,* 13-3 (2013).

Park, Jae Jeok and Sang Bok Moon, "Perception of order as a source of alliance cohesion," *The Pacific Review,* 27-2 (2014).

Pinkston, Daniel A. *The North Korean Ballistic Misiile Program* (Washinton D.C.: U.S. Government, 2008).

Swaine, Michael D. "Chinese Leadership and Elite Responses to the U.S. Pacific Pivot," *China Leadership Monitor,* 38 (2012).

Szalontai, Balázs and Sergey Radchenko, "North Korea's Efforts to Acquire Nuclear Technology and Nuclear Weapons: Evidence from Russian and Hungarian Archives." Cold War International History Project, Working Paper #53 (August 2006).

Dong, Wang and Yin Chengzhi, "China's assessments of U.S. rebalancing/pivot to Asia," in Mingjiang Li and Kalyan M. Kemburi, eds., *China's Power and Asian Security* (London and New York, Routledge, 2015).

YOON, Dae-Kyu, "Changes in Kim Jong-un's Strategy of Governance and North Korea," *2015 DPRK Country Report* (Seoul: KDI School-IFES, 2015).

You, Ji, "China and North Korea: a fragile relationship of strategic convenience," *Journal of Contemporary China,* 10-28 (2001).

Yun, Duk-Min, "Japan's Dual-Approach Policy toward North Korea: Past, Present, and Future," *Social Science Research Council* (July 12, 2005).

Zhang Jingquan, "US Rebalancing to Asia and the Role of the US-ROK Alliance," in Xing Gu. ed. *China's New Diplomacy and the Changing World* (Beijing: World Affairs Press, 2014).

Buszynski, Leszek, *Negotiating with North Korea: The Six Party Talks and the Nuclear Issue* (New York: Routledge, 2013).

Buzan, Barry. *People, States and Fear: An Agenda for International Security Studies in the Post-Cold War Era* (Bolder: Lynne Rienner Pbulishers, Inc., 1991).

Chanlett-Avery, Emma, Ian E. Rinehart, Mary Beth D. Nikitin, and Sungtae Park, *North Korea: U.S. Relations, Nuclear Diplomacy, and Internal Situation* (CRS Report R41259, July 21, 2015).

Christensen, Thomas J. *Useful Adversaries: Grand Strategy, Domestic Mobilization, and Sino-American Conflict,* 1947-1958 (Princeton: Princeton University Press, 1996).

Fairbank, John. K. ed. *The Chinese World Order* (Cambridge: Harvard University Press, 1968).

Gilpin, Robert, *War and Change in World Politics* (Cambridge: Cambridge University Press, 1981).

Harvey, David A. *Brief History of Neoliberalism* (Oxford: Oxford University Press, 2007).

Kissinger, Henry, *On China* (New York: The Penguin Press, 2011).

Keohane, Robert, *After Hegemony* (Princeton: Princeton University Press, 1984).

Lampton, David M. *Same Bed Different Dreams: Managing U.S. China Relations 1989-2000* (Berkeley: University of California Press, 2001).

Mearsheimer, John J. *The Tragedy of Great Power Politics* (New York: W. W. Norton & Company, 2001).

Oberdorfer, Don and Robert Carlin, *The Two Koreas: A Contemporary History* (New York: Basic Books, 2014).

Organski, A. F. K. and Jacek Kugler, *The War Ledger* (Chicago: University of Chicago Press, 1980).

Park, Tae Gyun, *An Ally and Empire: Two Myths of South Korea-United States Relations, 1945-1980* (Seongnam: Academy of Korean Studies Press, 2006).

Sagan, Scott Douglas and Kenneth N. Waltz, *The Spread of Nuclear Weapons: An Enduring Debate* (New York: W. W. Norton & Company, 2012).

Snyder, Glenn H. *Alliance Politics* (Ithaca: Cornell University Press, 1997).

Tadjbakhsh, Shahrbanou and Anuradha M. Chenoy, *Human Security: Concepts and implications* (London: Routledge, 2007).

Tow, William, *Asia-Pacific Strategic Relations: Seeking Convergent Security* (Cambridge, UK: Cambridge University Press, 2001).

Waltz, Kenneth N, *Theory of International Politics* (Long Grove:Waveland Press, 2010).

White House. *National Security Strategy* (2010, 2015).

Work, Robert, "Deputy Secretary of Defense Robert Work on the Asia-Pacific Rebalance." Council on Foreign Relations (September 30, 2014).

"China's Position Paper on the New Security Concept." Permanent Mission of the People's Republic of China to the UN <http://www.fmprc.gov.cn/ce/ceun/eng/xw/t27742.htm>.

"China urges U.S. to accommodate DPRK's "reasonable security concerns," *Xinhua* (July 29, 2013).

"Clinton Defends China Trip, Engagement Policy," *CNN,* June 11, 1998.

Deng, Yuwen, "China should abandon North Korea," *Financial Times,* February 27, 2013.

Donilon, Tom, "The United States and the Asia-Pacific in 2013." Remarks at the Asia Society (March 11, 2013).

Harlan, Chico, "S. Korean president faces conflicting pressures as he toughens N. Korea response," *The Washington Post,* December 28, 2010.

International Monetary Fund. "World Economic Outlook Database." (April, 2015).

Kennedy, Paul, "American Power is on the Wane." *The Wall Street Journal* (January 14, 2009).

Sherman, Wendy. "Remarks on Northeast Asia." Speech at Carnegie Endowment for International Peace (February 27, 2015).

Talmadge, Eric, "Putin looks east to bolster ties with North Korea." *Associated Press* (June 4, 2014).

Tirone, Jonathan and Patrick Donahue, "Kissinger Says Asia Is Like 19th-Century Europe on Use of Force," *Bloomberg,* February 2, 2014.

The Washington Post, December 29, 2009.

United Nations General Assembly, Implementing the responsibility to protect, Report of the Secretary-General (12 January 2009).

United Nations Development Programme(UNDP). *Human Development Report*(HDR). 1994.

Zoellick, Robert B. "Whither China: From Membership to Responsibility?" Remarks before National Committee on U.S: China Relations. September 21, 2005.

"离间计：美防长抹黑中国吓唬东盟，"『环球时报』, 2015年5月30日.

부 록

7.4 남북공동성명

최근 평양과 서울에서 남북관계를 개선하며 갈라진 조국을 통일하는 문제를 협의하기 위한 회담이 있었다.

서울의 이후락 중앙정보부장이 1972년 5월 2일부터 5월 5일까지 평양을 방문하여 평양의 김영주 조직지도부장과 회담을 진행하였으며, 김영주 부장을 대신한 박성철 제2부수상이 1972년 5월 29일부터 6월 1일까지 서울을 방문하여 이후락 부장과 회담을 진행하였다.

이 회담들에서 쌍방은 조국의 평화적 통일을 하루빨리 가져와야 한다는 공통된 염원을 안고 허심탄회하게 의견을 교환하였으며 서로의 이해를 증진시키는데서 큰 성과를 거두었다.

이 과정에서 쌍방은 오랫동안 서로 만나보지 못한 결과로 생긴 남북사이의 오해와 불신을 풀고 긴장의 고조를 완화시키며 나아가서 조국통일을 촉진시키기 위하여 다음과 같은 문제들에 완전한 견해의 일치를 보았다.

1. 쌍방은 다음과 같은 조국통일원칙들에 합의를 보았다.

    첫째, 통일은 외세에 의존하거나 외세의 간섭을 받음이 없이 자주적으로 해결하여야 한다.

    둘째, 통일은 서로 상대방을 반대하는 무력행사에 의거하지 않고 평화적 방법으로 실현하여야 한다.

    셋째, 사상과 이념 · 제도의 차이를 초월하여 우선 하나의 민족으로서 민족적 대단결을 도모하여야 한다.

2. 쌍방은 남북사이의 긴장상태를 완화하고 신뢰의 분위기를 조성하기 위하여 서로 상대방을 중상 비방하지 않으며 크고 작은 것을 막론하고 무장도발을 하지 않으며 불의의 군사적 충돌사건을 방지하기 위한 적극적인 조치를 취하기로 합의하였다.

3. 쌍방은 끊어졌던 민족적 연계를 회복하며 서로의 이해를 증진시키고 자주적 평화통일을 촉진시키기 위하여 남북사이에 다방면적인 제반교류를 실시하기로 합의하였다.

4. 쌍방은 지금 온 민족의 거대한 기대속에 진행되고 있는 남북적십자회담이 하루빨리 성사되도록 적극 협조하는데 합의하였다.

5. 쌍방은 돌발적 군사사고를 방지하고 남북사이에 제기되는 문제들을 직접, 신속 정확히 처리하기 위하여 서울과 평양 사이에 상설 직통전화를 놓기로 합의하였다.

6. 쌍방은 이러한 합의사항을 추진시킴과 함께 남북사이의 제반문제를 개선 해결하며 또 합의된 조국통일원칙에 기초하여 나라의 통일문제를 해결할 목적으로 이후락 부장과 김영주 부장을 공동위원장으로 하는 남북조절위원회를 구성·운영하기로 합의하였다.

7. 쌍방은 이상의 합의사항이 조국통일을 일일천추로 갈망하는 온 겨레의 한결같은 염원에 부합된다고 확신하면서 이 합의사항을 성실히 이행할 것을 온 민족 앞에 엄숙히 약속한다.

서로 상부의 뜻을 받들어
이 후 락　　김 영 주

1972년 7월 4일

출처: 통일부 남북회담본부 웹사이트.

남북 사이의 화해와 불가침 및 교류 · 협력에 관한 합의서

1992년 2월 19일 발효

남과 북은 분단된 조국의 평화적 통일을 염원하는 온 겨레의 뜻에 따라, 7.4 남북공동성명에서 천명된 조국통일 3대원칙을 재확인하고, 정치 군사적 대결상태를 해소하여 민족적 화해를 이룩하고, 무력에 의한 침략과 충돌을 막고 긴장완화와 평화를 보장하며, 다각적인 교류 · 협력을 실현하여 민족공동의 이익과 번영을 도모하며, 쌍방 사이의 관계가 나라와 나라 사이의 관계가 아닌 통일을 지향하는 과정에서 잠정적으로 형성되는 특수관계라는 것을 인정하고, 평화 통일을 성취하기 위한 공동의 노력을 경주할 것을 다짐하면서, 다음과 같이 합의하였다.

세1장 남북화해

제1조 남과 북은 서로 상대방의 체제를 인정하고 존중한다.

제2조 남과 북은 상대방의 내부문제에 간섭하지 아니한다.

제3조 남과 북은 상대방에 대한 비방 · 중상을 하지 아니한다.

제4조 남과 북은 상대방을 파괴 · 전복하려는 일체 행위를 하지 아니한다.

제5조 남과 북은 현정전상태를 남북 사이의 공고한 평화상태로 전환시키기 위하여 공동으로 노력하며 이러한 평화상태가 이룩될 때까지 현 군사정전협정을 준수한다.

제6조 남과 북은 국제무대에서 대결과 경쟁을 중지하고 서로 협력하며 민족의 존엄과 이익을 위하여 공동으로 노력한다.

제7조 남과 북은 서로의 긴밀한 연락과 협의를 위하여 이 합의서 발효 후 3개월 안에 판문점에 남북연락사무소를 설치 · 운영한다.

제8조 남과 북은 이 합의서 발효 후 1개월 안에 본회담 테두리 안에서 남

북정치 분과위원회를 구성하여 남북화해에 관한 합의의 이행과 준수를 위한 구체적 대책을 협의한다.

제2장 남북불가침

제9조 남과 북은 상대방에 대하여 무력을 사용하지 않으며 상대방을 무력으로 침략하지 아니한다.

제10조 남과 북은 의견대립과 분쟁문제들을 대화와 협상을 통하여 평화적으로 해결한다.

제11조 남과 북의 불가침 경계선과 구역은 1953년 7월 27일자 군사정전에 관한 협정에 규정된 군사분계선과 지금까지 쌍방이 관할하여 온 구역으로 한다.

제12조 남과 북은 불가침의 이행과 보장을 위하여 이 합의서 발효 후 3개월 안에 남북군사 공동위원회를 구성·운영한다. 남북군사공동위원회에서는 대규모 부대이동과 군사연습의 통보 및 통제문제, 비무장지대의 평화적 이용문제, 군인사교류 및 정보교환 문제, 대량살상무기와 공격능력의 제거를 비롯한 단계적 군축 실현문제, 검증문제 등 군사적 신뢰조성과 군축을 실현하기 위한 문제를 협의·추진한다.

제13조 남과 북은 우발적인 무력충돌과 그 확대를 방지하기 위하여 쌍방 군사당국자 사이에 직통 전화를 설치·운영한다.

제14조 남과 북은 이 합의서 발효 후 1개월 안에 본회담 테두리 안에서 남북군사분과위원회를 구성하여 불가침에 관한 합의의 이행과 준수 및 군사적 대결상태를 해소하기 위한 구체적 대책을 협의한다.

제3장 남북교류 · 협력

제15조 남과 북은 민족경제의 통일적이며 균형적인 발전과 민족전체의
　　　복리향상을 도모하기 위하여 자원의 공동개발, 민족 내부 교류로
　　　서의 물자교류, 합작투자 등 경제교류와 협력을 실시한다.

제16조 남과 북은 과학 · 기술, 교육, 문화 · 예술, 보건, 체육, 환경과
　　　신문, 라디오, 텔레비전 및 출판물을 비롯한 출판 · 보도 등 여러
　　　분야에서 교류와 협력을 실시한다.

제17조 남과 북은 민족구성원들의 자유로운 왕래와 접촉을 실현한다.

제18조 남과 북은 흩어진 가족 · 친척들의 자유로운 서신거래와 왕래와
　　　상봉 및 방문을 실시하고 자유의사에 의한 재결합을 실현하며,
　　　기타 인도적으로 해결할 문제에 대한 대책을 강구한다.

제19조 남과 북은 끊어진 철도와 도로를 연결하고 해로, 항로를 개설한다.

제20조 남과 북은 우편과 전기통신교류에 필요한 시설을 설치 · 연결하
　　　며, 우편 · 전기통신 교류의 비밀을 보장한다.

제21조 남과 북은 국제무대에서 경제와 문화 등 여러분야에서 서로 협력
　　　하며 대외에 공동으로 진출한다.

제22조 남과 북은 경제와 문화 등 각 분야의 교류와 협력을 실현하기 위한
　　　합의의 이행을 위하여 이 합의서 발효 후 3개월 안에 남북경제교
　　　류 · 협력공동위원회를 비롯한 부문별 공동위원회들을 구성 · 운영
　　　한다.

제23조 남과 북은 이 합의서 발효 후 1개월 안에 본회담 테두리 안에서
　　　남북교류 · 협력분과 위원회를 구성하여 남북교류 · 협력에 관한
　　　합의의 이행과 준수를 위한 구체적 대책을 협의한다.

제4장 수정 및 발효

제24조 이 합의서는 쌍방의 합의에 의하여 수정 · 보충할 수 있다.

제25조 이 합의서는 남과 북이 각기 발효에 필요한 절차를 거쳐 그 문본
　　　을 서로 교환한 날부터 효력을 발생한다.

1991년 12월 13일

남 북 고 위 급 회 담	북 남 고 위 급 회 담
남측 대표단 수석 대표	북 측 대 표 단 단 장
대　　한　　민　　국	조선민주주의 인민공화국
국 무 총 리 정 원 식	정 무 원 총 리 연 형 묵

한반도의 비핵화에 관한 공동선언

1992년 2월 19일 발효

 남과 북은 한반도를 비핵화함으로써 핵전쟁 위험을 제거하고 우리나라의 평화와 평화통일에 유리한 조건과 환경을 조성하며 아시아와 세계의 평화와 안전에 이바지하기 위하여 다음과 같이 선언한다.

1. 남과 북은 핵무기의 시험, 제조, 생산, 접수, 보유, 저장, 배비, 사용을 하지 아니한다.
2. 남과 북은 핵에너지를 오직 평화적 목적에만 이용한다.
3. 남과 북은 핵재처리시설과 우라늄농축시설을 보유하지 아니한다.
4. 남과 북은 한반도의 비핵화를 검증하기 위하여 상대측이 선정하고 쌍방이 합의하는 대상들에 대하여 남북핵통제공동위원회가 규정하는 절차와 방법으로 사찰을 실시한다.
5. 남과 북은 이 공동선언의 이행을 위하여 공동선언이 발효된 후 1개월 안에 남북핵통제공동위원회를 구성·운영한다.
6. 이 공동선언은 남과 북이 각기 발효에 필요한 절차를 거쳐 그 문본을 교환한 날부터 효력을 발생한다.

1992년 1월 20일

남 북 고 위 급 회 담	북 남 고 위 급 회 담
남측 대표단 수석 대표	북 측 대 표 단 단 장
대 한 민 국	조선민주주의 인민공화국
국 무 총 리 정 원 식	정 무 원 총 리 연 형 묵

 출처: 통일부 남북회담본부 웹사이트.

미합중국과 조선민주주의인민공화국 간 기본합의문

1994년 10월 21일 발표

미합중국(이하 미국으로 호칭)대표단과 조선민주주의인민공화국(이하 북한으로 호칭)대표단은 1994.9.23부터 10.21 간 제네바에서 한반도 핵문제의 전반적 해결을 위한 협상을 가짐.

양측은 핵이 없는 한반도의 평화와 안전을 확보하기 위해서는 1994.8.12 미국과 북한 간의 합의발표문에 포함된 목표의 달성과 1993.6.11 미국과 북한 간 공동발표문 상의 원칙의 준수가 중요함을 재확인함. 양측은 핵문제 해결을 위해 다음과 같은 조치들을 취하기로 결정함.

Ⅰ. 양측은 북한의 흑연감속원자로 및 관련 시설을 경수로 원자로 발전소로 대체하기 위해 협력함.

1) 미국 대통령의 1994.10.20자 보장서한에 의거하여, 미국은 2003년을 목표시한으로 총 발전용량 약 2,000MWe의 경수로를 북한에 제공하기 위한 조치를 주선할 책임을 짐.
   - 미국은 북한에 제공할 경수로의 재정조달 및 공급을 담당할 국제 콘소시엄을 미국의 주도 하에 구성함. 미국은 동 국제 콘소시엄을 대표하여 경수로 사업을 위한 북한과의 주 접촉선 역할을 수행함.
   - 미국은 국제 콘소시엄을 대표하여 본 합의문 서명 후 6개월 내에 북한과 경수로 제공을 위한 공급계약을 체결할 수 있도록 최선의 노력을 경주함. 계약 관련 합의는 본 합의문 서명 후 가능한 조속한 시일 내 개시함.
   - 필요한 경우 미국과 북한은 핵에너지의 평화적 이용 분야에 있어서의 협력을 위한 양자협정을 체결함.

2) 1994.10.20자 대체에너지 제공 관련 미국 대통령의 보장서한에 의거 미국은 국제 콘소시엄을 대표하여 북한의 흑연감속원자로 동결에 따라 상실된 에너지를 첫 번째 경수로 완공시까지 보전하기 위한 조치를 주선함.

- 대체에너지는 난방과 전력 생산을 위해 중유로 공급됨.
- 중유의 공급은 본 합의문 서명 후 3개월 내 개시되고 양측 간 합의된 공급 일정에 따라 연간 50만톤 규모까지 공급됨.

3) 경수로 및 대체에너지 제공에 대한 보장서한 접수 즉시 북한은 흑연감속원자로 및 관련 시설을 동결하고, 궁극적으로 이를 해체함.

- 북한의 흑연감속원자로 및 관련 시설의 동결은 본 합의문 서명 후 1개월 내 완전 이행됨. 동 1개월 동안 및 전체 동결기간 중 IAEA가 이러한 동결상태를 감시하는 것이 허용되며, 이를 위해 북한은 IAEA에 대해 전적인 협력을 제공함.
- 북한의 흑연감속원자로 및 관련 시설의 해체는 경수로 사업이 완료될 때 완료됨.
- 미국과 북한은 5MWe 실험용 원자로에서 추출된 사용후 연료봉을 경수로 건설기간 동안 안전하게 보관하고, 북한내에서 재처리하지 않는 안전한 방법으로 동 연료가 처리될 수 있는 방안을 강구하기 위해 상호 협력함.

4) 본 합의 후 가능한 조속한 시일 내에 미국과 북한의 전문가들은 두 종류의 전문가 협의를 가짐.

- 한쪽의 협의에서 전문가들은 대체에너지와 흑연감속원자로의 경수로로의 대체와 관련된 문제를 협의함.
- 다른 한쪽의 협의에서 전문가들은 사용후 연료 보관 및 궁극적 처리를 위한 구체적 조치를 협의함.

Ⅱ. 양측은 정치적, 경제적 관계의 완전 정상화를 추구함.

1) 합의 후 3개월 내 양측은 통신 및 금융거래에 대한 제한을 포함한 무역 및 투자 제한을 완화시켜 나감.
2) 양측은 전문가급 협의를 통해 영사 및 여타 기술적 문제가 해결된 후에 쌍방의 수도에 연락사무소를 개설함.
3) 미국과 북한은 상호 관심사항에 대한 진전이 이루어짐에 따라 양국 관계를 대사급으로까지 격상시켜 나감.

Ⅲ. 양측은 핵이 없는 한반도의 평화와 안전을 위해 함께 노력함.

1) 미국은 북한에 대한 핵무기 불위협 또는 불사용에 관한 공식 보장을 제공함.
2) 북한은 한반도 비핵화 공동선언을 이행하기 위한 조치를 일관성 있게 취함.
3) 본 합의문이 대화를 촉진하는 분위기를 조성해 나가는 데 도움을 줄 것이기 때문에 북한은 남북대화에 착수함.

Ⅳ. 양측은 국제적 핵비확산 체제 강화를 위해 함께 노력함.

1) 북한은 핵비확산조약(NPT) 당사국으로 잔류하며 동 조약 상의 안전조치 협정 이행을 허용함.
2) 경수로 제공을 위한 공급 계약 체결 즉시, 동결 대상이 아닌 시설에 대하여 북한과 IAEA 간 안전조치 협정에 따라 임시 및 일반사찰이 재개됨. 경수로 공급계약 체결시까지, 안전조치의 연속성을 위해 IAEA가 요청하는 사찰은 동결 대상이 아닌 시설에서 계속됨.
3) 경수로 사업의 상당 부분이 완료될 때, 그러나 주요 핵심 부품의 인

도 이전에, 북한은 북한내 모든 핵물질에 대한 최초보고서의 정확성과 완전성을 검증하는 것과 관련하여 IAEA와의 협의를 거쳐 IAEA가 필요하다고 판단하는 모든 조치를 취하는 것을 포함하여 IAEA 안전조치협정(INFCIRC/403)을 완전히 이행함.

조선민주주의인민공화국	미　　합　　중　　국
수　석　대　표	수　석　대　표
조선민주주의인민공화국	미　　합　　중　　국
외교부　제 1 부부장	본　부　대　사
강　석　주	로 버 트　갈 루 치

출처: 통일부, 『1994 통일백서』(1994), 317~320쪽.

6.15 남북공동선언

조국의 평화적 통일을 염원하는 온 겨레의 숭고한 뜻에 따라 대한민국 김대중 대통령과 조선민주주의인민공화국 김정일 국방위원장은 2000년 6월13일부터 6월15일까지 평양에서 역사적인 상봉을 하였으며 정상회담을 가졌다.

남북정상들은 분단 역사상 처음으로 열린 이번 상봉과 회담이 서로 이해를 증진시키고 남북관계를 발전시키며 평화통일을 실현하는데 중대한 의의를 가진다고 평가하고 다음과 같이 선언한다.

1. 남과 북은 나라의 통일문제를 그 주인인 우리 민족끼리 서로 힘을 합쳐 자주적으로 해결해 나가기로 하였다.

2. 남과 북은 나라의 통일을 위한 남측의 연합제 안과 북측의 낮은 단계의 연방제 안이 서로 공통성이 있다고 인정하고 앞으로 이 방향에서 통일을 지향시켜 나가기로 하였다.

3. 남과 북은 올해 8 · 15에 즈음하여 흩어진 가족, 친척 방문단을 교환하며, 비전향장기수 문제를 해결하는 등 인도적 문제를 조속히 풀어 나가기로 하였다.

4. 남과 북은 경제협력을 통하여 민족경제를 균형적으로 발전시키고, 사회, 문화, 체육, 보건, 환경 등 제반분야의 협력과 교류를 활성화하여 서로의 신뢰를 다져 나가기로 하였다.

5. 남과 북은 이상과 같은 합의사항을 조속히 실천에 옮기기 위하여 빠른 시일 안에 당국 사이의 대화를 개최하기로 하였다.

김대중 대통령은 김정일 국방위원장이 서울을 방문하도록 정중히 초청하였으며, 김정일 국방위원장은 앞으로 적절한 시기에 서울을 방문하기로 하였다.

2000년 6월 15일

대　한　민　국	조선민주주의인민공화국
대　　통　　령	국　방　위　원　장
김　대　중	김　정　일

출처: 통일부 남북회담본부 웹사이트.

조선민주주의인민공화국과 미합중국 사이의 공동코뮤니케

  조선민주주의인민공화국 국방위원회 김정일 위원장의 특사인 국방위원회 제1부위원장 조명록 차수가 2000년 10월 9일부터 12일까지 미합중국을 방문하였다.

  방문기간 국방위원회 김정일 위원장께서 보내시는 친서와 조미관계에 대한 그이의 의사를 조명록 특사가 미합중국 빌 클린턴 대통령에게 직접 전달하였다. 조명록 특사와 일행은 매들린 올브라이트 국무장관과 윌리엄 코언 국방장관을 비롯한 미 행정부의 고위 관리들을 만나 공동의 관심사로 되는 문제들에 대하여 폭 넓은 의견교환을 진행하였다. 쌍방은 조선민주주의인민공화국과 미합중국 사이의 관계를 전면적으로 개선시킬 수 있는 새로운 기회들이 조성된 데 대하여 심도 있게 검토하였다. 회담들은 진지하고 건설적이며 실무적인 분위기 속에서 진행되었으며 이 과정을 통하여 서로의 관심사들에 대하여 더 잘 이해할 수 있게 되었다.

  조선민주주의인민공화국과 미합중국은 역사적인 북남최고위급상봉에 의하여 조선반도의 환경이 변화되었다는 것을 인정하면서 아시아태평양지역의 평화와 안전을 강화하는데 이롭게 두 나라 사이의 쌍무관계를 근본적으로 개선하는 조치들을 취하기로 결정하였다. 이와 관련하여 쌍방은 조선반도에서 긴장상태를 완화하고 1953년의 정전협정을 공고한 평화보장체계로 바꾸어 조선전쟁을 공식 종식시키는 데서 4자회담 등 여러 가지 방도들이 있다는데 대하여 견해를 같이하였다.

  조선민주주의인민공화국측과 미합중국측은 관계를 개선하는 것이 국가들 사이의 관계에서 자연스러운 목표로 되며 관계 개선이 21세기에 두 나라 인민들에게 다 같이 이익으로 되는 동시에 조선반도와 아시아태평양지역의 평화와 안전도 보장하게 될 것이라고 인정하면서 쌍무관계에서 새로운 방향을 취할 용의가 있다고 선언하였다. 첫 중대조치로서 쌍방은 그 어느 정부도 타방에 대하여 적대적 의사를 가지지 않을 것이라고 선언하고 앞으로 과거의 적대감에서 벗어난 새로운 관계를 수립하기 위하여 모든 노력을 다할 것이라는 공약을 확언하였다.

쌍방은 1993년 6월 11일부 조미공동성명에 지적되고 1994년 10월 21일부 기본합의문에서 재확인된 원칙들에 기초하여 불신을 해소하고 호상신뢰를 이룩하며 주요 관심사들을 건설적으로 다루어 나갈 수 있는 분위기를 유지하기 위하여 노력하기로 합의하였다.

이와 관련하여 쌍방은 두 나라 사이의 관계가 자주권에 대한 호상존중과 내정불간섭의 원칙에 기초하여야 한다는 것을 재확언하면서 쌍무적 및 다무적 공간을 통한 외교적 접촉을 정상적으로 유지하는 것이 유익하다는 데 대하여 유의하였다.

쌍방은 호혜적인 경제협조와 교류를 발전시키기 위하여 협력하기로 합의하였다. 쌍방은 두 나라 인민들에게 유익하고 동북아시아 전반에서의 경제적 협조를 확대하는 데 유리한 환경을 마련하는 데 기여하게 될 무역 및 상업 가능성들을 탐구하기 위하여 가까운 시일 안에 경제무역 전문가들의 호상방문을 실현하는 문제를 토의하였다.

쌍방은 미사일 문제의 해결이 조미관계의 근본적인 개선과 아시아태평양 지역에서의 평화와 안전에 중요한 기여를 할 것이라는데 대하여 견해를 같이하였다. 조선민주주의인민공화국측은 새로운 관계 구축을 위한 또 하나의 노력으로 미사일 문제와 관련한 회담이 계속되는 동안에는 모든 장거리 미사일을 발사하지 않을 것이라는 데 대하여 미국측에 통보하였다.

조선민주주의인민공화국과 미합중국은 기본합의문에 따르는 자기들의 의무를 완전히 이행하기 위한 공약과 노력을 배가할 것을 확약하면서 이렇게 하는 것이 조선반도의 비핵평화와 안전을 이룩하는 데 중요하다는 것을 굳게 확언하였다. 이를 위하여 쌍방은 기본합의문에 따르는 의무이행을 보다 명백히 할 데 대하여 견해를 같이하였다. 이와 관련하여 쌍방은 금창리 지하시설에 대한 접근이 미국의 우려를 해소하는데 유익하였다는데 대하여 유의하였다.

쌍방은 최근 년 간 공동의 관심사로 되는 인도주의 분야에서 협조사업이 시작되었다는 데 대하여 유의하였다. 조선민주주의인민공화국측은 미합중국이 식량 및 의약품 지원 분야에서 조선민주주의인민공화국의 인도주의적 수요를 충족시키는데 의의있는 기여를 한데 대하여 사의를 표하였다. 미합중국측은 조선민주주의인민공화국이 조선전쟁 시기 실종된 미군 병사들의 유골을 발굴하는 데 협조하여 준 데 대하여 사의를 표하였으며 쌍방은 실종자들의 행처를 가능한 최대로 조사 확인하는 사업을 신속히 전진시키기 위하여 노력하기로 합의하였다. 쌍방은 이상의 문제들과 기타 인도주의 문제들을 토의하기 위한 접촉을 계속하기로 합의하였다.

쌍방은 2000년 10월 6일 공동성명에 지적된 바와 같이 테러를 반대하는 국제적 노력을 지지 고무하기로 합의하였다.

조명록 특사는 역사적인 북남최고위급상봉 결과를 비롯하여 최근 몇 개월 사이의 북남대화 상황에 대하여 미국측에 통보하였다. 미합중국측은 현행 북남대화의 계속적인 전진과 성과 그리고 안보대화의 강화를 포함한 북남사이의 화해와 협조를 강화하기 위한 발기들의 실현을 위하여 모든 적절한 방법으로 협조할 자기의 확고한 공약을 표명하였다.

조명록 특사는 빌 클린턴 대통령과 미국 인민이 방문기간 따뜻한 환대를 베풀어 준데 대하여 사의를 표하였다.

조선민주주의인민공화국 국방위원회 김정일 위원장께 빌 클린턴 대통령의 의사를 직접 전달하며 미합중국 대통령의 방문을 준비하기 위하여 매들린 올브라이트 국무장관이 가까운 시일에 조선민주주의인민공화국을 방문하기로 합의하였다.

2000년 10월 12일
워 싱 톤

출처: 통일부, 『주간북한동향』, 508 (2000), 10~12쪽.
　　　『노동신문』, 2000년 10월 13일자 참조.

제4차 6자회담 공동성명
(2005.9.19, 베이징)

제4차 6자회담이 베이징에서 중화인민공화국, 조선민주주의인민공화국, 일본, 대한민국, 러시아연방, 미합중국이 참석한 가운데 2005년 7월 26일부터 8월 7일까지 그리고 9월 13일부터 19일까지 개최되었다.

우다웨이 중화인민공화국 외교부 부부장, 김계관 조선민주주의인민공화국 외무성 부상, 사사에 켄이치로 일본 외무성 아시아대양주 국장, 송민순 대한민국 외교통상부 차관보, 알렉세예프 러시아연방 외무부 차관, 그리고 크리스토퍼 힐 미합중국 국무부 동아태 차관보가 각 대표단의 수석대표로 동 회담에 참석하였다.

우다웨이 부부장은 동 회담의 의장을 맡았다.

한반도와 동북아시아 전반의 평화와 안정이라는 대의를 위해, 6자는 상호 존중과 평등의 정신하에, 지난 3회에 걸친 회담에서 이루어진 공동의 이해를 기반으로, 한반도의 비핵화에 대해 진지하면서도 실질적인 회담을 가졌으며, 이러한 맥락에서 다음과 같이 합의하였다.

1. 6자는 6자회담의 목표가 한반도의 검증가능한 비핵화를 평화적인 방법으로 달성하는 것임을 만장일치로 재확인하였다.
   조선민주주의인민공화국은 모든 핵무기와 현존하는 핵계획을 포기할 것과, 조속한 시일 내에 핵확산금지조약(NPT)과 국제원자력기구(IAEA)의 안전조치에 복귀할 것을 공약하였다.

미합중국은 한반도에 핵무기를 갖고 있지 않으며, 핵무기 또는 재래식 무기로 조선민주주의인민공화국을 공격 또는 침공할 의사가 없다는 것을 확인하였다.

대한민국은 자국 영토 내에 핵무기가 존재하지 않는다는 것을 확인하면서, 1992년도 「한반도의 비핵화에 관한 남·북 공동선언」에 따라, 핵무기를 접수 또는 배비하지 않겠다는 공약을 재확인하였다.

1992년도 「한반도의 비핵화에 관한 남·북 공동선언」은 준수, 이행되어야 한다.

조선민주주의인민공화국은 핵에너지의 평화적 이용에 관한 권리를 가지고 있다고 밝혔다. 여타 당사국들은 이에 대한 존중을 표명하였고, 적절한 시기에 조선민주주의인민공화국에 대한 경수로 제공 문제에 대해 논의하는데 동의하였다.

2. 6자는 상호 관계에 있어 국제연합헌장의 목적과 원칙 및 국제관계에서 인정된 규범을 준수할 것을 약속하였다.

조선민주주의인민공화국과 미합중국은 상호 주권을 존중하고, 평화적으로 공존하며, 각자의 정책에 따라 관계정상화를 위한 조치를 취할 것을 약속하였다.

조선민주주의인민공화국과 일본은 평양선언에 따라, 불행했던 과거와 현안사항의 해결을 기초로 하여 관계정상화를 위한 조치를 취할 것을 약속하였다.

3. 6자는 에너지, 교역 및 투자 분야에서의 경제협력을 양자 및 다자적으로 증진시킬 것을 약속하였다.

중화인민공화국, 일본, 대한민국, 러시아연방 및 미합중국은 조선민주주의인민공화국에 대해 에너지 지원을 제공할 용의를 표명하였다.
대한민국은 조선민주주의인민공화국에 대한 2백만 킬로와트의 전력공
급에 관한 2005.7.12자 제안을 재확인하였다.

4. 6자는 동북아시아의 항구적인 평화와 안정을 위해 공동 노력할 것을
공약하였다.
직접 관련 당사국들은 적절한 별도 포럼에서 한반도의 항구적 평화체
제에 관한 협상을 가질 것이다.
6자는 동북아시아에서의 안보협력 증진을 위한 방안과 수단을 모색하
기로 합의하였다.

5. 6자는 '공약 대 공약', '행동 대 행동' 원칙에 입각하여 단계적 방식으
로 상기 합의의 이행을 위해 상호조율된 조치를 취할 것을 합의하였
다.

6. 6자는 제5차 6자회담을 11월초 북경에서 협의를 통해 결정되는 일자
에 개최하기로 합의하였다.

출처: 외교부 웹사이트.

9.19 공동성명 이행을 위한 초기 조치
(2007.2.13)

제5차 6자회담 3단계회의가 베이징에서 중화인민공화국, 조선민주주의인민공화국, 일본, 대한민국, 러시아연방, 미합중국이 참석한 가운데, 2007년 2월 8일부터 13일까지 개최되었다.

우다웨이 중화인민공화국 외교부 부부장, 김계관 조선민주주의인민공화국 외무성 부상, 사사에 켄이치로 일본 외무성 아시아대양주 국장, 천영우 대한민국 외교통상부 한반도평화교섭본부장, 알렉산더 로슈코프 러시아 외무부 차관, 그리고 크리스토퍼 힐 미합중국 국무부 동아태 차관보가 각 대표단의 수석대표로 동 회담에 참석하였다.

우다웨이 부부장은 동 회담의 의장을 맡았다.

I. 참가국들은 2005년 9월 19일 공동성명의 이행을 위해 초기단계에서 각국이 취해야 할 조치에 관하여 진지하고 생산적인 협의를 하였다. 참가국들은 한반도 비핵화를 조기에 평화적으로 달성하기 위한 공동의 목표와 의지를 재확인하였으며, 공동성명상의 공약을 성실히 이행할 것이라는 점을 재확인하였다. 참가국들은 '행동 대 행동'의 원칙에 따라 단계적으로 공동성명을 이행하기 위해 상호 조율된 조치를 취하기로 합의하였다.

II. 참가국들은 초기단계에 다음과 같은 조치를 병렬적으로 취하기로 합의히였다.

1. 조선민주주의인민공화국은 궁극적인 포기를 목적으로 재처리 시설을 포함한 영변 핵시설을 폐쇄·봉인하고 IAEA와의 합의에 따라 모든 필요한 감시 및 검증활동을 수행하기 위해 IAEA 요원을 복귀토록 초청한다.

2. 조선민주주의인민공화국은 9.19 공동성명에 따라 포기하도록 되어있는, 사용후 연료봉으로부터 추출된 플루토늄을 포함한 공동성명에 명기된 모든 핵프로그램의 목록을 여타 참가국들과 협의한다.

3. 조선민주주의인민공화국과 미합중국은 양자간 현안을 해결하고 전면적 외교관계로 나아가기 위한 양자대화를 개시한다. 미합중국은 조선민주주의인민공화국을 테러지원국 지정으로부터 해제하기 위한 과정을 개시하고, 조선민주주의인민공화국에 대한 대적성국교역법 적용을 종료시키기 위한 과정을 진전시켜 나간다.

4. 조선민주주의인민공화국과 일본은 불행한 과거와 미결 관심사안의 해결을 기반으로, 평양선언에 따라 양국관계 정상화를 취해 나가는 것을 목표로 양자대화를 개시한다.

5. 참가국들은 2005년 9월 19일 공동성명의 1조와 3조를 상기하면서, 조선민주주의인민공화국에 대한 경제·에너지·인도적 지원에 협력하기로 합의하였다. 이와 관련, 참가국들은 초기단계에서 조선민주주의인민공화국에 긴급 에너지 지원을 제공하기로 합의하였다. 중유 5만톤 상당의 긴급 에너지 지원의 최초 운송은 60일 이내에 개시된다.

   참가국들은 상기 초기 조치들이 향후 60일 이내에 이행되며, 이러한 목표를 향하여 상호 조율된 조치를 취한다는데 합의하였다.

Ⅲ. 참가국들은 초기조치를 이행하고 공동성명의 완전한 이행을 목표로 다음과 같은 실무그룹(W/G)을 설치하는데 합의하였다.
　　1. 한반도 비핵화
　　2. 미·북 관계정상화
　　3. 일·북 관계정상화
　　4. 경제 및 에너지 협력
　　5. 동북아 평화·안보 체제

　실무그룹들은 각자의 분야에서 9.19 공동성명의 이행을 위한 구체적 계획을 협의하고 수립한다. 실무그룹들은 각각의 작업진전에 관해 6자회담 수석대표 회의에 보고한다. 원칙적으로 한 실무그룹의 진전은 다른 실무그룹의 진전에 영향을 주지 않는다. 5개 실무그룹에서 만들어진 계획은 상호 조율된 방식으로 전체적으로 이행될 것이다.

　참가국들은 모든 실무그룹 회의를 향후 30일이내에 개최하는데 합의하였다.

Ⅳ. 초기조치 기간 및 조선민주주의인민공화국의 모든 핵프로그램에 대한 완전한 신고와 흑연감속로 및 재처리 시설을 포함하는 모든 현존하는 핵시설의 불능화를 포함하는 다음단계 기간중, 조선민주주의인민공화국에 최초 선적분인 중유 5만톤 상당의 지원을 포함한 중유 100만톤 상당의 경제·에너지·인도적 지원이 제공된다.

　상기 지원에 대한 세부 사항은 경제 및 에너지 협력 실무그룹의 협의적절한 평가를 통해 결정된다.

Ⅴ. 초기조치가 이행되는 대로 6자는 9.19 공동성명의 이행을 확인하고 동북아 안보협력 증진방안 모색을 위한 장관급 회담을 신속하게 개최한다.

Ⅵ. 참가국들은 상호신뢰를 증진시키기 위한 긍정적인 조치를 취하고 동북아시아에서의 지속적인 평화와 안정을 위한 공동노력을 할 것을 재확인하였다. 직접 관련 당사국들은 적절한 별도 포럼에서 한반도의 항구적 평화체제에 관한 협상을 갖는다.

Ⅶ. 참가국들은 실무그룹의 보고를 청취하고 다음단계 행동에 관한 협의를 위해 제6차 6자회담을 2007년 3월 19일에 개최하기로 합의하였다.

대북 지원부담의 분담에 관한 합의 의사록

미합중국, 중화인민공화국, 러시아연방, 대한민국은 각국 정부의 결정에 따라, Ⅱ조 5항 및 Ⅳ조에 규정된 조선민주주의인민공화국에 대한 지원부담을 평등과 형평의 원칙에 기초하여 분담할 것에 합의하고, 일본이 자국의 우려사항이 다루어지는 대로 동일한 원칙에 따라 참여하기를 기대하며, 또 이 과정에서 국제사회의 참여를 환영한다.

출처: 외교부 웹사이트.

9.19 공동성명 이행을 위한 제2단계 조치
(2007.10.3)

제6차 6자회담 2단계회의가 베이징에서 중화인민공화국, 조선민주주의인민공화국, 일본, 대한민국, 러시아연방, 미합중국이 참석한 가운데, 2007년 9월 27일부터 30일까지 개최되었다.

우다웨이 중화인민공화국 외교부 부부장, 김계관 조선민주주의인민공화국 외무성 부상, 사사에 켄이치로 일본 외무성 아시아대양주국장, 천영우 대한민국 외교통상부 한반도평화교섭본부장, 알렉산더 로슈코프 러시아 외무부 차관, 그리고 크리스토퍼 힐 미합중국 국무부 동아태 차관보가 각 대표단의 수석대표로 동 회담에 참석하였다.

우다웨이 부부장은 동 회담의 의장을 맡았다.

참가국들은 5개 실무그룹의 보고를 청취, 승인하였으며, 2.13 합의상의 초기조치 이행을 확인하였고, 실무그룹회의에서 도달한 컨센서스에 따라 6자회담 과정을 진전시켜 나가기로 합의하였으며, 또한 평화적인 방법에 의한 한반도의 검증가능한 비핵화를 목표로 하는 9.19 공동성명의 이행을 위한 제2단계 조치에 관한 합의에 도달하였다.

Ⅰ. 한반도 비핵화

1. 조선민주주의인민공화국은 9.19 공동성명과 2.13 합의에 따라 포기하기로 되어 있는 모든 현존하는 핵시설을 불능화하기로 합의

하였다.

영변의 5MWe 실험용 원자로, 재처리시설(방사화학실험실) 및 핵
연료봉 제조시설의 불능화는 2007년 12월 31일까지 완료될 것이
다. 전문가 그룹이 권고하는 구체 조치들은, 모든 참가국들에게 수
용 가능하고, 과학적이고, 안전하고, 검증가능하며, 또한 국제적 기
준에 부합되어야 한다는 원칙들에 따라 수석대표들에 의해 채택될
것이다. 여타 참가국들의 요청에 따라, 미합중국은 불능화 활동을
주도하고, 이러한 활동을 위한 초기 자금을 제공할 것이다. 첫번째
조치로서, 미합중국측은 불능화를 준비하기 위해 향후 2주내에 조
선민주주의인민공화국을 방문할 전문가 그룹을 이끌 것이다.

2. 조선민주주의인민공화국은 2.13 합의에 따라 모든 자국의 핵프로
그램에 대해 완전하고 정확한 신고를 2007년 12월 31일까지 제공
하기로 합의하였다.

3. 조선민주주의인민공화국은 핵 물질, 기술 또는 노하우를 이전하지
않는다는 공약을 재확인하였다.

Ⅱ. 관련국간 관계정상화

1. 조선민주주의인민공화국과 미합중국은 양자관계를 개선하고 전면적
외교관계로 나아간다는 공약을 유지한다. 양측은 양자간 교류를 증
대하고, 상호 신뢰를 증진시킬 것이다. 조선민주주의인민공화국을
테러지원국 지정으로부터 해제하기 위한 과정을 개시하고 또 조선민
주주의인민공화국에 대한 대적성국 교역법 적용을 종료시키기 위한
과정을 진전시켜나간다는 공약을 상기하면서, 미합중국은 미·북
관계정상화 실무그룹 회의를 통해 도달한 컨센서스에 기초하여, 조

선민주주의인민공화국의 조치들과 병렬적으로 조선민주주의인민공화국에 대한 공약을 완수할 것이다.

2. 조선민주주의인민공화국과 일본은 불행한 과거 및 미결 관심사안의 해결을 기반으로, 평양선언에 따라 양국관계를 신속하게 정상화하기 위해 진지한 노력을 할 것이다. 조선민주주의인민공화국과 일본은 양측간의 집중적인 협의를 통해, 이러한 목적 달성을 위한 구체적인 조치를 취해 나갈 것을 공약하였다.

Ⅲ. 조선민주주의인민공화국에 대한 경제 및 에너지 지원

2.13 합의에 따라, 중유 100만톤 상당의 경제·에너지·인도적 지원(기전달된 중유 10만톤 포함)이 조선민주주의인민공화국에 제공될 것이다. 구체 사항은 경제 및 에너지협력 실무그룹에서의 논의를 통해 최종 결정될 것이다.

Ⅳ. 6자 외교장관회담

참가국들은 적절한 시기에 북경에서 6자 외교장관회담이 개최될 것임을 재확인하였다.

참가국들은 외교장관회담 이전에 동 회담의 의제를 협의하기 위해 수석대표 회의를 개최하기로 합의하였다.

출처: 외교부 웹사이트.

남북관계 발전과 평화번영을 위한 선언

대한민국 노무현 대통령과 조선민주주의인민공화국 김정일 국방위원장 사이의 합의에 따라 노무현 대통령이 2007년 10월 2일부터 4일까지 평양을 방문하였다.

방문기간중 역사적인 상봉과 회담들이 있었다.

상봉과 회담에서는 6.15 공동선언의 정신을 재확인하고 남북관계발전과 한반도 평화, 민족공동의 번영과 통일을 실현하는데 따른 제반 문제들을 허심탄회하게 협의하였다.

쌍방은 우리민족끼리 뜻과 힘을 합치면 민족번영의 시대, 자주통일의 새시대를 열어 나갈수 있다는 확신을 표명하면서 6.15 공동선언에 기초하여 남북관계를 확대 · 발전시켜 나가기 위하여 다음과 같이 선언한다.

1. 남과 북은 6.15 공동선언을 고수하고 적극 구현해 나간다.

남과 북은 우리민족끼리 정신에 따라 통일문제를 자주적으로 해결해 나가며 민족의 존엄과 이익을 중시하고 모든 것을 이에 지향시켜 나가기로 하였다.

남과 북은 6.15 공동선언을 변함없이 이행해 나가려는 의지를 반영하여 6월 15일을 기념하는 방안을 강구하기로 하였다.

2. 남과 북은 사상과 제도의 차이를 초월하여 남북관계를 상호존중과 신뢰 관계로 확고히 전환시켜 나가기로 하였다.

남과 북은 내부문제에 간섭하지 않으며 남북관계 문제들을 화해와 협력, 통일에 부합되게 해결해 나가기로 하였다.

남과 북은 남북관계를 통일 지향적으로 발전시켜 나가기 위하여 각기 법률적·제도적 장치들을 정비해 나가기로 하였다.

남과 북은 남북관계 확대와 발전을 위한 문제들을 민족의 염원에 맞게 해결하기 위해 양측 의회 등 각 분야의 대화와 접촉을 적극 추진해 나가기로 하였다.

3. 남과 북은 군사적 적대관계를 종식시키고 한반도에서 긴장완화와 평화를 보장하기 위해 긴밀히 협력하기로 하였다.

남과 북은 서로 적대시하지 않고 군사적 긴장을 완화하며 분쟁문제들을 대화와 협상을 통하여 해결하기로 하였다.

남과 북은 한반도에서 어떤 전쟁도 반대하며 불가침의무를 확고히 준수하기로 하였다.

남과 북은 서해에서의 우발적 충돌방지를 위해 공동어로수역을 지정하고 이 수역을 평화수역으로 만들기 위한 방안과 각종 협력사업에 대한 군사적 보장조치 문제 등 군사적 신뢰구축조치를 협의하기 위하여 남측 국방부 장관과 북측 인민무력부 부장간 회담을 금년 11월중에 평양에서 개최하기로 하였다.

4. 남과 북은 현 정전체제를 종식시키고 항구적인 평화체제를 구축해 나가야 한다는데 인식을 같이하고 직접 관련된 3자 또는 4자 정상들이 한반도지역에서 만나 종전을 선언하는 문제를 추진하기 위해 협력해 나가기로 하였다.

남과 북은 한반도 핵문제 해결을 위해 6자회담 「9.19 공동성명」과 「2.13 합의」가 순조롭게 이행되도록 공동으로 노력하기로 하였다.

5. 남과 북은 민족경제의 균형적 발전과 공동의 번영을 위해 경제협력사업을 공리공영과 유무상통의 원칙에서 적극 활성화하고 지속적으로 확대 발전시켜 나가기로 하였다.

남과 북은 경제협력을 위한 투자를 장려하고 기반시설 확충과 자원개발을 적극 추진하며 민족내부협력사업의 특수성에 맞게 각종 우대조건과 특혜를 우선적으로 부여하기로 하였다.

남과 북은 해주지역과 주변해역을 포괄하는 「서해평화협력특별지대」를 설치하고 공동어로구역과 평화수역 설정, 경제특구건설과 해주항 활용, 민간선박의 해주직항로 통과, 한강하구 공동이용 등을 적극 추진해 나가기로 하였다.

남과 북은 개성공업지구 1단계 건설을 빠른 시일안에 완공하고 2단계 개발에 착수하며 문산-봉동간 철도화물수송을 시작하고, 통행·통신·통관 문제를 비롯한 제반 제도적 보장조치들을 조속히 완비해 나가기로 하였다.

남과 북은 개성-신의주 철도와 개성-평양 고속도로를 공동으로 이용하기 위해 개보수 문제를 협의·추진해 가기로 하였다.

남과 북은 안변과 남포에 조선협력단지를 건설하며 농업, 보건의료, 환경보호 등 여러 분야에서의 협력사업을 진행해 나가기로 하였다.

남과 북은 남북 경제협력사업의 원활한 추진을 위해 현재의 「남북경제협력추진위원회」를 부총리급 「남북경제협력공동위원회」로 격상하기로 하였다.

6. 남과 북은 민족의 유구한 역사와 우수한 문화를 빛내기 위해 역사, 언어, 교육, 과학기술, 문화예술, 체육 등 사회문화 분야의 교류와 협력을 발전시켜 나가기로 하였다.

남과 북은 백두산관광을 실시하며 이를 위해 백두산-서울 직항로를 개설하기로 하였다.

남과 북은 2008년 북경 올림픽경기대회에 남북응원단이 경의선 열차를 처음으로 이용하여 참가하기로 하였다.

7. 남과 북은 인도주의 협력사업을 적극 추진해 나가기로 하였다.

남과 북은 흩어진 가족과 친척들의 상봉을 확대하며 영상편지 교환사업을 추진하기로 하였다.

이를 위해 금강산면회소가 완공되는데 따라 쌍방 대표를 상주시키고 흩어진 가족과 친척의 상봉을 상시적으로 진행하기로 하였다.

남과 북은 자연재해를 비롯하여 재난이 발생하는 경우 동포애와 인도주의, 상부상조의 원칙에 따라 적극 협력해 나가기로 하였다.

8. 남과 북은 국제무대에서 민족의 이익과 해외 동포들의 권리와 이익을 위한 협력을 강화해 나가기로 하였다.

남과 북은 이 선언의 이행을 위하여 남북총리회담을 개최하기로 하고, 제 1차회의를 금년 11월중 서울에서 갖기로 하였다.

남과 북은 남북관계 발전을 위해 정상들이 수시로 만나 현안 문제들을 협의하기로 하였다.

2007년 10월 4일

평   양

대 한 민 국	조선민주주의인민공화국
대 통 령	국 방 위 원 장
노 무 현	김 정 일

출처: 통일부 남북회담본부 웹사이트.